Databases I : Theory and Practice

데이터베이스 I 이론 및 실제

이상호 저

JINSAEM 진샘미디어

머리말

데이터베이스 분야는 대용량 데이터에 대한 저장, 관리, 운용을 다루는 분야로서, 컴퓨터가 인류 역사상에 출현한 이후 컴퓨터 발전 역사와 함께 지속적으로 진화하고 있다. 1950년대 데이터베이스 용어가 처음 사용된 이후, 컴퓨터를 활용하는 데이터베이스 관리 기술은 지속적으로 발전 및 진화하고 있으며, 특히 4차 산업 시대로 접어드는 현대 사회에서도 빅데이터, 인공지능, 데이터 과학(data science) 등 다수의 영역에서 데이터베이스 기술에 대한 요구는 계속 된다.

이러한 추세를 반영하듯, 데이터베이스 과목은 전자계산학(computer science)의 한 영역으로 대학교 교과과정에서 적어도 2-3 과목은 개설된다. 데이터베이스 과목에 대한 교재는 국내뿐만 아니라 전 세계적으로 많은 수의 교재가 출간되었고 사용되고 있다. 그 많은 교재 중에서 또 하나의 책을 출간하는 것이 어떤 의미가 있을까 고민하기도 했지만, 본 책을 아래와 같은 접근 방식으로 개발하였다.

첫째, 각 페이지는 강의용 슬라이드 및 관련 해설로 구성하여, 본 책이 대학교 과목 강의용으로 적합하게 개발하였다. 통상 교재와 별도로 강의 자료가 존재하는데, 본 책은 강의 자료를 보강하여 교재 역할이 가능하도록 내용을 구성하였다. 내용 기술(description)은 장황스러운 설명보다는 간략한 설명과 예제 중심으로 구성한다.

둘째, 데이터베이스 기술은 이를 구현한 실제 상용 제품이 출시되어 있고, 또한 우리 사회의 각 영역에서 활발히 사용되는 살아있는 분야이다. 다수개의 상용 데이터베이스시스템이 나와 있고 현대 사회의 수많은 분야에서 실제로 긴요히 사용 운영되고 있다. 상용 시스템을 접해보고 사용하는 실습 내용을 추가하여, 본 교재가 단순 데이터베이스 이론 소개에만 그치지 않고, 데이터베이스 이론 및 실제 지식을 독자에게 균형 있게 제공하고자 한다.

셋째, 데이터베이스 분야는 방대한 분야로서 관련 기술은 계속 발전 진화하고 있다. 통상 유명 데이터베이스 교재는 분량만도 1000페이지가 훌쩍 넘는다. 전자계산학을 전공하는 학생들뿐만 아니라 데이터베이스 분야에 관심이 있는 일반인에게 데이터베이스 지식의 총체적인 나열보다는, 중요한 내용을 추려서 선별된 내용만을 접하게 할 필요가 있다. 대학교 한 학기 강의 교재로서, 데이터베이스 입문 과목 수강생이 습득하여야 하는 내용을 중심으로 본 책 내용이 구성되어 있다.

저자가 출판하려고 하는 데이터베이스 관련 교재는 두 권이며, 본 책은 그 중 첫째 결과물이다. 본 책의 기조는 "데이터베이스 시스템 외부에서 바라보는 관점"이며, 데이터베이스 입문 과목으로 적합한 내용으로 구성되어 있다. 데이터베이스 시스템의 단순 사용자에게 요구되는 지식이 본 책의 주요 내용이다. 두 번째 책의 기조는 "데이터베이스 시스템 내부에서 바라보는 관점"이며, 데이터베이스 시스템 개발자, 응용 개발자, 고급 사용자를 위한 교재이다. 동시성제어, 회복기능, 버퍼관리, 저장장치, 색인, 질의어처리 등이 주요 내용이다.

본 책은 국영문 혼용방식으로 서술하였다. 슬라이드는 영어로, 설명 부문은 국문으로, 연습문제 및 실습과제는 국영문 혼용으로 작성하였다. 전자계산학의 거의 모든 용어가 영어로 만들어지는 현실을 감안할 때, 실제 산업계에서 거의 사용되지 않은 국문 용어까지 한글책이라는 이유로 사용하는 것은 적절히 않다고 생각한다. 용어 선택 시에 국영문 사전을 참조하기도 하였으나, 경우에 따라서는 영어 용어를 번역하지 않고 그대로 사용하기도 하였다.

1980년대 초반 저자가 대학생으로서 데이터베이스 과목을 호기심을 가지고 처음 수강한 기억이 생생하다. 그 당시 데이터베이스 과목에서 배운 내용과 현재 데이터베이스 과목 내용은 아주 많은 차이가 있다. 대학교에서 데이터베이스 관련 과목을 강의한 지가 어느 덧 30년 가까이 된다. 30년 전의 데이터베이스 과목과 최근 데이터베이스 과목은 내용면에서 아주 많은 차이가 있으며, 앞으로도 이러한 변화는 있을 것이다.

강의 초기에는 세계적으로 유명한 교재를 몇 년 간격으로 사용 하였으나, 언제부턴가 자체 강의 노트를 제작하기 시작하였고, 학생들의 의견 및 반응, 최근 기술 변화를 반영하여 매년 강의 노트를 수정 보안하였다. 본 책은 이미 저자가 과거 수년간 강의에서 사용하였던 강의 자료의 결과물이다. 수강 학생들은 강의 내용에 대하여 의외의 질문도 하고, 내가 간과한 강의 내용에 대하여 뜻밖의 의견을 주기도 하고, 날카로운 질문 또는 건설적인 의견을 제시하기도 하고, 또는 다수의 오류를 지적하기도 하였다. 수강 학생들의 의견을 긍정적으로 강의 자료에 반영하면서, 책 내용이 향상되고 있음을 느낄 수 있었다. 아직도 본 책에 남아있는 오류 및 오타는 저자의 책임이며, 앞으로도 지속적으로 수정 보안할 것임을 약속드린다.

마지막으로, 출판을 흔쾌히 받아주고 기간내에 책이 출판되도록 도움을 준 진샘미디어 관계자 여러분께 감사드린다. 또한 늘 사랑과 응원을 아끼지 않은 가족에게도 감사의 마음을 전한다.

2020. 2

상도동 연구실에서 이상호

차례

차례

차례

제 0 장

시작하기

본 책에 대한 전체적인 설명으로 집필 방식, 주요 참조 교재, 목차 등을 설명한다.

본 책의 구성은 전통적인 교재 방식인 서술 위주의 형식을 배제하고, 대학교 강의에 적합한 형태로 구성을 하였다. 본 책의 구성은 보는 바와 같이 각 페이지에는 그림이 항상 위에 나오고 밑에는 그림에 대한 설명으로 구성된다. 그림은 강의에서 직접 사용이 가능한 형태이다.

데이터베이스 분야는 컴퓨터 과학(Computer Science) 또는 컴퓨터 공학 분야에서 기본적인 과목 중의 하나이며, 이에 대한 교과서는 전세계적으로 많이 출간되어 있다. 특히 미국에서 출간된 이름있는 데이터베이스 관련 교재 몇 종은 전세계적으로 많은 대학에서 사용되고 있는 실정이다. 또한 국내 저자가 한글 언어로 집필한 다수 개의 데이터베이스 입문서도 주요 서점에서 쉽게 발견할 수 있다.

본 책은 저자가 데이터베이스 관련 과목으로 약 30년 이상 동안 강의한 자료를 바탕으로 작성되었다. 내용을 서술함에 있어 불필요하거나 장황스러운 설명은 지양하였고, 가능하면 주제에 반드시 필요한 사항만을 간략하고 간결하게 서술하였다. 본 책의 내용은 학부 또는 대학원 학생을 대상으로 집필되었으며, 학생들이 습득하여야 하는 필수 지식을 중심으로 구성하였다.

What are Databases?

- Database is a collection of data
  - Inter-related
  - Large (cannot hold all data on the main memory)
  - Should be stored at computers
- There are millions of databases and their applications in our daily life!

데이터베이스란

간단히 설명하면, 데이터베이스(DB, database)는 서로 연관 있는 데이터의 모임을 의미한다. 일반적으로 우리가 관심 있는 데이터베이스는 컴퓨터에 저장되어 있으며 서로 연관이 있는 데이터이며, 또한 데이터 용량이 방대하며 주기억장치에는 저장이 불가능하여 이차 저장 장치인 하드디스크(또는 플래시 메모리)에 저장되어야 하는 데이터이다.

데이터베이스 응용은 우리 생활 주위에서 무수히 많이 쉽게 찾을 수 있다. 예를 들면 은행에는 은행 관련 데이터베이스가 구축되어 운영되고, 학교에는 학교에 관련된 데이터베이스가 운영되고 있다.

Generally speaking, ...

- Databases unquestionably constitute one solid area in computer science
- Databases are the fundamental system software
- Databases play a core role in information technology
- Databases have millions of applications in the real world
- Databases have a strong technology demand from industries

일반적으로 데이터베이스 분야란

전산학(computer science) 관점에서 보는 데이터베이스 분야에 대한 전반적인 설명이다. 데이터베이스는 전산학 관련 학위 과정에서 반드시 개설되어야 하는 과목이며, 대학교/대학 학부과정에 2-3개의 데이터베이스 관련 과목이 개설되어 있다. 데이터베이스 분야는 운영체제와 함께 컴퓨터 시스템에서 중요한 시스템 소프트웨어이다. 컴퓨터 분야 중에서 특히 데이터베이스 분야는 실생활에서 많은 응용을 가지고 있어 실생활에서도 데이터베이스 시스템을 쉽게 찾을 수 있다.

데이터베이스 분야는 실제 일상 생활에서 널리 활용되어 이에 대한 기술적 요구가 많고, 특히 정보통신 분야 산업계로부터의 기술 요구 사항도 많다. 데이터베이스 분야는 단순히 이론적으로 존재하지 않고, 실제 일상 생활에서 쉽게 접하는 살아있는 분야이기도 하다.

We are interested in handling large data!!!

- In short, databases are interested in developing various techniques that allow us to manage data
  - Create/update/query/administrate data
  - Should be large data
  - Data could be structured or unstructured

관심 있는 데이터베이스

데이터베이스 분야는 대용량 데이터 처리 기술을 연구/개발하는 것이 목적이다 대용량 데이터란 주기억 장치에 데이터 모두가 저장할 수 없을 정도의 크기를 가진 데이터이며, 데이터베이스 분야의 거의 모든 기술은 이를 가정하고 연구/개발되어 있다. 본 교재에서 관심 있는 데이터베이스 분야는 대용량 데이터이며 구조적 데이터 및 비구조적 데이터 모두를 포함한다. 구조적 데이터란 데이터가 비교적 엄격한 스키마(또는 구조체)에 저장/관리되는 데이터이며, 보통 데이터베이스 시스템이 관리하는 데이터는 구조적 데이터 사례이다. 비구조적 데이터는 스키마가 존재하지 않거나 또는 존재하여도 느슨한 형태의 스키마에 저장 관리되는 데이터이며, 사례로는 전자메일 데이터, SNS 데이터 등이 있다.

한편 주기억 장치에 모든 데이터가 적재되는 주기억장치 데이터베이스 시스템도 연구 개발 대상이 되며, 다수개의 상용 제품 또한 시장에서 발견할 수 있으나, 이러한 시스템이 전제 데이터베이스 분야에서 차지하는 비중은 크지 않다.

주기억장치에 적재되는 작은 데이터 처리 기술을 다루는 과목은 자료구조(data structure)이다.

Database technology is constantly evolving!

- Major technical journals
  - ACM TODS, ACM SIGMOD Record
  - IEEE Trans. on Knowledge and Data Engineering, IEEE Data Engineering Bulletin
  - VLDS Journal, etc.
- Major technical conferences
  - ACM SIGMOD, ACM PODS
  - IEEE International Conference on Data Engineering
  - VLDB Conference, DASFAA, etc.
- Trade journals
  - Database Review, InfoDB, Database Programming and Design, etc.
- Trade shows: Database World, DB/EXPO, etc.

데이터베이스 분야 발전

데이터베이스 분야는 과거 30-40년간 지속적으로 발전하고 있다. 사용자의 요구사항 또는 산업계의 요구사항을 실현하기 위하여 학계 산업계에서 연구 개발을 지속적으로 하고 있으며, 상기 슬라이드에 나열된 바와 같이 데이터베이스 분야 관련 학술회의 프로시딩(proceedings, 발표논문집), 기술 보고서, 전문 기술 논문집, 일반 기술 잡지 등이 다양한 형태로 발간되고 있으며, 관련 학회 및 전시회 등이 전세계적으로 개최되고 있다.

본 슬라이드의 목적은 데이터베이스 기술이 지속적으로 발전하고 있음을 보여주고자 하는 것이다.

Major References and Systems

- Major textbooks
  - A. Silberschatz, H. Korth and S. Sudarshan, Database System Concepts (6th edition), McGraw Hill, 2011.
  - R. Elmasri and S.B. Navathe, Fundamentals of Database Systems (global edition), Pearson, 2016.
  - H. Garcia-Molina, J. Ullman and J. Widom, Database Systems: Pearson New International Edition: The Complete Book, Pearson Education Limited, 2013.
- Major DBMSs
  - Oracle (Oracle)
  - DB II (IBM)
  - SQL Server (Microsoft)

주요 참조 자료 및 시스템

상기에 소개되어 있는 교과서 3종은 전세계적으로 대학교에서 가장 많이 강의되는 교재라고 생각한다. 또한 상기에 소개되는 3종의 상용 데이터베이스 시스템은 전세계적으로 운영되는 상용 시스템 시장의 대부분을 차지한다.

본 교재는 상기 주요 교재와 주요 상용 시스템을 참조하여 개발되었다. 주로 Silberschatz 교재 및 Oracle 시스템을 참조하였다.

My textbooks on Databases

- 이상호, 데이터베이스 I : 이론 및 실제, 진샘미디어, 2020.2.
- 이상호, 데이터베이스 II : 이론 및 실제, 2021 상반기 출간 예정.

데이터베이스 교재

저자가 출간하는 데이터베이스 관련 교재는 총 2개이다. 첫 번째 교재(데이터베이스 I : 이론 및 실제)는 시스템 외부에서 보는 데이터베이스 시스템이라는 시각을 가지고 교재 내용을 구성하였으며, 관계형 데이터 모델, SQL, 데이터베이스 시스템 주요 기능, 응용 개발, SQL 확장, 데이터베이스 설계 등의 주제를 다루고 있다.

두 번째 교재(데이터베이스 II : 이론 및 실제)는 시스템 내부에서 보는 데이터베이스 시스템이라는 시각을 가지고 교재 내용을 구성하였으며, 트랜잭션 관리, 저장장치, 색인, 질의어처리 등을 다루고, 마지막으로 최근 주제로서 객체관계형 데이터베이스, OLAP, 데이터웨어하우스, XML DB 등을 살펴본다.

본 교재는 그 중의 첫 번째 교재이다.

Table of Contents (DB I)

- Getting started
- Introduction to databases
- Relational data model
- SQL I
- Oracle practice I
- SQL II
- Major functionalities of database systems
- Oracle practice II
- Application development
- SQL extension
- Entity-relationship data model
- Database design theory

목차 (DB I)

데이터베이스 분야의 발전으로 데이터베이스 교재는 분량이 방대해지고 있으나, 본 교재는 학부/대학원생을 위한 한 학기용 데이터베이스 입문 과목을 위한 교재용으로 개발하였다. 상기 목차는 본 교재의 목차이기도 하지만, 또한 한 학기 강의 내용이기도 하다. 본 교재의 구성 선별 기준은 일반(또는 단순) 사용자 관점에서 보는 데이터베이스 시스템의 기본 기능 중심이다. 즉, 데이터베이스 시스템의 내부를 구성하는 기술보다는 단순 사용자 관점에서 숙지하여야 하는 데이터베이스 시스템 지식을 전달하는 것이 본 교재의 목적이다. 본 교재 내용은 한 학기 분량의 데이터베이스 입문 강의에 반드시 포함되어야 하는 지식을 선별하여 선정하였다.

본 교재의 특징은 데이터베이스 이론만을 설명하는 것이 아니고, 이러한 이론이 상용 데이터베이스 시스템이 어떻게 구현하였는지(즉 데이터베이스 실제)도 함께 고찰하는 것이다. 상용 데이터베이스 시스템으로는 인지도가 가장 높은 오라클 시스템을 선정하였다.

본 교재는 데이터베이스 시스템에 대한 개괄적인 입문을 살펴보는 것으로 시작을 하여, 관계형 데이터 모델과 이와 관련되는 내용을 다루고, 데이터베이스 언어 기본 SQL을 숙지한다. SQL 언어에 대한 기초 지식을 숙지하면 실제 데이터베이스 시스템을 접할 수 있으므로, 오라클 실습(Oracle practice) I에서 오라클 시스템을 활용하여 기본적인 동작을 숙지하도록 한다.

SQL II는 내포 질의를 포함한 복잡한 SQL 기능을 살펴보고, 또한 관계형 데이터베이스 시스템의 주요 기능을 살펴본다. 오라클 실습 II는 고급 SQL 실습으로 구성한다. 데이터베이스 응용 개발은 다양한 형태로 이루어지며, 각 방법 및 장단점을 살펴본다. 또한 SQL 확장을 통한 SQL 프로그래밍에 관하여 이론 및 실제 실습을 제공한다.

마지막 부분은 관계형 데이터베이스 설계에 관한 내용으로 첫 번째로 ER 데이터 모델 중심으로 데이터베이스 설계 기법을 강의하고 두 번째로 스키마 정규화 이론을 살펴본다.

Table of Contents (DB II)

- Getting started
- Transaction theory
- Concurrency control
- Recovery
- Storage
- Indexes
- Query processing
- Oracle internals
- Object-relational features
- OLAP, data warehouse
- XML databases

목차 (DB II)

두 번째 교재의 목차이며, 데이터베이스 시스템의 내부 구현 기술 중심으로 구성되어 있다. 트랜잭션 관리에 대하여 트랜잭션 이론, 록킹 중심의 동시성 기술, 회복 기술을 살펴본다. 회복 기법에서는 기초적인 지식 뿐만 아니라 실제 상용 데이터베이스에 널리 구현되어 있는 기술도 살펴본다. 저장 장치에 대한 특성, 구성 방식 등을 살펴보고, 색인 부분에서는 대표적인 색인 구조 중심으로 B-트리, 동적 해싱, 비트맵(bitmap)을 살펴본다. 질의 처리 부분에서는 질의 처리 및 최적화 기술을 살펴본다. 오라클 내부에서는 오라클 시스템의 내부 구조 고찰을 통하여 본 책에서 배운 여러 기술이 어떻게 오라클 시스템에 구현되어 있는지 살펴본다.

본 책의 후반부는 전통 데이터베이스 기술보다는 최근에 중요성이 더해지는 데이터베이스 시스템의 주요 기능을 살펴보며, 구체적으로는 객체 관계형 기능, OLAP 및 데이터 웨어하우스, XML 데이터 처리 기술에 관하여 살펴본다.

WELCOME TO THE DATABASE WORLD !

데이터베이스 세계에 오신 것을 환영합니다!

제 1 장

데이터베이스 소개

Subtopics

- Databases
- Data Abstraction and Data Model
- Database Systems

구성 요소

본 장은 데이터베이스 분야에 대한 입문 내용으로 구성되어 있고, 데이터베이스 시스템 지식에 필요한 주요 개념, 용어 등을 설명한다. 본 장은 3가지 소 주제로 구성되어 있으며, 데이터베이스 시스템에 대한 본격적인 강의를 위한 들어가기 수준의 사전 지식을 설명한다.

데이터베이스(DB, database)는 서로 연관 있는 데이터의 모임을 의미한다. 일반적으로 우리가 관심 있는 데이터베이스는 컴퓨터에 저장되어 있는 데이터이며, 또한 데이터 용량이 방대하며 이차 저장 장치인 하드디스크(HDD, hard disk drive) 또는 SSD(solid state drive)에 저장되는 데이터이다. 컴퓨터에 데이터베이스가 저장되어 있으면, 이를 관리하는 소프트웨어가 필요하며 우리는 이를 데이터베이스 관리 시스템(DBMS, database management system)이라 한다.

1.1 데이터베이스

DB, DBMS, DBS

- DB is a collection of data
- DBMS (Database Management System) is a collection of software that not only allows us to define, construct, manipulate databases but also provides a number of desirable functionalities (data independence, data sharing, recovery, security, etc.)
- DBS (Database System) = DB + DBMS

- In practice, those terms are used interchangeably !!!

DB, DBMS, DBS

DBMS는 사용자에게 데이터 관리에 필요한 기능을 제공한다. 대표적으로는 데이터를 정의하고 생성하고 변경하고 삭제하고 접근하고 조작하는 기본적인 연산 기능을 제공한다. 또한 DBMS는 데이터 추상화, 데이터 독립성, 데이터 보호 등 사용자에게 데이터베이스 관리에 도움을 주는 다양한 기능을 제공한다. 데이터베이스 시스템(DBS, database system)은 데이터베이스와 데이터베이스 관리 시스템을 함께 통칭하는 용어이다.

실질적으로는 DB, DBMS, DBS 용어가 상호 대체적(interchangeable)으로 사용된다. 예를 들면 본 교재의 제목은 "데이터베이스 I : 이론 및 실제"이나, 본 교재에서는 데이터 모임의 데이터베이스뿐만 아니라 데이터베이스 관리 시스템에 대한 지식도 함께 다룬다. 본 교재에서도 데이터베이스, 데이터베이스 관리 시스템, 데이터베이스 시스템을 명확히 구분하여 사용하지 않으나, 독자는 전후 문맥을 통하여 그 의미를 알 수 있을 것이다.

Database applications are ubiquitous!

- Database applications include
  - Banking: transactions
  - Airlines: reservations, schedules
  - Universities: registration, grades, classes
  - Sales: customers, products, purchases
  - Online retailers: order tracking, stocks, payment
  - Manufacturing: production, inventory, orders, supply chain
  - Human resources: employee records, salaries, tax deductions
- Databases touch all aspects of our lives !

데이터베이스 응용은 주위에 많이 있다.

데이터베이스 응용은 일상생활에서 흔히 접할 수 있다. 은행은 고객에 대한 계좌 데이터베이스를 관리 운영하고 있고, 항공사는 항공기 예약 및 항공사 운항 정보에 대한 데이터베이스를 관리하고 있고, 대학교는 과목 및 수강에 대한 데이터베이스를 관리하는 등 현대사회 구석구석에 데이터베이스가 구축되어 관리되고 있다. 데이터베이스 시스템은 현대인 일생생활의 모든 면에 직간접적으로 연관되어 있다.

University Database Example

- Universities maintain a variety of data on students, courses, staffs, professors, classrooms, buildings, etc.
- Application program examples
  - Add new students, instructors, and courses
  - Register students for courses, and generate class rosters
  - Assign grades to students, and generate transcripts
  - Maintain salaries for professors and staffs, manage personal evaluations, and process pension plans, etc.

대학교 데이터베이스 응용

데이터베이스 응용으로서 대학교 사례를 들어보자. 대학교를 구성하는 요소로서 학생, 교수, 직원 등의 인적자원과 학과, 개설강좌, 강의실, 수강, 학적 등의 데이터가 관리되어야 한다. 학생에게 관련된 데이터를 살펴 보면, 학생 및 신입생에 대한 인적사항 관리, 과목 개설에 따른 강의시간, 강의실, 강사, 학점 등이 관리되어야 하고, 개인 학생별로 수강한 과목, 취득학점, 수강학기 등이 관리되어야 한다. 재학생이 납부하여야 하는 등록금 데이터, 학교 예산 집행 데이터, 단과대학/학과에 대한 예산 배정 및 집행 현황 데이터 등 학교 운영에 요구되는 데이터는 아주 다양하고 많음을 알 수 있다. 또한 다양한 데이터는 대학교 운영 과정에서 자연스럽게 생성되고 필요에 따라 데이터 값이 변경되어야 한다. 대학교는 이러한 데이터 관리를 위하여 데이터베이스 관리 시스템 소프트웨어가 필요하며, 실제적으로 모든 대학교가 데이터베이스 시스템을 도입하여 설치 운영한다.

Advantages of DBMSs (1/2)

- Data abstraction
- Easy accessing data
  - Database language support
  - User interfaces
- Controlled data redundancy and inconsistency
- Integrity constraint (IC) enforcement
  - With file systems, ICs Integrity constraints (e.g., account balance > 0) become buried in program code rather than being stated explicitly
  - With DBMS, easy to enforce ICs as well as add/update/delete ICs

데이터베이스 시스템 이점 (1/2)

데이터베이스 관리 시스템이 사용자에게 제공하는 기능은 시스템마다 다소 차이가 있으나 아래와 같이 요약될 수 있으며, 이는 사용자들이 데이터 관리를 위하여 데이터베이스 시스템을 사용하는 이유이기도 하다.

- 데이터 추상화 제공 : 데이터 추상화는 다음 절에서 자세히 설명하기로 한다.
- 데이터 접근의 용이성 제공 : 데이터베이스 시스템은 데이터 접근을 위한 언어를 제공하고 편리한 사용자 인터페이스를 제공한다. 만약 화일(file) 시스템을 이용하여 데이터 관리를 하는 경우에는 사용자가 직접 데이터 접근을 위한 각종 프로그램을 작성하여야 한다.
- 데이터 중복 및 불일치성에 대한 제어 용이 : 데이터 불일치성은 데이터 간에 값이 서로 일치하지 않은 현상을 말하며, 화일 시스템을 사용하게 되면 데이터 중복이 발생하기 쉽고, 데이터 중복이 발생하면 데이터 불일치가 발생하기 쉽다.
- 데이터 무결성 제약조건(integrity constraint) 유지 용이 : 데이터 무결성 제약조건은 데이터가 만족하여야 하는 조건으로, 예를 들면 "학생의 학점 데이터는 최소값 0.0 최대값 4.5 내의 실수 값이어야 한다" 등이다. 데이터 제약조건은 화일 시스템 환경에서는 화일 접근 프로그램에 산재되며, 이 경우 데이터 제약 조건 관리가 용이하지 않다.

Advantages of DBMSs (2/2)

- Atomicity of updates
  - For example, transfer of funds from one account to another should either be completed or not happen at all (all or nothing property)
- Concurrent access by multiple users
  - Uncontrolled concurrent accesses can lead to inconsistencies
  - Think about two people reading a balance (say 100) and updating it by withdrawing money (say 100 each) at the same time
- Data security
- Data backup and recovery

데이터베이스 시스템 이점 (2/2)

- 갱신 원자성 제공 : 데이터베이스 시스템에서는 데이터 갱신이 원자적으로 이루어져야 하며, 이는 데이터 갱신 시에 갱신 연산이 부분적으로 데이터베이스에 반영되질 않음을 의미한다. 갱신 연산이 부분적으로 이루어지면 데이터베이스 상태가 불일치 되거나 데이터베이스 제약 조건이 만족하지 않게 될 가능성이 있다.
- 다수 사용자의 동시성 제어 : 데이터베이스 시스템 환경은 다수의 사용자가 동시에 동일 데이터베이스를 접근하게 되며, 이 경우 데이터베이스 관리 시스템은 사용자에게 동시성 제어 기능을 제공한다.
- 데이터 보호 : 데이터 보호는 악의적인 데이터 접근으로부터 데이터를 보호하는 것으로, 데이터베이스 시스템은 데이터 보호 기능을 제공한다. 화일 시스템은 운영체계가 제공하는 데이터 보호 기능을 사용하게 되는데, 데이터베이스 시스템에서 제공하는 데이터 보호 기능과 비교하여 초보적인 수준이다.
- 데이터 백업 및 회복 : 데이터베이스 시스템은 다양한 시스템 장애 발생을 대비하여 데이터 백업 및 회복 기능을 제공하여 데이터 손실을 방지한다.

데이터베이스 시스템은 이 외에도 다수의 기능을 사용자에게 제공한다.

File Systems

- A file system is usually a part of an operating system (for example, "filesystem" in Unix), and theoretically users can manage their data with a file system
  - Users utilize systems calls such as open, close, read, write, and lseek in Unix
  - When we use file systems to manage databases, we are likely to have a set of different data files and different application programs
  - All functionalities of DBMSs are then on users responsibility

화일 시스템 (file systems)

일반적으로 운영체제의 기능 중의 하나로 화일 시스템(file system)을 제공하고 있으며, 예를 들면 유닉스 시스템은 "filesystem" 화일 시스템을 제공한다. 화일 시스템은 사용자에게 화일을 생성하고 제거하고, 화일을 열고 닫으며, 또한 그 내용을 읽고 쓸 수 있는 기능을 제공하며, 상세한 사용 방법은 화일 시스템마다 다르다.

데이터베이스 관리 시스템은 운영체제가 제공하는 화일 시스템을 활용하여 구현되는 경우가 보통이며, 이 경우 데이터베이스 관리 시스템은 운영체제가 관리하는 사용자 프로세스(process) 중의 하나이다. 순수 이론 관점에서는 사용자는 화일 시스템을 이용하여 데이터베이스 관리가 할 수 있으나, 실질적으로는 사용자는 여러 가지 제약 사항으로 인하여 화일 시스템만으로는 효율적인 데이터베이스 관리가 불가능하다.

한국어 용어 사전에서는 file을 "파일"로 번역하여 사용하는 경우가 많으나, 본 책에서는 화일(file)과 파일(pile)을 엄격히 구분하여 사용한다. 파일(pile)은 화일(file)을 구성하는 방식 중의 하나이다.

1.2 데이터 추상화 및 데이터 모델

Instances and Schemas

- Similar to types and variables in programming languages
- Schema
  - Refers any logical or physical structure of the database
  - Analogous to the variable type in program languages
  - View schema, logical schema, physical schema
- Instance
  - The actual content of the database for a schema (at a particular point in time)
  - Analogous to the value of a variable

인스턴스 및 스키마

인스턴스와 스키마는 데이터베이스 분야에서 사용하는 용어로, 프로그래밍에서의 변수의 값과 타입(type)에 대응되는 유사한 개념이다.

데이터베이스 스키마는 데이터베이스의 논리적 또는 물리적 구조를 의미하며, 구체적으로 구조를 기술(description)하는 방법은 데이터베이스 모델에 따라서 또한 데이터베이스를 보는 높이(level)에 따라서 상이하다. 그러나 데이터베이스 스키마는 데이터가 저장되는 공간에 대한 구조를 기술하는 면에서는 동일하다. 데이터베이스 스키마가 결정이 되면, 실제 데이터 값이 스키마 형태로 저장 관리되는데, 데이터의 실제 값을 인스턴스라고 한다. 일반적으로 시간의 흐림에 따라 인스턴스는 변경이 자주 발생하나, 스키마는 시간에 따른 변경이 적다.

Abstraction in Computer Science

- Abstraction is the process of separating important ideas from specific instances of those ideas at work
  - Factor out details from a common pattern so that users can work close to the level of human
  - Leave out details which matter in practice, but are immaterial to the problem being solved
- A system can have several abstraction layers whereby different meanings and amounts of details are exposed to the users

추상화

전산학에서 추상화는 어떤 사물에 대한 세세한 개체(instance)로부터 중요한 개념을 분리하는 프로세스를 의미하며, 구현상에서만 관련 있는 사항이나 문제 해결에 중요하지 않은 사항을 제거하여 사람들이 문제 핵심 속성에만 집중하여 문제를 해결하게 한다. 전산학 문제 또는 기술(technology)을 서술함에 있어 추상화는 아주 널리 사용되고 있으며, 일상생활에서 일반인도 추상화를 의식적으로 또는 무의식적으로 흔히 접하고 있다.

추상화는 추상화 레벨에 따라 사용자에게 보이는 상세한 정도가 달라진다. 추상화는 사물을 보는 높이에 따라 기술(description) 수준에 차이가 나므로, 우리가 추상화를 언급할 때에는 추상화 레벨도 함께 고려하여야 한다.

Is this a desktop computer?

데스크톱(desktop) 컴퓨터인가요?

상기 그림은 데스크톱 컴퓨터 사진을 보이고 있으나, 실질적으로 작동되는 컴퓨터라고 할 수 있을까요? 상기 그림은 추상화의 결과물이다. 즉, 데스크톱 컴퓨터를 기술(description)할 때 상기 그림과 같이 할 수 있으며, 실은 이 과정에는 많은 추상화를 하고 있다. 마우스에 있는 버턴 등이 세세하게 보이질 않은데 이는 현추상화 단계에서는 마우스 버턴이 중요하지 않다고 생각하기 때문이다.

추상화에서는, 추상화 깊이(단계)에 따라 동일 객체에 대한 추상화 결과는 서로 상이하다. 상기 예제에서도 추상화 깊이에 따라 상이한 결과가 도출될 수 있으며, 만약 좀 더 자세한 추상화에서는 마우스 버턴이 2개 있고 그 가운데 휠 조정 버튼 등이 (또는 키보드 자판 등이) 기술 될 것이다.

Levels of Data Abstraction

- Physical level: describes how a record is (physically) stored
- Logical level: describes stored data and the relationships among the data
  - type professor = record
    ID : string;
    name : string;
    department : string;
    salary : integer;
    end;
- View level: describes part of database that a particular user is interested in
  - Hide the rest of the database (for security purposes)

데이터 추상화 레벨

데이터베이스 시스템은 데이터베이스에 대한 추상화를 제공하며, 추상화를 위한 관점(또는 높이, 레벨)은 세 가지(즉, 물리적 레벨, 논리적 레벨, 뷰 레벨)로 구성이 된다. 데이터베이스는 실제적으로는 컴퓨터시스템의 저장 장치인 디스크에 아주 복잡하게 존재하나, 이를 추상화하여 세 가지 다른 관점(또는 높이, 레벨)에서 조망하고 있는 것이다.

논리적 레벨에서의 추상화는 데이터베이스에 저장되어 있는 데이터와 데이터 간의 관계를 논리적 관점에서 추상화하는 것이다. 예를 들면, 아래와 같은 선언은

```
Type professor = record
        ID : string;
        name : string;
        department : string;
        salary : integer;
end;
```

professor는 하나의 레코드이고, professor 레코드는 ID(데이터는 string 타입), name(데이터는 string 타입), department(데이터는 string 타입), salary(데이터는 integer 타입) 등 4가지 구성요소로 이루어짐을 기술하는 것이다.

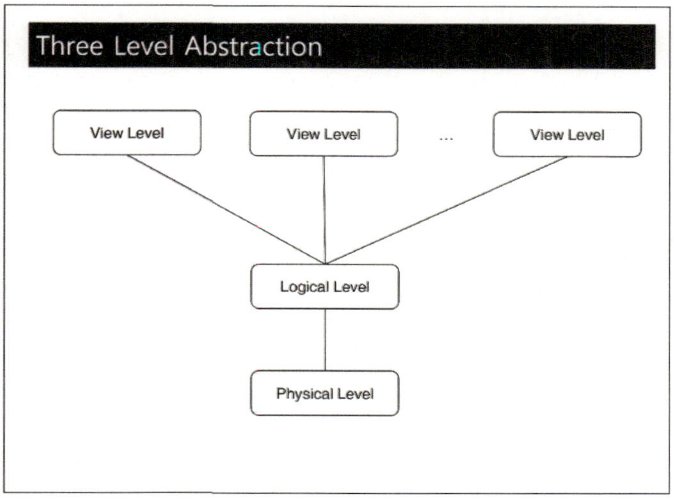

3단계 추상화

뷰 레벨 추상화는 사용자에게 오직 관심 있는 데이터만을 추상화한다. 예를 들어, 상기 논리적 레벨에서의 추상화에서 salary 필드가 개인 정보 보안상의 이유로 특정 사용자에게 보이지 않게 하려고 ID, name, department 필드만 추상화한다. 동일 논리적 레벨에서의 추상화에 대하여 다수 개의 서로 다른 뷰 레벨 추상화가 가능하다.

물리적 레벨에서의 추상화는 실제 데이터 레코드가 어떻게 저장되는지를 기술하며, 데이터 필드 길이, 필드 간의 간격길이, 레코드의 전체 길이 등을 포함하기도 한다.

각 레벨마다 기술하는 추상화 방법은 데이터베이스 시스템마다 또한 데이터 모델마다 상이하다. 동일 데이터베이스를 다른 관점에서 3가지 형태로 추상화를 하고 있으나, 실은 한 장소에 저장되어 있는 데이터베이스를 추상화하고 있음을 기억하여야 한다. 세 레벨 간의 관계는 상기 그림에 표시되어 있다.

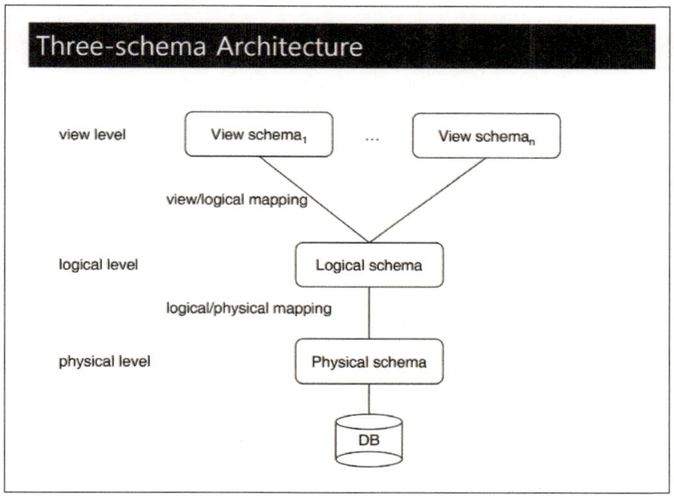

3단계 스키마 구조

데이터베이스에 대한 3 단계에서의 추상화가 성립되면, 추상화에 따른 데이터베이스 스키마가 생성되게 되고, 그 결과 3단계 스키마 구조가 만들어진다. 각 레벨에 따른 스키마는 뷰 스키마, 논리적 스키마, 물리적 스키마로 명명된다. 각 스키마는 스키마 간의 변환을 이용하여 레벨에 따른 데이터 뷰를 제공하게 된다.

3단계 스키마 구조는 1978년도에 제안되었으며, 일명 ANSI/SPARC 구조라고도 한다. 상용 데이터베이스 시스템은 기본적으로 3 단계 스키마 구조를 지원하려고 노력한다.

Data Independence

- Physical data independence
  - The ability to modify the physical schema without changing the logical schema
- Logical data independence
  - The ability to modify the logical schema without changing the view schema
  - Applications depend on the view schema
- In general, the interfaces between the various levels and components should be well defined so that changes in some parts do not seriously influence others

데이터 독립성

3단계 스키마 구조는 데이터 독립성을 설명하기에 적합하다. 데이터 독립성은 물리적 데이터 독립성과 논리적 데이터 독립성으로 구성된다. 물리적 데이터 독립성은 논리적 스키마 변화 없이 물리적 스키마를 변화할 수 있는 기능을 의미하며, 논리적 데이터 독립성은 뷰 스키마 변화 없이 논리적 스키마를 변화할 수 있는 기능을 의미한다.

뷰 스키마는 최종 사용자가 보는 데이터베이스 스키마이며, 사용자는 이를 기반으로 데이터베이스 프로그램 및 응용을 개발하게 된다. 데이터베이스 내부 구조 등의 변화로 물리적 스키마 변경이 발생하여도 물리적 데이터 독립성에 의하여 논리적 스키마에 변화가 없으며, 또한 논리적 스키마의 변경이 발생하여도 논리적 데이터 독립성에 의하여 뷰 스키마 변화가 없게 된다. 그러므로 이 경우 기존에 개발된 프로그램이 수정 없이 계속 사용될 수 있음을 의미한다.

데이터 독립성은 사용자에게 많은 편이를 제공하는 기능이며, 대부분 상용 데이터베이스 시스템이 다소간의 차이가 있으나 기본적으로 데이터 독립성을 지원하다. 화일 시스템을 사용하여 데이터베이스를 직접 관리를 하는 경우에는 데이터 독립성을 제공하기 어렵다.

Data Model (1/2)

- Real data are randomly scattered over storage devices (such as disks), and it is hard to describe how data reside. We need to abstract them
- Data models abstract data conceptually, so that we can describe/manipulate data conceptually
- Data model is a specification describing
  - Data
  - Data relationships
  - Data semantics
  - Data constraints and so on

데이터 모델 (1/2)

데이터 모델은 데이터, 데이터 관계성, 데이터 의미, 데이터 제약 조건 등을 기술하는 명세(specification) 또는 개념적인 도구(conceptual tool)이다. 즉, 데이터 모델은 데이터 추상화를 지원하는 도구이며, 우리는 데이터 모델을 이용하여 데이터를 기술하거나 조작할 수 있다.

Data Model (2/2)

- Relational data model
- Object-relational data model
- Object-oriented data model

- Entity-Relationship data model (for database design)
- XML (for semi-structured data)

- Hierarchical data model
- Network data model

데이터 모델 (2/2)

데이터 모델의 종류에는 관계형 데이터 모델, 객체지향 데이터 모델, 객체관계형 데이터 모델, 네트워크 데이터 모델, 계층 데이터 모델 등이 있으며, 또한 개체-관계 데이터 모델, XML 데이터 모델 등 다수가 제안되어 있다. 네트워크 데이터 모델 및 계층 데이터 모델은 현대사회에서는 더 이상 사용되지 않으며, 이를 지원하는 구 시스템을 래가시(legacy) 시스템이라고 한다.

상용 데이터베이스 관리 시스템은 상기 데이터 모델 중의 하나를 지원하며, 예를 들면 관계형 데이터베이스 관리 시스템은 관계형 데이터 모델을 지원하는 데이터베이스 시스템이다. 데이터 모델은 사용자가 데이터베이스를 보는 관점을 나타내기 때문에, 데이터 모델이 다른 데이터베이스 시스템은 동일 데이터베이스를 저장/관리하여도 서로 완전히 상이한 데이터베이스 시스템으로 보인다.

Relation Example

sID	name	gender	deptName	year	GPA	totalCredits
152	Eric Lee	M	CS	freshman	3.54	15
201	Sam Kim	M	EE	senior	3.89	103
301	John Park	M	Media	sophomore	4.13	38
157	Alma Lee	F	CS	freshman	2.57	18
154	Joan Lee	F	CS	sophomore	1.80	58

Student relation

관계 예제

관계형 데이터 모델은 80년대 이후 가장 많이 사용되는 데이터 모델이며, 상기 그림은 관계형 데이터 모델의 기본 요소인 관계(relation)의 예를 보인다. 우리가 일반적으로 인지하고 있는 테이블 형식이다.

Object-Relational Data Model

- Extend the relational data model by including object orientation and constructs to deal with added data types
- Allow attributes of tuples to have complex types, including non-atomic values such as nested relation
- Preserve relational foundations, in particular the declarative access to data, while extending modeling power
- Provide upward compatibility with existing relational languages

객체 관계형 데이터 모델

객체 관계형 데이터 모델은 관계형 데이터 모델을 기반으로 객체지향 요소를 부분적으로 도입한 것으로, 관계형 모델의 확장으로 볼 수 있다. 상기 그림은 객체 관계형 데이터 모델의 기본 특성을 설명한다.

현재 상용 데이터베이스 시장에서 볼 수 있는 가장 흔한 데이터베이스 시스템은 객체 관계형 데이터 모델을 지원하고 있어, 가장 인기 있는 데이터 모델이라고 할 수 있다. 다만 객체 관계형 데이터 모델은 관계형 데이터 모델만큼 시장 영향력이 적어, 객체 관계형 모델을 지원하는 데이터베이스 시스템도 통상 관계형 데이터 모델을 지원한다고도 한다. 또한 객체 관계형 모델을 지원하는 상용 데이터베이스 시스템 제품은 상세(specification) 및 기능 관점에서 다소 차이를 보이고 있다.

XML (Extensible Markup Language)

- Defined by the WWW Consortium (W3C)
- Derived from SGML (Standard Generalized Markup Language), but simpler to use than SGML
- The ability to specify new tags, and to create nested tag structures made XML a great way to exchange data
- XML solves technical issues in data (document) exchange
- A wide variety of tools is available for parsing, browsing and querying XML documents/data

XML

XML는 웹 관련 기술로서 국제 표준 기술이기도 하다. 원래는 문서 마크업 언어로 개발되었으며, 현재는 문서 교환을 위한 표준 기술로 널리 사용되고 있다. XML 데이터에 대한 관리 기술은 현대 상용 데이터베이스 시스템에 널리 지원하고 있다.

Database Design

- The process of designing the general structure of the database
- Logical design is to decide on the database schema
  - Logical schema, view schema
- Physical design is to decide on the physical layout of the database
  - Physical schema
- Database schema is important for database system performance

데이터베이스 설계

데이터베이스 설계는 데이터베이스 구조를 설계하는 작업으로, 사용자 요구사항을 분석하여 요구사항을 충족하는 좋은 스키마를 생성하는 것이다. 데이터베이스 설계는 논리적 설계 및 물리적 설계로 구분한다.

데이터베이스 설계는 데이터베이스 시스템 성능에도 많은 영향을 주며, 데이터베이스 설계 결과인 스키마는 처음에 생성한 후에는 스키마 변경이 용이하지 않으므로, 데이터베이스 설계는 중요한 과정이다.

Database Design Approaches

- Entity Relationship Model
  - Models an enterprise as a collection of entities and relationships
  - Represented diagrammatically by an entity-relationship diagram
  - Maps an entity-relationship diagram into target DBMS schema
- Normalization Theory
  - Formalize what designs are bad
  - How to get good schema

데이터베이스 설계 방식

데이터베이스 설계 방식 중에서 가장 널리 사용되는 방식은 Entity-Relationship 데이터 모델을 이용하는 것이다. ER 데이터 모델을 이용하는 데이터베이스 설계는 상기 그림과 같이 두 단계로 이루어진다. 본 책에서는 ER 데이터 모델은 제10장에서 다루고, 정규화 이론은 제11장에서 다룬다.

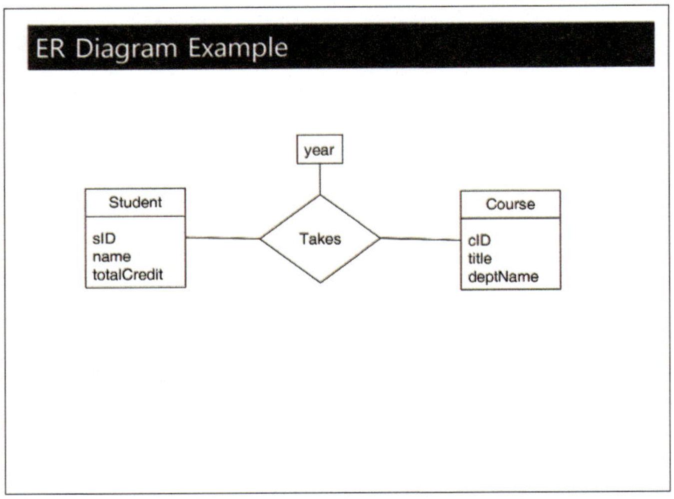

ER 다이어그램 예제

ER 데이터 모델은 데이터베이스로 표현하고자 하는 소세계(mini-world)를 두 가지 요소(개체와 관계성)로 표현한다. 개체는 서로 구분이 되는 것(thing, object)이며, 관계성(relationship)는 개체 간의 관계를 표현한다.

상기 다이어그램은 ER 데이터 모델의 간단한 예제이며, 그 의미는 다음과 같다.

- Student 개체가 존재하고 Student 개체는 sID(학번), name(이름), totalCredit(총수강학점수) 속성을 가진다.
- Course 개체가 존재하고 cID(과목번호), title(과목명), deptName(개설학과명) 속성을 가진다.
- Student 개체와 Course 개체 간에는 "학생이 과목을 수강하다" 의미의 Takes 관계성이 존재한다.
- Takes 관계성이 year 속성을 가지는데, 의미는 수강 년도이다.

상기 예제와 같이 ER 다이어그램은 데이터베이스가 관리하고자 하는 데이터에 대한 기술(description)이다.

1.3 데이터베이스 시스템

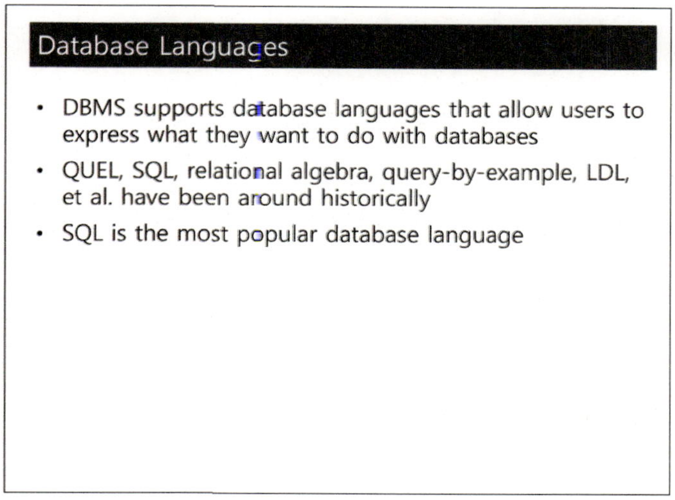

데이터베이스 언어

데이터베이스 관리 시스템은 사용자들이 데이터베이스에 대하여 원하는 바를 표현하기 위하여 데이터베이스 언어를 제공한다. SQL, QUEL, 관계대수, 예제 질의(query by example) 등 데이터베이스 언어가 제안되고 상용 시스템에서 구현되어 있다. SQL이 현대 데이터베이스 시스템에서 가장 많이 사용되는 언어이다. SQL 언어는 제3장 및 제5장에서 자세히 살펴본다.

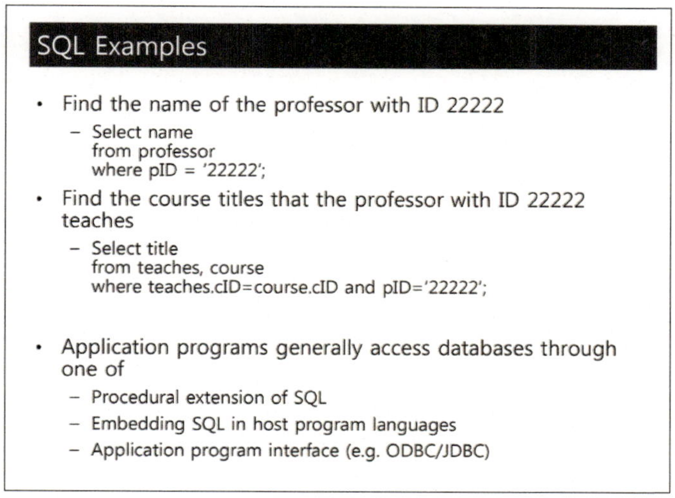

SQL 예제

상기 그림은 SQL 언어의 간단한 예제이다. 첫 번째 예제는 교수번호가 22222인 교수이름을 검색하는 것이며, 두 번째 예제는 교수번호가 22222인 교수가 강의하는 과목명을 검색하는 것이다.

데이터베이스 시스템을 접근하는 데이터베이스 응용 프로그램은 SQL 언어를 활용하여 개발한다. 일반적으로 SQL에 프로그래밍 요소를 추가하는 방식 또는 SQL API 방식을 활용한다. 응용 프로그램 개발에 관한 사항은 제8장에서 살펴본다.

DBMS Components

- DBMS is a very large, complex software!!!
- Conceptually speaking, any DBMS has two key components
  - Query processor: query processing, authorization, authentication, etc.
  - Storage manager
- The storage manager is responsible for
  - Efficient storing, retrieving and updating of data
  - File organization, Indexing and hashing
  - Transaction management, etc.

데이터베이스 관리 시스템 구성 요소

데이터베이스 관리 시스템은 아주 복잡하고 방대한 소프트웨어이다. 다수의 상용 제품이 나와 있다.

데이터베이스 관리 시스템은 개념적 관점에서는 크게 두 가지 구성요소(즉, 질의어 처리기, 저장 관리자)를 가진다. 질의어 처리기는 질의어 처리, 권한 부여 및 철회, 인증 등의 기능을 담당한다. 저장 관리자는 데이터베이스 서버의 하단부분을 의미하며, 데이터 저장, 검색뿐만 아니라 화일 구조, 색인, 트랜잭션 관리 등의 업무를 담당한다.

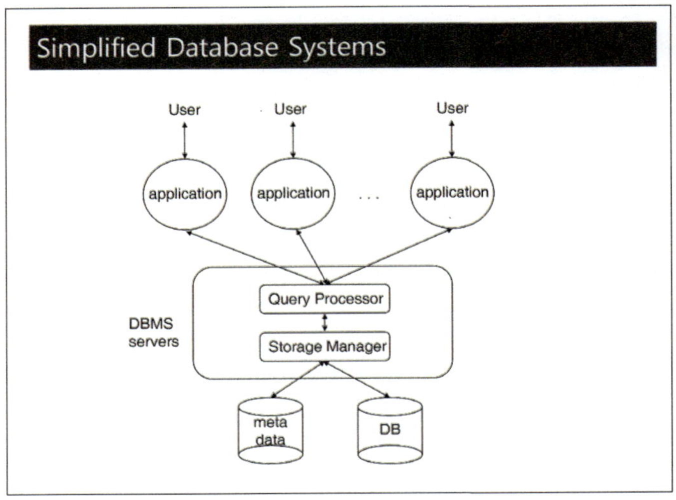

데이터베이스 시스템 단순 구조도

데이터베이스 관리 시스템은 두 구성 요소(즉, 질의어처리기, 저장관리기)로 구성이 되며, 저장 관리기는 디스크에 존재하는 데이터베이스와 데이터 사전을 관리한다.

데이터베이스 시스템을 사용하는 사용자는 동시에 다수명이며, 이들은 데이터베이스 응용을 통하여 데이터베이스 관리시스템을 접근한다. 상기 그림에서 사용자는 일반 사용자 외에 다른 응용 프로그램을 의미할 수도 있다.

Data dictionary

- Data dictionary contains metadata (i.e., data about data)
  - Database schema
  - Integrity constraints
  - Authorization
  - Statistical data
- DBMS references data dictionary to process database languages

데이터 사전

데이터베이스 시스템은 사용자가 저장하여 관리하고자 하는 데이터베이스 외에도 데이터베이스에 대한 데이터를 관리하여야 한다. 데이터베이스 관리 시스템에서 메타 데이터(즉, 데이터에 대한 데이터)를 저장하는 장소를 데이터 사전이라고 하며, 데이터 사전에는 데이터베이스 스키마에 대한 데이터, 제약 조건에 대한 데이터, 접근 권한에 대한 데이터 등 다양한 데이터가 관리되고 있다.

Transaction Management

- A transaction is a sequence of database operations that performs a single logical function in database applications
- Transaction management has two components
  - Concurrency control manager controls the interaction among the concurrent transactions to ensure the consistency of the database
  - Recovery manager ensures that the database remains in a consistent (correct) state despite of failures

트랜잭션 관리

트랜잭션 관리 부분은 데이터베이스 시스템의 중요한 기능이다. 트랜잭션 관리는 동시성 제어와 복구 기능으로 구분한다.

Database Users

- Users are differentiated by the way they expect to interact with the system
- Naïve users
  - invoke one of the permanent application programs that have been written previously
  - Examples, people accessing database over the web, bank tellers, clerical staff
- Application programmers
- Database designers
- Database analysts
- Database administrator (DBA)

데이터베이스 시스템 사용자

데이터베이스 시스템 사용자는 시스템을 사용하는 방식에 따라 몇 가지 부류로 정리할 수 있다. 일반 사용자는 데이터베이스 응용을 이용하여 데이터를 접근/관리하며 주어진 화면 형식에 의거하여 주어진 절차대로 데이터베이스 시스템을 사용한다. 일상생활에서 흔하게 볼 수 있는 사용자이다.

응용프로그래머는 데이터베이스 시스템에 접근하는 응용프로그램을 개발하는 사용자로서, 이들이 개발한 데이터베이스 응용을 일반 사용자들이 사용한다.

데이터베이스 분석가는 다양한 데이터 분석 도구를 가지고 데이터베이스를 분석하는 업무를 담당하며, 빅 데이터 시대의 도래로 인하여 데이터 분석에 대한 중요성이 증대되고 있다.

Database Administrator (DBA)

- Coordinates all the activities of the database system
- Database administrator's duties include
  - Schema definition
  - Storage structure and access method definition
  - Schema and physical organization modification
  - Authorization of users to access databases
  - Specifying integrity constraints
  - Acting as liaison with users
  - Monitoring system performance etc.

데이터베이스 관리자

데이터베이스 관리자(DBA)는 데이터베이스에 대한 모든 권한을 가지고 있는 데이터베이스 시스템의 슈퍼 유저(superuser)이다. 데이터베이스 시스템의 모든 활동을 주관하며, 구체적으로는 스키마 정의, 저장 구조 및 접근 방법 정의, 스키마 및 물리 구조 변경, 데이터베이스 접근 권한 관리, 제약 조건 관리, 시스템 성능 관리 등을 담당하게 된다.

Database System Architecture

- The architecture of a database systems is greatly influenced by the underlying computer system on which the database is running
  - Centralized
  - Distributed
  - Client-server
  - Parallel (multi-processor)

데이터베이스 시스템 구조

데이터베이스 시스템 구조는 몇 가지 방식으로 분류할 수 있다. 여기서는 데이터 위치에 의거하여, 중앙집중식 데이터베이스, 분산 데이터베이스, 중간 형태를 보이는 고객/서버 데이터베이스로 구분할 수 있다.

병렬 데이터베이스 시스템은 컴퓨터 병렬처리 기술을 데이터베이스 시스템에 적용한 경우이다.

History of Database Systems (1/2)

- 1950s and 1960s
  - Magnetic tapes for storage, punched cards for input
  - Hard disks allowed direct access to data
- 1970s
  - Network and hierarchical data models in widespread use
  - E. Codd defines the relational data model
    - Won the ACM Turing Award for this work
    - System R (IBM Research), Ingres (UC Berkeley)
- 1980s
  - Commercial relational systems
  - High-performance transaction processing
  - Parallel and distributed database systems
  - Object-oriented database systems

데이터베이스 시스템의 역사 (1/2)

데이터베이스 기술에 시스템에 대한 간단한 역사이다. 50/60년에는 데이터베이스 이전 단계인 화일 시스템을 이용하여 자료 처리를 하였고, 70년대에는 네트워크(network) 데이터 모델과 계층 데이터 모델을 주로 사용하였다. 이러한 모델을 사용하는 시스템을 legacy systems라고 한다.

1970년 E. Codd가 관계형 데이터 모델을 제안하였다. 80년 초에 관계형 모델을 지원하는 상용 데이터베이스 시스템이 처음으로 출시되었고 데이터베이스 기술, 설계 기술, 트랜잭션 처리, 분산 데이터베이스에 대한 연구 및 개발이 많이 진행되었다. 80년대 중후반에 객체지향 데이터베이스 시스템에 대한 개념이 정립되어, 그 이후에 관련 연구 및 개발이 활발히 진행되었다.

History of Database Systems (2/2)

- 1990s
  - Large decision support and data-mining applications
  - Large multi-terabyte data warehouses
  - Emergence of Web commerce
- 2000s
  - XML standards
  - Automated database administration
- 2010s
  - Big data era
  - Giant data storage systems (Google BigTable, Hadoop, Yahoo PNuts, Amazon)
  - NOSQL databases

데이터베이스 시스템의 역사 (2/2)

90년 중후반에는 데이터 웨어하우스 및 데이터 마이닝 연구 개발이 활발하게 이루어졌고, 객체 관계형 데이터 모델 정립이 90년대 중후반에 이루어졌다.

2000년대는 XML 기술이 출현하였다. 데이터베이스 산업계에는 튜닝 및 자동 데이터베이스 관리 기술이 발전하였으며, 이를 지원하는 상용 데이터베이스 시스템이 출현하였다.

2010년대는 빅 데이터 시대이며, 이를 지원하기 위하여 BigTable, Pnuts(또는 Sherpa), Hadoop(Apache)와 같은 대용량 저장 시스템 또는 대용량 분산 처리 플랫폼이 개발되어 사용되고 있다. 또한 NOSQL은 (No SQL 보다는) Not Only SQL을 의미하며 전통적인 DBMS보다는 다른 형태의 데이터 관리를 요구하는 응용 분야에서 적합하다. 기존 데이터 시스템이 ACID 트랜잭션 지원을 통한 데이터 일치성, 강력한 질의어 제공, 구조적 데이터 저장 및 관리를 강조한다고 하면, NOSQL 시스템은 통상 분산 데이터 관리 및 운영, semi-structured 데이터 저장 및 관리, 고성능, 유용성(availability), 확장성(scalability)를 강조한다.

제1장 연습문제

1.1

Explain the following terms in brief.

(1) Three schema architecture

(2) data model

(3) metadata

(4) data consistency

1.2

현존하는 상용 데이터베이스 시스템을 인터넷 공간에서 검색하여, 상용 데이터베이스 이름, 제공되는 데이터 모델, 간략한 주요 특성을 나열하시오. 적어도 5개 이상의 DBMS를 조사합니다.

1.3

Explain the difference between the physical and logical data independence.

제 2 장

관계형 데이터 모델

Subtopics

- Relational Data Model
- Sample University Database
- Relational Algebra
- Additional Relational Algebra

구성 요소

본 장은 관계형 데이터 모델을 설명한다. 관계형 모델은 가장 많이 구현되어 있는 데이터 모델로 현대 데이터베이스 시스템의 중심을 이룬다. 상기와 같이 4개 절로 구성이 되어 있다.

2.1 관계형 데이터 모델

Overview

- Introduced by E.F. Codd (1970)
- Strong theoretical foundations
- Very simple
- Numerous commercial systems
- Loosely speaking, represents the database as a collection of relations and integrity constraints

개요

관계형 데이터 모델은 1970년 수학자 E.F. Codd에 의하여 최초로 제안되었으며, 그 후에 수정/보완 과정을 통하여 개선되었다. 관계형 모델은 수학적 이론 중에서 집합이론, 일차 수학논리(first-order mathematical logic)을 사용하며, 그 내용은 아주 간단하다.

개념적인 간단함으로 인하여 관계형 데이터 모델은 초기에는 비판을 받기도 하였으나, 현재 상용 데이터베이스 시스템은 관계형 데이터 모델 기반으로 가장 많이 구현되어 있다.

간단히 설명하면, 관계형 데이터 모델은 데이터베이스를 관계(relation)와 무결성 제약(integrity constraint)의 묶음(collection)으로 표현한다.

Relation Example

- A "student" relation with 5 tuples and 7 attributes

sID	name	gender	deptName	year	GPA	totalCredit
152	Eric Lee	M	CS	freshman	3.54	15
201	Sam Kim	M	EE	senior	3.89	103
301	John Park	M	Media	sophomore	4.13	38
157	Alma Lee	F	Software	freshman	2.57	18
154	Joan Lee	F	Software	sophomore	1.80	58

관계(relation) 예제

상기 그림은 student 관계의 예제이다. 관계형 데이터 모델에서 의미하는 관계는 우리가 흔히 보는 테이블 형식이다.

student 관계는 7개의 속성(attribute)과 5개의 터플(tuple)을 가지고 있다. 각 속성은 속성헤드(attribute head)를 가지고 있으며, 상기 관계에서 속성은 sID, name, gender, deptName, year, GPA, totalCredit이다.

Equivalent Terms

Relational data model	Network data model Hierarchical data model
relation	table
tuple	record, row
attribute	column

동일한 용어

관계형 모델에서의 관계, 터플, 속성은 기존 데이터 모델에서의 테이블, 레코드, 칼럼과 동일한 용어로 볼 수 있다. 일반적으로는 테이블, 레코드, 칼럼이 더 친숙한 용어이기도 하며, 본 교재에서는 동일한 용어는 서로 교환적으로 사용하기로 한다.

Attributes

- An attribute has the domain, which is a set of all allowed values for that attribute
- Attribute values are required to be atomic (indivisible)
- The special value 'null' is a member of every domain
  - The null value causes complications in the definition of many relational operations

속성

각 속성은 속성 값으로 허용할 수 있는 값의 집합을 가지고 있으며, 이를 도메인이라고 한다. 즉, 속성 값은 해당 도메인의 원소이다. 현실적으로 사용자가 도메인을 명확하게 정의하여야 DBMS을 사용할 수 있는 것은 아니며, 속성에 대한 데이터 타입 정의로 부터 통상 도메인을 유추할 수 있다.

속성 도메인에 속하는 값은 원자(atomic) 값을 가져야 한다. 속성 값이 원자 값이어야 한다는 것은 관계형 모델의 중요한 성질이다.

각 도메인은 값이 없는 것을 의미하는 널(null) 값을 디폴트(default)로 가진다. 속성 값이 데이터베이스 시스템에 여러가지 이유로 인하여 입력되지 않으면, 이를 널 값이라 표시한다.

All attributes are atomic in relational model

- Being atomic means being indivisible (we cannot divide it further!!!)
- Example of atomic attribute types
  - Integer, real, char, varchar, decimal, date, time, timestamp, etc.
- Example of non-atomic attribute types
  - Multi-valued attribute (set, bag (multiset), list)
  - Composite attribute

모든 속성 값은 원자 값이어야 한다.

관계형 모델에서 모든 속성 값은 원자 값이어야 하는데, 원자 값은 더 이상 분해할 수 없는 값이란 뜻이다. 분해할 수 없다는 원자 값에 대한 성질은 엄밀히 정의하자면 다소 애매하나, 일반적으로 정수, 실수, 문자, 문자열, 시간, 날짜, 타임스탬프(timestamp) 등은 원자 값으로 분류한다. 원자 값이 아닌 예제는 집합, 리스트, 복합값(composite values) 등이다. 참고적으로 문자열은 각 문자로 구성되므로 문자열은 각 문자로 분해가 가능하나, 관계형 모델에서 문자열은 원자 값이다.

군집 데이터를 정의하는 집합(set), 백(bag), 리스트(list) 값은 원자 값이 아니다. 집합, 백, 리스트는 서로 상이한 대상을 표시한다. 집합이란 집합에 속하는 원소간에 중복이 없고 또한 원소간에 순서가 없어야 한다. 집합과 백은 원소 간에 순서가 존재하지 않은 점은 동일하나, 집합은 원소의 중복을 허용하지 않으나, 백은 원소의 중복을 허용한다. 리스트는 원소의 중복도 허용하고 원소 간에 순서가 존재한다. 예를 들어 보자.

- 집합 {a,b}와 집합 {b,a}는 동일한 집합이다.
- {a,b,a}는 집합은 아니나, 백은 될 수 있다.
- 백 {a,b,a}와 백 {a,a,b}는 동일한 백이다. (원소 순서에 무관하므로)
- 리스트 [a,b,a,c]와 리스트 [a,a,b,c]는 상이한 리스트이다.

Relation Schema and Instance

- Let $A_1, A_2, \ldots, A_n$ be attributes
- $R = (A_1, A_2, \ldots, A_n)$ is a relation schema
- With a relation schema, we can have individual values (called a relation instance) for the schema
- Given sets $D_1, D_2, \ldots, D_n$ (domains), a relation instance is a subset of $D_1 \times D_2 \times \ldots \times D_n$
- A relation instance is a set of n-tuples $(a_1, a_2, \ldots, a_n)$ where $a_i \in D_i$

관계 스키마 및 인스턴스

간단하게 보면, 관계 스키마는 관계 이름과 속성명 나열을 의미한다. 관계 스키마가 정의되면 우리는 관계 스키마에 적합한 값의 조합을 가질 수 있으며, 이를 관계 인스턴스라고 한다. 앞에서 본 관계 예제 student에서, student(sID, name, gender, deptName, year, GPA, totalCredit)은 관계 스키마이며, 관계 인스턴스는 5개 터플이다.

관계 스키마는 상기와 같이 관계명 및 속성명의 나열로도 표현이 가능하나, 통상 관계 스키마는 관계형 및 속성명 외에도 각 속성의 데이터 타입, 관계에 관련되는 무결성제약도 함께 표현한다.

관계 인스턴스는 각 속성 도메인 값의 모든 조합에서 일부분(부분집합)을 가진다. 즉, 관계 인스턴스는 도메인의 카티시안곱(Cartesian product)의 부분 집합으로 볼 수 있다. 수학에서 이러한 부분 집합을 관계(relation)라고 명명하며, 이러한 이유로 관계형 데이터 모델이라고 명명되었다.

Relational Databases

- A relational database consists of a set of relations and a set of constraints
- Integrity constraints
  - Key constraint
  - Entity constraint
  - Referential integrity constraint
  - and more

관계형 데이터베이스

관계형 데이터베이스 시스템에서 데이터베이스는 관계와 제약 조건으로 구성된다고 정의한다.

Relational DB = a set of relations + a set of integrity constraints

여기서 무결성 제약(integrity constraint)은 다양한 형태가 존재하며, 키 제약(주 키는 중복된 값을 가지지 못하는 제약), 엔티티 제약(주 키는 널 값을 가지지 못하는 제약), 참조 무결성 제약 등이 있다.

Sample University Database

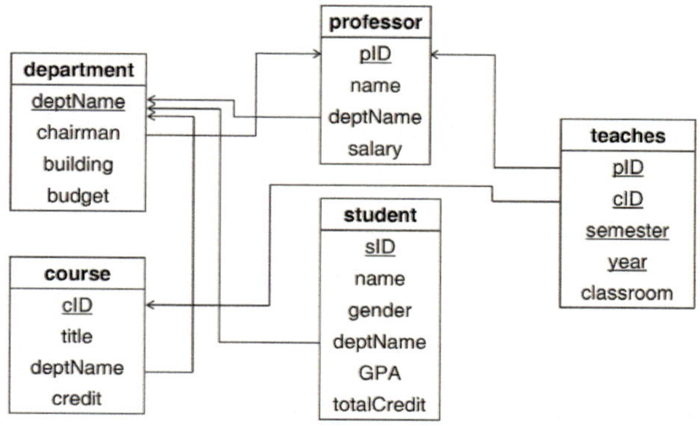

대학 데이터베이스 예제

상기 그림은 관계형 데이터베이스의 예제를 보인다. 대학 데이터베이스를 관계형 데이터 모델로 구성을 하였으며, 본 예제 데이터베이스는 총 5개의 관계로 구성이 된다. 각 관계는 관련 속성을 가지고 있다.

그림 중에 속성 밑줄은 주 키(primary key) 속성을 표시하며, course 관계의 주 키는 cID 속성이다. 즉, course 관계에서 cID 값은 항상 유일하다.

teaches 관계의 주 키는 4개 속성의 연결(concatenation) (pID, cID, semester, year)이며, 속성 하나 하나는 주 키가 아니다. 즉, pID만으로는 주키가 아니므로 pID는 중복되어 터플에 나타날 수 있으며, 같은 방식으로 cID, semester, year도 중복이 나올 수 있다. 그러나 각 pID, cID, semester, year값을 연결한 전체 값은 주 키이므로 항상 유일하여야 한다.

그림에서 화살표시는 참조 무결성 제약을 표시한다. 예를 들어, teaches 관계의 cID 속성은 course 관계의 주 키 속성인 cID 속성을 참조하는 외래 키(foreign key)이다.

Order is immaterial

- Relations are unordered
- Order of tuples is irrelevant, too
  - Tuples may be stored in an arbitrary order

순서는 중요하지 않다.

관계형 데이터베이스에서 관계 간에는 순서가 없으며, 또한 관계 내에서의 터플도 순서가 없다. 관계 간에 또한 터플 간에 순서가 없는 특징은 관계형 데이터 모델의 중요한 특징이며, 이는 데이터베이스를 처리함에 있어 편리함을 제공한다.

관계형 모델에서는 관계 간의 순서 또는 상하관계가 전혀 없다. 이러한 특성은 관계 접근시에 특별한 제한이 없음을 의미한다. 참고적으로 예전에 사용되었던 계층/네트워크 데이터 모델에서는 테이블 간의 상하 관계가 존재하였고 그 결과 테이블 접근이 관계형 모델만큼 자유롭지 않다.

Keys

- Let $K \subseteq R$
- K is a superkey of R if values for K are sufficient to identify a unique tuple of each possible relation
- Superkey K is a candidate key if K is minimal
- One of the candidate keys is selected to be the primary key
  - Each table has only one primary key

키

키는 속성의 집합으로 구성이 된다.

슈퍼 키는 관계에서 터플을 유일하게 식별할 수 있는 속성의 집합이며, 후보 키는 슈퍼 키의 유일성을 유지하면서 가장 적은(minimal) 수의 속성으로 구성된 키이다. Minimal 개수의 속성이 가장 적은 개수의 속성을 의미하지는 않는다. Minimal 속성이란 유일성을 유지하면서 가장 적은 속성을 의미한다. 특정 관계에서 속성 개수가 서로 다른 두 개의 후보 키(예를 들면, 속성 한 개의 후보 키와 속성 두 개의 후보 키, 이 경우 속성 한 개 후보 키 속성이 속성 두 개 후보 키 속성에는 속하지 않겠지만)가 존재할 수 있다.

만약 관계에 하나 이상의 후보 키가 존재하면, 데이터베이스 설계자가 그 중의 하나를 주 키(primary key)로 지정하게 된다.

Key Example

- MyStudent(student-id, name, national-id, address, phone)
  - The student-id is unique among students, the national-id is unique among all people
- Superkey
  - (student-id), (student-id, name), (student-id, name, address),
  - (national-id), (national-id, name), (national-id, address, phone)
  - (student-id, national-id) (student-id, national-id, name) (student-id, national-id, address, phone), ...
- Candidate key
  - (student-id)
  - (national-id)
- Primary key
  - One of (student-id) or (national-id)

키 예제

MyStudent 관계가 있으며, 그 중 student-id와 national-id 속성은 유일 식별자이다. student-id는 학번을 의미하며 학생들에게 유일한 번호가 지정되며, national-id는 주민등록번호를 의미하며 대한민국 국민에서 유일한 번호가 지정된다.

슈퍼 키는 그 수가 매우 많으며 그 중 일부분이 나열되어 있다. 슈퍼 키(student-id, name)은 student-id만으로도 각 학생을 유일하게 식별할 수 있으므로, 학생을 유일하게 식별하기 위하여 굳이 (student-id, name)와 같이 두 개 속성을 가질 필요가 없지만 그래도 슈퍼 키이다.

슈퍼 키에서 키 속성을 유지하면서 가장 적은 수(minimal)의 속성을 가지는 키를 후보 키라고 한다. student-id은 가장 적은 수의 속성을 가지는 후보 키가 되는 것이다. 같은 방식대로 national-id도 후보 키가 된다.

후보키는 minimal 속성을 가지는 수퍼키이지, minimum 속성을 가지는 수퍼키는 아니다. 예를 들어, 특정 테이블에 대한 후보키가 두 개 존재할 수 있고, 하나는 단일 속성, 다른 하나는 2개 속성을 가질 수 있다.

Referential Integrity Constraint

- Referential constraint is unique in relational data model, where the data association is implemented by using "values" (not by pointers)
  - Simply speaking, referential integrity constrains require every value in one relation to appear in another relation

참조 무결성

참조 무결성 제약(referential integrity constraint, 또는 referential constraint)는 관계형 데이터 모델에만 존재하는 제약으로, 관계형 데이터 모델은 데이터 간의 관계를 "값"으로 표현하기 때문이다. 관계형 데이터 모델을 기반으로 하는 객체-관계형 데이터 모델에서도 참조 무결성 제약은 존재한다. 참고적으로 기존 계층/네트워크 데이터 모델에서는 데이터 간의 관계를 포인터로 표현하였다.

간단하게 말하면, 참조 무결성 제약은 특정 속성에 나타나는 모든 값은 반드시 다른 속성에도 나타나야 한다는 것이다. 즉 특성 속성에 나오는 모든 값은 다른 속성 값의 일부분이어야 한다.

Why Referential Integrity Constraint?

student

sID	sName	major
100	Lee	2
200	Kim	1
300	Park	null
400	Sohn	4

department

dID	dName
1	computer science
2	electrical engineering
3	media

- Sohn has a problem (why???)
- Park is fine (why???)
- "major" is a foreign key referencing department(dID)
- Note that "dID" is the primary key of "department"
- student: referencing relation
- department: referenced relation

참조 무결성 예제

참조 무결성이 필요한 이유를 예를 들면서 살펴보자. 상기와 같이 두 개의 테이블이 있으며, student 테이블에서 Lee 학생의 major 속성 값은 2이며, 이는 department 테이블을 보면 electrical engineering을 전공하고 있음을 알 수 있다. 그러나 Sohn 학생은 major 속성 값 4에 대응이 되는 학과가 없어 문제가 있다. Park 학생은 major 값이 없는 null 값인데, 아직 학과가 결정되지 않았거나 또는 데이터가 존재하지 않거나 등으로 해석할 수 있어, 문제가 있는 것은 아니다.

즉, major 속성 값은 아무런 제약 없이 임의의 값을 가질 수 없고, department의 dID 속성 값에서 중에서 나와야 의미가 있다. 이 경우, major 속성을 department(dID) 참조하는 외래 키라고 하며, student 테이블을 참조하는 테이블, department 테이블을 참조 받는 테이블이라고 한다.

참조 받는 속성은 반드시 그 테이블의 주 키이어야 하며, 본 예제서도 dID가 department 테이블의 주 키임을 알 수 있다. 이는 student 관계의 특정 터플과 department 관계의 특정 터플이 관련이 있을 때 (상기에서는 학생과 학과 간의 '전공' 관계), department 관계의 주 키를 참조하여야 하기 때문이다. department 주 키를 참조하여야만, 반드시 department 관계의 하나 터플이 특정된다.

또한 department 테이블의 <3, media> 터플을 참조하는 터플이 student 테이블에 없으며, 이는 참조 무결성 제약과 관련 없이 허용되는 현상이다.

Data Dictionary

- The data dictionary (also called system catalog) stores metadata (data about data) such as
  - names of relations
  - names, types and lengths of attributes of each relation
  - names and definitions of views
  - integrity constraints
  - User and accounting information, including passwords
  - Statistical and descriptive data
    - number of tuples in each relation
  - Physical file organization information
    - How relation is stored (sequential/hash/...)
    - Physical location of relation
  - Information about indices

데이터 사전

데이터 사전은 데이터베이스 시스템이 내부적으로 관리하는 데이터 장소이며, 데이터에 대한 데이터 즉 메타 데이터를 관리한다. 저장 관리되는 데이터 상세는 상기 그림에 나와 있다.

상용 데이터베이스 시스템은 사용자에게 투명하게 데이터 사전 접근을 허용하며, 사용자는 SQL 언어를 활용하여 데이터 사전에 속하는 데이터를 접근할 수 있다.

Metadata Example

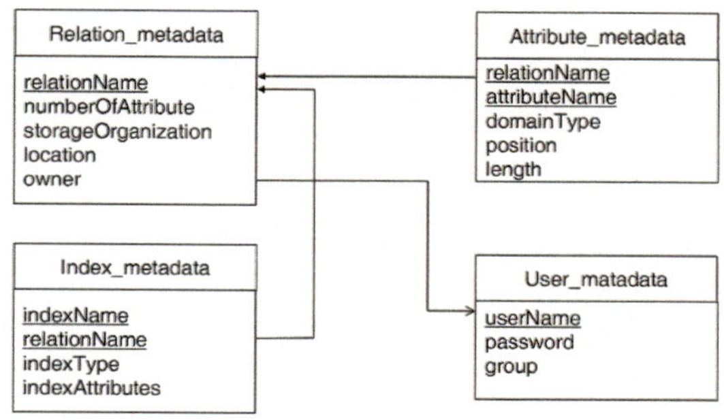

메타 데이터 사례

상기 그림은 메타 데이터 예제를 보인다. 일반 테이블 형식으로 저장 관리된다.

2.2 샘플 대학교 데이터베이스

Running Example (University)

- department(deptName, chairman, building, budget)
- professor(pID, name, deptName, salary)
- student(sID, name, gender, deptName, GPA, totalCredit)
- course(cID, title, deptName, credit)
- teaches(pID, cID, semester, year, classroom)
- takes(sID, cID, semester, year, grade)
- room(roomID, building, capacity)

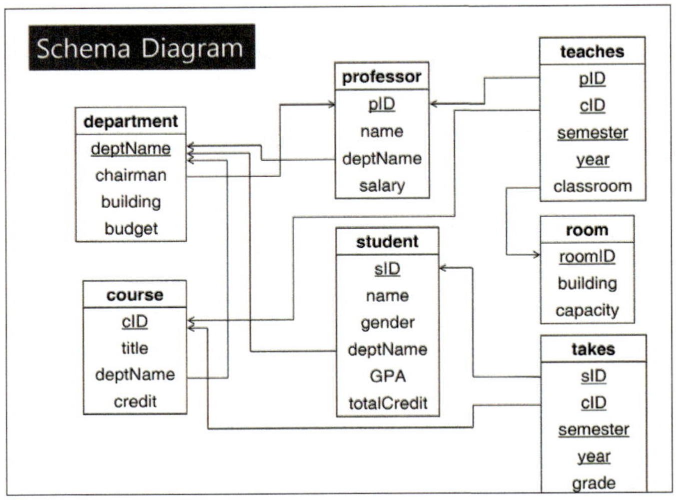

예제 데이터베이스

본 책에서는 대학교 데이터베이스를 예제 데이터베이스로 사용한다. 총 7개의 테이블로 구성되어 있으며, 밑줄이 있는 속성 집합은 해당 테이블의 주 키를 표시한다. 또한 다수의 참조 무결성 제약이 존재한다.

스키마 다이어그램

상기 그림은 대학교 데이터베이스를 스키마 다이어그램으로 표시한 것이다. 앞으로 본 책에서 언급되는 대부분 예제는 상기 대학교 데이터베이스 스키마를 사용하므로, 학생들은 상기 다이어그램을 숙지하길 바란다.

각 테이블에 대한 예제 인스턴스는 다음과 같다. 예제 인스턴스는 테이블에 대한 이해 향상에 도움을 주려고 하는 것이며, 향후에 나오는 예제들이 예제 인스턴스를 가정하고 설명하지는 않는다.

"department" Relation

deptName	chairman	building	budget
Software	10	IT building	72000
EE	21	IT building	82500
Media	32	IT building	55500
CS	null	IT building	67000

"course" Relation

cID	title	deptName	credit
202	Java	Software	2
203	Data Structure	Software	3
301	Databases	Software	3
241	Logic Circuit	EE	2
341	LAN	EE	3
342	Signal Processing	EE	3
222	Computer Art	Media	3
223	Game Theory	Media	3

"professor" Relation

pID	name	deptName	salary
10	Lee	Software	8000
11	Choi	Software	7000
13	Yoon	Software	6000
21	Yang	EE	7000
22	Park	EE	6000
31	Han	Media	9000
32	Paik	Media	6000

"teaches" Relation

pID	cID	semester	year	classroom
11	202	Fall	2014	1
11	203	Fall	2014	2
13	203	Spring	2015	2
21	341	Fall	2014	3
22	341	Spring	2015	2
22	241	Fall	2013	2
31	222	Fall	2014	5
32	223	Spring	2014	4

"student" Relation

sID	name	gender	deptName	GPA	totalCredit
1022	Eric	M	Software	3.54	15
1011	Julia	F	Software	3.89	103
1012	John	M	Software	4.13	38
2015	Alma	F	EE	2.57	18
2014	Bob	M	EE	3.75	82
3010	Adam	M	Media	3.90	19
3011	Joanna	F	Media	1.80	58

"takes" Relation

sID	cID	semester	year	grade
1022	202	Fall	2013	A+
1022	203	Spring	2014	A0
1022	301	Fall	2014	B+
1011	202	Fall	2013	B-
3010	203	Spring	2014	A+
3010	222	Fall	2013	B+
3010	223	Spring	2014	C0
3011	222	Fall	2013	A+

"room" Relation

roomID	building	capacity
1	IT building	40
2	IT building	50
3	IT building	30
4	Vision Hall	60
5	Vision Hall	50

2.3 관계 대수

Relational Algebra

- Procedural language
- Six basic operators
  - select: σ
  - project: Π
  - union: ∪
  - set difference: –
  - Cartesian product: x
  - rename: ρ
- The operators take one or two relations as inputs and produce a new relation as a result

관계 대수

관계 대수는 관계형 데이터 모델의 일부이며, 지금까지 정의한 관계, 제약 사항에 대한 연산을 제공한다. 데이터베이스에 대한 기본 연산에는 데이터에 대한 입력/삭제/경신/검색 연산이 있으나, 여기서는 검색 연산만을 살펴보기로 한다. 관계 대수는 관계에 대한 다수 개의 검색 연산을 제공하며, 사용자는 관계 대수를 이용하여 데이터베이스로부터 구하고자 하는 정보를 데이터베이스 시스템에 요청(또는 표현)할 수 있다.

상기 그림에 나열되어 있는 바와 같이 관계 대수는 6개의 기본적인 연산이 있다. 관계 대수는 입력으로 하나 또는 두 개의 관계를 가지며, 결과물로 새로운 관계를 생성한다. 이는 관계 대수 연산의 중요한 성질이며, 관계 대수 연산의 중첩(composition)을 허용하게 한다.

상용 데이터베이스 시스템은 관계 대수를 직접적으로 사용자에게 지원하지는 않는다. 상용 데이터베이스 시스템은 그 대신 SQL 언어를 사용자에게 지원한다. 관계 대수(또는 관계 대수의 변형)는 데이터베이스 시스템 내부에서 사용되는 언어이며, 사용자에게 직접 보이지는 않는다.

관계 대수 연산에 대한 국제 표준은 존재하지 않으며, 그 결과 교과서마다 저자마다 약간의 기호 또는 정의 차이가 있을 수 있음을 기억하자.

Select Operation Example

Relation r

A	B	C	D
α	α	1	5
α	α	5	2
β	β	12	12
α	β	23	10

$\sigma_{A=B \wedge D > 4}(r)$

A	B	C	D
α	α	1	5
β	β	12	12

선택(select) 연산 예제

선택 연산은 입력 관계에서 주어진 조건을 만족하는 터플을 생성한다. 상기 예제에서 조건은 "A=B^D>4"이며 조건을 만족하는 터플이 결과물로 나옴을 알 수 있다. 선택 연산의 결과물은 새로운 관계이다.

Select Operation

- Notation: $\sigma_p(r)$
  - p is called the selection predicate
- Defined as $\sigma_p(r) = \{t \mid t \in r \text{ and } p(t)\}$
  - where p is a formula in propositional calculus consisting of terms connected by ∧ (and), ∨ (or), ¬ (not)
- Each term is of "<attribute> op '<attribute> or <constant>'", where op is one of =, ≠, >, ≥, <, ≤
- Example: $\sigma_{deptName=\text{"CS"}}$ (professor)

선택(select) 연산

선택 연산의 기호는 σ(sigma)이며, p는 선택 조건(selection predicate)을 의미한다. 선택 조건 p는 명제논리(propositional logic) 표현이며, 각각의 항(term)은 ∧(and), ∨(or), ¬(not)으로 연결이 가능하다. 각 항은 "<attribute> op <attribute>" 또는 "<attribute> op <constant>" 형태이며, op는 6개의 비교 연산자 중의 하나이다.

예로 보인 선택 연산은, 교수 중에서 CS 과에 속한 교수를 검색한다.

Project Operation Example

Relation r

A	B	C	D
α	α	1	5
α	α	5	2
β	β	12	12
α	β	23	10

$\Pi_{A,C}(r)$

A	C
α	1
α	5
β	12
α	23

$\Pi_{A,B}(r)$

A	B
α	α
β	β
α	β

투영(project) 연산 예제

투영 연산은 관계에서 임의의 속성을 선택하는 연산으로, 상기 예제에서 관계 r에서 명시된 속성만을 보여주는 투영 연산이다. 투영 후에 중복된 터플은 제거되어, 결과 관계에는 동일한 터플이 두 번 이상 나타나지 않는다.

Project Operation

- Notation: $\Pi_{A_1, A_2, \ldots, A_k}(r)$
  - where A_1, A_2, …, A_k are attribute names and r is a relation
- The result is defined as the relation of k columns obtained by erasing the columns that are not listed
- Duplicate rows are removed from the result, since relations are treated as sets
- Example: To eliminate the deptName attribute of professor

$$\Pi_{pID,name,salary}(professor)$$

투영(project) 연산

투영 연산의 기호는 Π(pi)이며, 보고자 하는 속성을 아래첨자(subscript)로 표시한다. 중복 터플은 결과 관계에서 제거되어, 결과 관계는 항상 터플의 집합이다.

예로 보인 투영 연산은 professor 관계에서 pID, name, salary 속성만을 구하는 연산이며, 다른 속성은 결과 관계에서 제거된다.

선택 연산이 터플 단위로 원하는 결과를 구하는 것이라면, 투영 연산은 속성 단위로 원하는 결과를 구하는 것이라고 할 수 있다.

선택과 투영은 관계대수의 가장 기본적인 연산이다. 사용자에게 관계로 보여지는 데이터에 대하여 선택과 투영 연산을 제공하여 사용자는 원하는 조건을 입력하여 목적 데이터를 검색할 수 있다. 데이터 모델이란 이와 같이 사용자에게 데이터를 추상화하여 보이게 하고 동시에 추상화된 데이터에 대한 연산을 제공한다.

Union Operation Example

Relation r

A	B
α	1
α	5
α	23

Relation s

A	B
α	1
β	12

$r \cup s$

A	B
α	1
α	5
α	23
β	12

합집합(union) 연산 예제

일반 수학 집합 연산에는 합집합, 교집합, 차집합이 있으며, 관계대수에서도 합집합, 교집합, 차집합 연산이 존재한다. 관계대수의 집합 연산 관점은 관계를 터플을 원소로 가지는 집합으로 본다.

상기 예제는 합집합 예제이다.

Union Operation

- $r \cup s = \{t \mid t \in r \text{ or } t \in s\}$
- For $r \cup s$ to be valid
  - r, s must have the same arity (same number of attributes)
  - The attribute domains must be compatible
- Example: to find all course IDs taught in the Fall 2014 semester or in the Spring 2015 semester or in both

$$\Pi_{cID}(\sigma_{semester=\text{"Fall"} \wedge year=2014}(teaches)) \cup$$
$$\Pi_{cID}(\sigma_{semester=\text{"Spring"} \wedge year=2015}(teaches))$$

합집합(union) 연산

관계 대수의 합집합 정의는 일반적인 합집합 정의와 동일하며, 터플을 집합 원소로 취급하고 있다.

관계대수 집합 연산이 유효하려면, 터플의 속성 개수가 동일하여야 하고, 대응되는 속성의 도메인이 상호 호환적이야 한다. 이러한 제약은 합집합 뿐만이 아니라 교집합 연산, 차집합 연산에도 동일하게 작용된다.

예로 보인 표현은 2014년 가을과 2015년 봄에 개설된 모든 과목의 과목번호(cID)를 검색한다. course 관계에는 과목 개설 시기에 대한 정보가 없으므로 teaches 관계를 이용하였다.

Set Difference Operation Example

Relation r

A	B
α	1
α	5
α	23

Relation s

A	B
α	1
β	12

r - s

A	B
α	5
α	23

s - r

A	B
β	12

차집합(set difference) 연산 예제

차집합 예제를 보인다. 차집합 연산은 commutative 하지 않으므로, "r−s"과 "s−r" 연산 결과는 다르다.

Set Difference Operation

- $r - s = \{t \mid t \in r \text{ and } t \notin s\}$
- Set differences must be taken between compatible relations.
  - r and s must have the same arity
  - attribute domains of r and s must be compatible
- Example: to find all course IDs taught in the Fall 2014 semester, but not in the Spring 2015 semester

$$\Pi_{cID}(\sigma_{semester=\text{"Fall"} \wedge year=2014}(teaches)) - \Pi_{cID}(\sigma_{semester=\text{"Spring"} \wedge year=2015}(teaches))$$

차집합(set difference) 연산

차집합에 대한 정의 및 예제를 보인다.

예제는 2014년 가을 학기에 개설되었으나 2015년 봄 학기에는 개설되지 않은 과목 번호를 검색하는 질의이다. 차집합을 사용하여 조건에 부합하는 과목 번호를 검색하는 관계대수식이다.

Cartesian Product Operation Example

Relation r

A	B
α	1
α	5
α	23

Relation s

C	D
α	1
β	12

r x s

A	B	C	D
α	1	α	1
α	1	β	12
α	5	α	1
α	5	β	12
α	23	α	1
α	23	β	12

카티시안곱(Cartesian product) 연산 예제

상기는 카티시안곱 연산의 예제이다. 카티시안곱의 결과물은 입력 관계에 속하는 터플의 모든 가능한 조합을 결과 관계로 산출한다.

Cartesian Product Operation

- r x s = {t q | t ∈ r and q ∈ s}
- Assume that attributes of r(R) and s(S) are disjoint. (That is, R ∩ S = ∅)
  - If attributes of r(R) and s(S) are not disjoint, then renaming must be used
- Cartesian product operation

	R	S	R x S
Arity	m	n	m+n
# of tuples	x	y	x*y

카티시안곱(Cartesian product) 연산

카티시안곱 연산은 입력 관계의 각 터플을 취하여 이를 연결(concatenation)하여 결과 관계를 만든다.

두 개의 입력 테이블에 동일 속성이 존재하면, 재명명(rename) 연산(후에 나옴)을 이용하여 동일한 속성 이름이 없도록 하여야 한다. 이는 입력 테이블에 동일 속성 이름이 존재하면 자연 조인(natural join) 연산이 되기 때문이다.

카티시안곱 연산 결과 관계는 일반적으로 크기가 큰 관계이며, 그 이유는 두 입력 테이블의 터플 개수의 곱만큼의 터플을 갖는 결과 관계가 만들어지기 때문이다. 상기 표에서 "arity"는 속성의 개수를 의미한다.

Rename Operation

- Allows us to re-name attributes and relations
  - Allows us to refer a relation by more than one name
- If a relational-algebra expression E has arity n, then
  $\rho_{X(A1, A2, ..., An)}(E)$
  returns the expression E under the name X with attributes renamed to A1, A2, ..., An
- $\rho_x(E)$ returns the expression E under the name X

Relational Algebra Expressions

- Let E_1 and E_2 be relational-algebra expressions. So are the below
  - $\sigma_p(E_1)$, p is a predicate on attributes in E_1
  - $\Pi_s(E_1)$, s is a list consisting of some attributes in E_1
  - $E_1 \cup E_2$
  - $E_1 - E_2$
  - $E_1 \times E_2$
  - $\rho_x(E_1)$, x is the new name for E_1
- We can build expressions using multiple relational-algebra operators

재명명(rename) 연산

재명명 연산은 단순히 테이블 이름이나 속성 이름을 변경하는 연산이며, 수학 기호는 ρ(rho)이다.

입력 관계가 E이면, 이를 아래첨자에 표시된 바와 같이 재명명하여 결과 관계를 도출한다. 아래 첨자로 표현되는 명시부에서 X는 관계명, $A_1, ..., A_n$ 는 속성명을 나타낸다. 관계명만 또는 속성명만 재명명이 가능하며, 관계명만 변경하고자 할 때에는 아래 첨자 명시부에서 속성명을 생략하면 된다. 속성명만 변경하고자 할 때에는 아래 첨자 명시부에서 '관계(속성명)'을 모두 명시하여야 한다.

관계 대수식(relational algebra expression)

상기에 나열된 관계 대수 6개는 기본적인 관계대수 연산이다. 기본적인 관계 대수 연산은 합집합, 차집합, 카티시안 곱, 선택, 투영, 재명명 연산이다. 기본 관계 대수 연산을 이용하여 관계 대수식이 생성된다.

관계 대수식의 결과는 관계이므로 관계 대수식의 합성이 가능하다. 입력 관계 대신에 유효한 관계 대수식을 사용될 수 있으며, 이를 이용하여 복잡한 질의문 작성이 가능하다.

Exercise 1

- Retrieve names of male students who are in "CS" department and their GPAs

- $\Pi_{name,\ GPA}(\sigma_{deptName="CS"\ \wedge\ gender\ =\ "M"}(student))$
- $\Pi_{name,\ GPA}(\sigma_{gender\ =\ "M"\ \wedge\ deptName="CS"}(student))$

연습 1

자연어로 표현되는 질의문을 동일한 관계 대수식으로 변환하는 문제이다. 관계 대수 연산자 적용을 통하여 각 연산의 기능 및 특성을 습득할 수 있다. 여기에 나오는 질의는 대학 데이터베이스 스키마에 대하여 적용한다.

상기 그림과 같이 동일한 결과를 도출하는 관계 대수식은 다수가 존재한다.

Exercise 2

- Retrieve course titles that are offered by "CS" department or "EE" department
  - $\Pi_{title}(\sigma_{deptName="CS"}(course)) \cup \Pi_{title}(\sigma_{deptName="EE"}(course))$
  - $\Pi_{title}(\sigma_{deptName="CS"\ \vee\ deptName="EE"}(course))$

- Retrieve course titles that are offered by both "CS" department and "EE" department
  - $\Pi_{title}(\sigma_{deptName="CS"\ \wedge\ deptName="EE"}(course))$ (wrong one!!!)

연습 2

상기 그림에서 마지막 관계대수식이 잘못된 이유는 선택조건이 and 조건인데 양쪽 조건을 모두 만족하는 dept Name이 존재할 수 없기 때문이다. (그 결과로 나오는 터플은 항상 없다) CS 학과와 EE 학과에서 모두 개설되는 과목명을 구하는 올바른 질의는 아래와 같다.

$$\Pi_{title}(\sigma_{deptName="CS"}(course)) \cap \Pi_{title}(\sigma_{deptName="EE"}(course))$$

Exercise 3

- Retrieve pairs of department names where the budget of the first department is greater than that of the second department
  - $\Pi_{deptName,new\text{-}deptName}(\sigma_{budget>new\text{-}budget}\ (department \times \rho_{department(new\text{-}deptName,\ new\text{-}chairman,\ new\text{-}building,\ new\text{-}budget)}(department)\ )\ )$
  - Why we need to rename???
    - Otherwise, we could not distinguish, for example, budget and new-budget

연습 3

deptName	chairman	building	budget
CS	10	IT building	67000
EE	21	IT building	82500
Media	32	IT building	55500

상기 관계대수식을 상기 인스턴스를 이용하여 분석하면 다음과 같다.

- department 관계를 재명명하며 department 관계와 카티시안곱을 함으로, 결과 테이블은 8(= 4+4)개의 속성을 가지며 터플은 9(= 3*3)개이다.
- 카티시안곱 결과 관계의 속성명은 (deptName, chairman, building, budget, new-deptName, new-chairman, new-building, new-budget)이다.
- 카티시안곱 결과 관계에 선택 연산을 적용하면, 조건을 만족하는 터플은 총 3개가 있다.
- 3개 터플에 대하여 투영 연산을 수행하면, 결과는 {<EE, CS>, <EE, Media>, <CS, Media>}이다.

2.4 추가 관계 대수

Additional Operations

- We define additional operations that do not add any power to the relational algebra, but that simplify common query expressions
  - Assignment
  - Set intersection
  - Natural join
  - Outer join
  - Division

추가 관계 대수

본 절에서는 기본적인 관계 대수 외에 추가적으로 사용되는 관계 대수를 설명한다. 추가되는 관계 대수는 이미 살펴본 기본 확장 대수를 이용하여 표현이 가능하므로, 관계대수의 표현력(expressive power)을 확장시키지는 않으며 다만 사용 편리성을 제공한다. 본 절에서는 할당 연산, 교집합 연산, 자연 조인, 외부 조인, 나눔 연산에 대하여 살펴본다.

Assignment Operation

- The assignment operation (←) provides a convenient way to express complex queries
  - Can assign temporary expressions to make complex expressions simple
  - Use with rename operations to rename attribute/relation names

할당 연산

할당 연산자는 복잡한 질의문을 작성할 때 중간 결과 표현을 임시로 저장할 수 있으므로 유용하게 사용할 수 있다. 할당 연산을 하면서 재명명 연산자를 함께 사용하면 중간 결과의 관계 및 속성 이름을 원하는 것으로 변경하면서 할당할 수 있다.

Set Intersection Operation

- $r \cap s = \{ t \mid t \in r \text{ and } t \in s \}$
- Assume:
  - r, s have the same arity
  - attributes of r and s are compatible
- Note: $r \cap s = r - (r - s)$

Relation r

A	B
α	1
α	5
α	23

Relation s

A	B
α	1
β	12

$r \cap s$

A	B
α	1

교집합 연산

교집합 연산자는 상기에 표기되어 있는 바와 같이, 2회 차집합 연산 적용으로 표현이 가능하므로 확장 관계 연산자에 속한다. 관계 대수 집합 연산자의 경우, 입력 관계에 대한 속성 개수가 같고, 대응되는 속성의 데이터 타입이 상호 호환되어야 하는 조건은 동일하게 적용된다.

관계를 대상으로 하는 집합 연산 세 가지를 모두 살펴보았으며, 터플을 하나의 원소로 취급하여 연산을 하며, 그 외 의미는 일반 집합 연산자 의미와 동일하다.

Natural Join Operation

- Let r and s be relations on schemas R and S respectively
- $r \bowtie s$ is a relation on schema $R \cup S$ obtained as follows:
  - Consider each pair of tuples t_r from r and t_s from s
  - If t_r and t_s have the same value on each of the attributes in $R \cap S$, add a tuple t to the result where t has the same value as t_r on r and t has the same value as t_s on s

자연 조인

조인은 관계형 데이터베이스 시스템에서 반드시 지원하는 연산이며, 타 관계 대수 연산에 비하여 시간이 많이 소요되는 비싼 연산이다. 조인 연산 중에서 가장 흔하게 사용되는 조인은 자연 조인이다.

자연 조인은 입력 테이블에 대하여, 첫째 카티시안곱을 수행하고, 둘째 조인 조건을 이용하여 선택 연산을 수행하고, 셋째 조인 조건에 언급된 속성을 이용하여 투영연산을 수행한다.

조인은 기본적으로 카티시안곱, 선택연산, 투영연산을 수행하나, 선택연산과 투영연산 방법 차이에 의하여 세 가지 내부 조인(inner join)으로 구분할 수 있다.

Natural Join Example 1

- R = (A, B, C, D) S = (B, D, E)
- r ⋈ s : $\Pi_{r.A,\ r.B,\ r.C,\ r.D,\ s.E}(\sigma_{r.B\ =\ s.B\ \wedge\ r.D\ =\ s.D}(r \times s))$

Relation r

A	B	C	D
α	1	α	a
β	2	γ	a
γ	4	β	b
α	1	γ	a
δ	2	β	b

Relation s

B	D	E
1	a	α
3	a	β
1	a	γ
2	b	δ
3	b	δ

r ⋈ s

A	B	C	D	E
α	1	α	a	α
α	1	α	a	γ
α	1	γ	a	α
α	1	γ	a	γ
δ	2	β	b	δ

자연 조인 예제 1

입력 테이블 R과 S 속성 중에서 같은 이름의 속성이 조인 속성이 되며, 상기 예제에서는 조인 속성은 속성 B와 D이다. 두 입력 테이블에서 (B, D)의 속성 값이 동일한 터플이 조인 결과 관계에 속하게 되며, 자연 조인의 경우에는 조인 속성이 결과 관계에 한번만 나오게 된다.

입력 테이블이 터플 개수가 5개씩이므로 카티시안곱 결과 테이블의 터플 개수는 25이나, 선택 연산에 의하여 5개 터플만이 선택되었다. 속성 개수 관점에서는 카티시안곱 결과 관계는 총 7개 속성을 가지게 되나, 투영 연산에 의하여 5개 속성을 가지는 (조인 속성 2개는 중복을 제거하여 한번만 보이므로) 결과 관계가 생성되었다.

자연 조인시에 조인 조건을 명시하지 않으면, 두 개 테이블에서 동일 이름을 가지는 속성 간에 자연 조인을 수행한다. 만약 동일을 가지는 속성 중에서 일부 속성만으로 조인 조건을 사용하려면, 속성 이름을 rename 하거나 또는 조인 조건을 명시적으로 표시하면 된다. 동일한 속명 명을 구분하기 위하여 '테이블명.속성명' 형식을 사용한다.

Natural Join Example 2

- Retrieve professor names who teach in the Fall semester of 2020 together with the course titles that the professors teach
- myCourse ← $\rho_{myCourse(cID,\ title,\ newDeptName,\ credit)}$(course)
- $\Pi_{name,\ title}(\sigma_{semester='Fall'\ \wedge\ year\ =\ '2020'}$(professor ⋈ teaches ⋈ myCourse))
- $\Pi_{name,\ title}((\sigma_{semester='Fall'\ \wedge\ year\ =\ '2020'}$(teaches)) ⋈ professor ⋈ myCourse)

자연 조인 예제 2

질의는 2020년 가을 학기에 강의한 교수명과 교수가 강의한 과목명을 검색하는 것이다.

2020년 가을에 대한 정보는 teaches 관계에만 있어 2020년 가을에 개설된 과목은 teaches 관계에 선택 연산을 하면 구할 수 있다. teaches 관계에는 교수번호와 과목번호만 있어 교수번호를 가지고 교수명을 검색하려면 professor 관계와 자연 조인을 하여야 하며, 같은 이유로 과목명을 구하기 위하여 course 관계와 자연 조인을 하여야 한다.

course 테이블을 myCourse 테이블로 재명명하는 이유는 deptName 속성 이름을 변경하기 위함이다. 재명명을 하지 않으면, course의 deptName과 professor의 deptName 속성간에 조인이 발생하기 때문이다.

동일한 질의 결과를 가지는 관계대수식은 여러 방식으로 표현이 가능하며, 상기에서는 두 가지 동일 관계 대수식이 나와 있다. 이 외에도 자연 조인 연산에서 입력 관계 위치 교환 등으로 동일한 관계 대수식이 다수 가능하다.

Natural join is associative and commutative

- Natural join is associative
  - ((professor ⋈ teaches) ⋈ course) ≡ (professor ⋈ (teaches ⋈ course))
- Natural join is commutative
  - (professor ⋈ teaches) ≡ (teaches ⋈ professor)

자연 조인은 결합성과 교환성이다

자연 조인 연산은 결합성과 교환성이 있다. 자연 조인의 이러한 특성은 데이터베이스 시스템에서 질의어 최적화 과정에서 사용된다.

Theta-join, Equi-join, Natural Join

- r $\bowtie_\theta$ s
  - The theta(θ) join operation
  - defined as $\sigma_\theta(r \times s)$
  - Note that all join attributes from "r" and "s" appear at the result
- Equi-join is the theta-join where the theta consists of equality conditions only
- Natural join is an equi-join where all join attributes appear only once at the result

세타 조인, 자연 조인, 동등 조인

조인은 크게 내부 조인(inner join)과 외부 조인(outer join)으로 구분이 되며, 내부 조인은 다시 세 가지 종류의 조인이 있다. 세타 조인(theta join)은 가장 일반적인 조인 연산이며, 세타 조인 중에서 조인 조건이 동등 조건만으로 구성이 되는 경우를 동등 조인(equi-join)이라고 하며, 동등 조인 중에서 조인 조건 속성이 조인 결과에 한번만 나오면 자연 조인이다.

Theta Join/Equijoin Example (1/2)

myProfessor

pID	name	deptName
10101	Sam	Computer
12121	Wu	Finance
15151	Mozart	Music

myTeaches

pID	courseID
10101	CS-101
12121	FIN-201
86868	BIO-101

세타 조인/동등 조인 예제 (1/2)

각종 조인을 설명하기 위한 기본 테이블이다. 상기 pID 속성 타입을 산술 연산 비교가 가능한 정수형으로 하자.

Theta Join/Equijoin Example (2/2)

$\text{myProfessor} \bowtie_{\text{myProfessor.pID} > \text{myTeaches.pID}} \text{myTeaches}$

myProfessor.pID	name	deptName	myTeaches.pID	courseID
15151	Mozart	Music	10101	CS-101
15151	Mozart	Music	12121	FIN-201
12121	Wu	Finance	10101	CS-101

$\text{myProfessor} \bowtie_{\text{myProfessor.pID} = \text{myTeaches.pID}} \text{myTeaches}$

myProfessor.pID	name	deptName	myTeaches.pID	courseID
10101	Sam	Computer	10101	CS-101
12121	Wu	Finance	12121	FIN-201

세타 조인/동등 조인 예제 (2/2)

상기 그림에 있는 세타 조인은 pID의 산술비교 "myProfessor.pID > myTeaches.pID"가 조인 조건이 된다. 두 관계 사이에 카티시안곱을 하고, 그 결과에 대하여 조인 조건을 적용하여 세타 조인 결과를 구한다.

pID는 두 입력 관계에 모두 나오므로, 이름 모호성을 해결하기 위하여 관계명을 속성명 앞에 명기하였다.

동등 조인 예제는 조인 조건 모두가 동등조건을 가지는 경우이며, 상기 예제와 같이 입력 관계의 모든 속성이 결과 테이블에 속하게 된다. 동등 조인에서는 반드시 동일한 내용을 가지는 속성이 2번 결과 테이블에 나오게 되며 (비록 속성명은 재명명되어 구분되지만), 중복되는 정보가 존재한다. 이를 제거한 것이 자연 조인이다.

Outer Join

- An extension of the join operation that avoids loss of information
- Computes the join, and then adds tuples from one relation that does not match tuples in the other relation to the result of the join
- Uses null values
  - null means "the value is missing"

외부 조인

내부 조인 연산에서는 조인 조건을 만족시키지 않는 터플은 조인 결과에서 배제가 되나, 외부 조인은 이러한 터플도 결과 관계에 포함하게 한다. 조인 속성에 서로 관련되는 값이 없는 터플도 결과 관계에 속하게 함이 외부 조인의 목표이며, 이렇게 함으로서 좀 더 많은 터플 정보를 결과 관계에 유지할 수 있다.

Natural Left Outer Join Example

myProfessor ⋈ myTeaches

pID	name	deptName	courseID
10101	Sam	Computer	CS-101
12121	Wu	Finance	FIN-201

myProfessor ⟕ myTeaches

pID	name	deptName	courseID
10101	Sam	Computer	CS-101
12121	Wu	Finance	FIN-201
15151	Mozart	Music	null

자연 왼쪽 외부 조인 예제

왼쪽 외부 조인은 조인 수식에서 왼쪽에 오는 입력 관계의 모든 터플은 결과 관계에 나와야 한다. 만약 조인되는 값이 없으면 null 값을 사용한다.

Natural Right/Full Outer Join Example

myProfessor ⟖ myTeaches

pID	name	deptName	courseID
10101	Sam	Computer	CS-101
12121	Wu	Finance	FIN-201
86868	null	null	BIO-101

myProfessor ⟗ myTeaches

pID	name	deptName	courseID
10101	Sam	Computer	CS-101
12121	Wu	Finance	FIN-201
15151	Mozart	Music	null
86868	null	null	BIO-101

자연 오른쪽/완전 외부 조인 예제

완전 외부 조인 연산은 오른쪽 외부 조인 연산과 왼쪽 외부 조인 연산을 합친 연산이다. 이 경우 두 입력 관계의 모든 터플이 결과 관계에 존재함을 알 수 있다.

Division Operation

- Suited to queries that include the phrase "for all"
- Let r and s be relations on schemas R and S respectively where
  - $R = (A_1, ..., A_m, B_1, ..., B_n)$
  - $S = (B_1, ..., B_n)$
- The result of r ÷ s is a relation on schema
  - $R - S = (A_1, ..., A_m)$
  - $r \div s = \{ t \mid t \in \Pi_{R-S}(r) \wedge \forall u \in s \ (tu \in r) \}$
  - where tu means the concatenation of tuples t and u to produce a single tuple

나눔 연산

나눔 연산은 입력 관계가 두 개 있으며, 두 관계 에는 공통 이름을 가지는 속성이 있어야 한다. 상기 그림에서 B_1, ..., B_n은 공통 이름을 가지는 속성이다.

나눔 연산의 결과 관계는 공통 속성이 제거된 속성을 가지며, 결과 관계에 속하는 터플은 S 관계의 공통 속성에 속하는 모든 터플을 가지는 R 관계 터플이다.

Division Operation Example 1

A	B
α	1
α	2
α	3
β	2
β	1
δ	1
δ	3
δ	4
γ	6
γ	1

r

B
1
2

s1

B
1
2
3

s2

A
α
β

r ÷ s1

A
α

r ÷ s2

나눔 연산 예제 1

s1 관계는 속성이 하나이며, r 관계는 속성을 두 개 가지므로, 결과 관계의 속성은 하나이다. 결과 관계의 터플은 s1 관계의 모은 터플을 가지는 r 관계 터플이다. γ는 1과 6만 가지므로 결과 관계에 속하지 않고, δ는 1, 3, 4 값을 가지나 1과 2를 포함하지 않으므로 결과 관계에 속하지 않는다.

s2 관계로 나누는 경우에는 α만이 결과로 나온다.

Division Operation Example 2

A	B	C	D	E
α	1	α	a	1
α	1	γ	a	1
α	1	γ	b	1
β	1	γ	a	1
β	1	γ	b	3
γ	1	γ	a	1
γ	1	γ	b	1
γ	1	β	a	1

r

D	E
a	1
b	1

s

A	B	C
α	1	γ
γ	1	γ

r ÷ s

나눔 연산 예제 2

분자 관계의 속성 개수는 5이며, 분모 관계의 속성 개수는 2이므로, 결과 관계 속성 개수는 3(= 5−2)이다. 결과 관계의 속성은 분자 관계 속성에서 분모 관계의 속성(즉, "D"와 "E")를 제외하므로 "A", "B", "C"가 된다.

결과 관계는 분모 관계 터플 <a,1>, <b,1>를 모두 가진 터플을 가지게 된다. 예를 들어, $<\alpha, 1, \alpha>$는 <a,1>만을 가지고 있어 결과 관계의 터플이 될 수 없다.

Division Operation Semantic

- Property
  - Let $q = r \div s$
  - Then q is the largest relation satisfying $q \times s \subseteq r$
- "for all" semantic
  - r(studentID, courseID) = $\Pi_{sID,\ cID}$(takes) and
  - s(courseID) = $\Pi_{cID}(\sigma_{deptName=\text{"CS"}}(\text{course}))$
  - $r \div s$ gives us students who have taken all courses of the "CS" department

나눔 연산 의미

나눔 연산의 의미는 모든 조건을 포함하는 질의 즉, 전체정량자(universal quantifier)에 대응되는 질의를 구현한다. 상기 예제에서

r(studentID, courseID) ÷ s(courseID)

관계 대수 표현식은 모든 CS 학과 과목을 수강한 학생 학번을 생성한다.

자연어로 표현된 질의어를 수학 논리식으로 표현했을 때, 전체정량자는 나눔 연산에 대응이 되며, 존재정량자(existential quantifier)는 조인 연산에 대응이 된다.

참고적으로 SQL는 나눔 연산을 직접적으로 지원하지는 않으며, 차집합 연산을 활용하는 간접적으로 나눔 연산 의미를 지원한다.

Why division operation is not fundamental?

- Let r(R) and s(S) be relations, and let $S \subseteq R$

  $r \div s = \Pi_{R-S}(r) - \Pi_{R-S}\left((\Pi_{R-S}(r) \times s) - \Pi_{R-S,S}(r) \right)$
- To see why
  - $\Pi_{R-S,S}(r)$ simply reorders attributes of r
  - $\Pi_{R-S}\left((\Pi_{R-S}(r) \times s) - \Pi_{R-S,S}(r) \right)$ gives those tuples t in $\Pi_{R-S}(r)$ such that for some tuple $u \in s$, $tu \notin r$

나눔은 왜 기본 연산이 아닌가?

상기 그림은 나눔 연산이 왜 기본 연산이 아닌 이유를 설명한다. 나눔 연산은 카티시안곱, 투영, 차집합을 사용하여 표현이 가능하다.

Relational Algebra Recap

- σ (select)
- Π (project)
- x (Cartesian product)
- ∪ (union)
- – (set difference)
- ρ (rename)
- ∩ (intersection)
- ← (assignment)
- ⋈ (natural join)
- ⟗ (outer join)
- ÷ (division)

관계 대수 정리

지금까지 살펴본 관계 대수를 정리한 것으로, 왼쪽 군에 속하는 관계 대수는 기본 대수에 속하며, 오른쪽 군에 속하는 관계 대수는 기본 대수를 이용하여 대치가 가능한 확장 관계 대수이다.

Bank Schema

- branch(branchName, branchCity, assets)
- customer(customerName, customerCity)
- account(accountNumber, branchName, balance)
- loan(loanNumber, branchName, amount)
- depositor(customerName, accountNumber)
- borrower(customerName, loanNumber)

은행 데이터베이스 스키마

본 교재에서 사용하는 두 번째 스키마이다. 은행에 관한 데이터베이스이며, 스키마 내용을 숙지하자.

아래와 같은 총 6개 참조 무결성이 존재한다.

- depositor.customerName → customer.customerName
- depositor.accountNumber → account.accountNumber
- borrower.customerName → customer.customerName
- borrower.loanNumber → loan.loanNumber
- account.branchName → branch.branchName
- loan.branchName → branch.branchName

첫 번째와 세 번째 참고무결성은 customer 테이블에 나오는 고객 중에서 일부가 depositor 테이블 또는 borrower 테이블에 나온다는 제약인데, 즉 depositor 테이블에 고객명이 나오려면 우선은 customer 테이블에 등록이 되어야 한다는 제약이다.

Exercise 1

- Find all loans that have amounts over $1200
  - $\sigma_{amount\ >\ 1200}(loan)$
- Find the loan numbers with an amount greater than $1200
  - $\Pi_{loanNumber}(\sigma_{amount\ >\ 1200}(loan))$

연습 1

간단한 관계대수식이다.

Exercise 2

- Find the names of all customers who have a loan, an account or both from the bank
  - $\Pi_{customerName}(borrower) \cup \Pi_{customerName}(depositor)$

연습 2

상기 질의문은 상기와 같이 집합 연산을 사용하는 것이 가장 적절하다.

한편 customer 테이블에서 customerName을 그냥 project 할 수도 있는데, 이 경우 아직 account 또는 loan을 가지지 않은 customer도 구하기 때문에 바람직한 방법은 아니다.

Exercise 3

- Find the names of all customers who have a loan at the Seoul branch
  - $\Pi_{customerName}(\sigma_{branchName="Seoul"}(\sigma_{borrower.loanNumber = loan.loanNumber}(borrower \times loan)))$
  - $\Pi_{customerName}(\sigma_{loan.loanNumber = borrower.loanNumber}(\sigma_{branchName = "Seoul"}(loan) \times borrower))$

연습 3

상기 관계 대수는 카티시안곱을 사용 하였으나 상기 질의는 자연 조인을 사용하는 것이 자연스럽다.

$$\Pi_{customerName}(\sigma_{branchName='Seoul'}(loan) \bowtie borrower)$$

Exercise 4

- Find the names of all customers who have a loan at the Seoul branch but do not have an account at any branch of the bank
  - $Temp1 \leftarrow \Pi_{customerName}(\sigma_{branchName = "Seoul"}(\sigma_{borrower.loanNumber = loan.loanNumber}(borrower \times loan)))$
  - $Temp2 \leftarrow \Pi_{customerName}(depositor)$
  - $Answer = Temp1 - Temp2$

연습 4

상기 질의는 차집합을 사용 것이 가장 자연스럽다. 상기 그림 예제처럼, 할당(assignment) 연산은 관계대수식이 복잡한 경우 중간 표현을 저장하는 기능을 제공한다.

Exercise 5

- Find the largest account balance
- Strategy
  - Find those balances that are not the largest
  - Use set difference to find those account balances that were not found in the earlier step
- $\Pi_{balance}(account) - \Pi_{account.balance}(\sigma_{account.balance < d.balance}(account \times \rho_d(account)))$

연습 5

아래와 같은 인스턴스를 가지고 상기 식을 적용해보자.

account(accountNumber, branchName, balance)

a1	Seoul	10
a2	Pusan	40
a3	Inchoen	20

account x ρ_d(account) 표현식은 총 6개의 속성을 가지며, account.balance, d.balance를 포함한다. 2개 속성에 대한 값은

<10, 10>, <10, 40>, <10, 20>

<40, 10>, <40, 40>, <20, 20>

<20, 10>, <20, 40>, <20, 20>이며,

account.balance<d.balance 조건으로 선택을 하면, <10, 40>, <10, 20>, <20, 40> 터플이 선택된다. 이에 대하여 account.balance 속성으로 투영을 하면, {<10>, <20>}이 나온다. 이를 전체 잔고 값에서 차집합 연산을 하면, 연산 결과는 {<40>}이다.

제2장 연습문제

2.1

Consider the schema below.

company(<u>companyName</u>, asset, netIncome, locationCity)

The underline attribute denotes the primary key of the relation. Is it possible for a company to be located more than one city? Justify your answer.

2.2

Consider the following relational schema.

employee(<u>personName</u>, city)

works(<u>personName</u>, companyName, salary)

company(<u>companyName</u>, city)

manager(<u>personName</u>, managerName)

Give an expression in the relational algebra to express each of the following queries. Note that we have following referential integrity constraints:

works.personName → employee.personName

works.companyName → company.companyName

manager.personName → employee.personName

manager.managerName → employee.personName

(a) Find the names of employees who work for First Bank.

(b) Find the names and cities of residence of all employees who work for First Bank.

(c) Find the names and cities of residence of all employees who work for First Bank and earn more than $40,000 a year.

(d) Find the names of all employees who live in the same city as the company for which they work.

(e) Find the employee names who do not work for First Bank.

(f) Find the names of all employees who live the same city as do their managers.

[hint employee.personName과 manager 간에 두 번 조인(한번은 personName으로, 다른 한번은 managerName으로)이 필요하다]

2.3

Consider the following relational schema.

employee(<u>empno</u>, name, age)

book(<u>isbn</u>, title, author, publisher)

loan(<u>empno</u>, <u>isbn</u>, date)

Write the queries in relational algebra. Note that we have following referential integrity constraints:

loan.empno → employee.empno

loan.isbn → book.isbn

(a) List employee names with book titles he/she have borrowed.

(b) Find book titles that employees over 50 years old have borrowed.

(c) Find the names of employees who have borrowed any books published by "McGraw-Hill".

(d) Find the names of employees who have borrowed all books published by "McGraw-Hill".

제 3 장

SQL Ⅰ

Subtopics

- Database Languages
- DDL SQL
- DML SQL
- Select SQL Statements
- Null Values

구성 요소

본 장에서는 데이터베이스 언어에 대한 전반적인 고찰을 시작으로 하여, 상용 데이터베이스 시스템에서 가장 많이 사용되는 SQL 언어에 대하여 살펴본다. SQL 언어는 두 개 장으로 구성되어 있으며, 본 장에서는 중첩 SQL 기능을 제외한 기본적인 SQL 언어에 대하여 살펴본다.

3.1 데이터베이스 언어

Database Languages

- DBMS supports database languages that allow users to express what they want to do with databases
- In terms of functionality, database languages can be categorized into
  - DDL (data definition language)
  - DML (data manipulation language)
  - DCL (data control language)
- In terms of the way objects are expressed, languages can be categorized into
  - Procedural
  - Non-procedural (declarative)

데이터베이스 언어

데이터베이스 시스템은 사용자와의 의사소통을 위하여 데이터베이스 언어를 제공하여야 하며, 사용자는 데이터베이스 언어를 이용하여 사용자의 요구사항을 데이터베이스 시스템에 표현한다.

데이터베이스 언어를 분류하는 방법은 몇 가지 방식이 가능하나, 기능적 관점과 표현방식 관점에서 분류할 수 있다. 기능적 관점에서는 DDL, DML, DCL로 구분할 수 있으며, 언어가 표현되는 방식 관점에서는 절차적인 언어와 비절차적인 언어로 구분할 수 있다.

Data Definition Language (DDL)

- Specification for defining the database schema
  - Create table professor (

```
        pID         char(5),
        name        varchar(20),
        deptName    varchar(20),
        salary      numeric(8,2));
```

- Specification for the domains with each attribute
- Specification for integrity constraints, etc.
- DDL compiler generates a set of tables, which are stored in a data dictionary

DDL (data definition language)

데이터베이스 언어의 기능 중 데이터베이스 스키마에 대한 조작을 담당하는 영역을 DDL이라고 하며, DDL은 스키마 생성, 스키마 삭제, 스키마 변경 등을 담당한다.

데이터베이스 시스템은 스키마에 대한 정보를 데이터 사전(data dictionary)에 저장/관리하므로, DDL 실행 효과는 데이터 사전에 반영된다. DDL은 스키마에 관련되는 도메인, 데이터 제약 조건 등을 표현할 수 있는 기능을 제공한다.

Data Manipulation Language (DML)

- Language for accessing and manipulating the data (instances) organized by DBMS
  - Retrieve data
  - Insert/delete/update data
- Also called a query language

DML (data manipulation language)

데이터베이스 인스턴스를 조작하는 언어를 DML이라고 하며, 인스턴스의 생성, 조회, 삭제, 변경 등의 기능을 사용자에게 제공한다. 사용자는 DML을 이용하여 질의를 생성하여 데이터베이스 시스템에 전달/처리하게 하는데, 이런 측면에서 DML을 질의어(query language)라고도 한다.

Data Control Language (DCL)

- DCL include
  - Transaction start/end
  - Session start/end
  - Backup/recovery
  - Authorization grant/revoke
  - User account management
  - Etc.

DCL (data control language)

데이터베이스 시스템의 스키마와 인스턴스를 제외한 다른 객체를 조작하는 데이터베이스 언어가 DCL이다. 예를 들면, 트랜잭션 시작/종료, 트랜잭션 분리도 지정, 세션 시작/종료, 회복 및 복구 기능, 데이터 권한 부여 및 취소, 사용자 계좌 관리 등이 있다. 이 외에도 데이터베이스 시스템을 운영하기 위한 여러 가지 기능을 생각할 수 있다.

교과서(또는 저자)에 따라 DCL을 제외하고 데이터베이스 언어를 DDL과 DML 2개로 분류하기도 한다. 언어를 구분하는 관점 차이로 인한 결과이며, 데이터베이스 시스템을 사용하는 데에는 크게 문제가 되질 않는다.

> **Procedural vs. Declarative**
>
> - Procedural languages
>   - Specify what data is required and how to get those data
>   - Most languages are procedural (relational algebra, C, C++, Java, etc.)
> - Non-procedural (declarative) languages
>   - Specify what data is required without specifying how to get those data
>   - Examples would be SQL, Prolog, and Lisp
> - Declarative languages are more advanced than the procedural, but are more hard for computer systems to process

절차적, 비절차적 언어

컴퓨터 언어를 분류하는 방법 중의 하나는 절차적인 언어와 비절차적 언어로 구분하는 것이다. 사용자가 원하는 데이터를 표현함에 있어 절차적인 언어는 처리 방법 및 절차(how to do)를 명시하고, 비절차적 언어는 방법 및 절차에 대한 언급 없이 원하는 데이터(what to do)만을 명시한다.

SQL 언어는 비절차적 언어이며, 뒤에 나오는 예제와 같이 사용자는 원하는 데이터를 선언적으로 표현할 뿐 어떻게 데이터를 구하는 지를 명시하지 않는다.

비절차적 언어가 절차적인 언어보다 진보된 언어이다. 컴퓨터 시스템이 비절차적 언어로 표시된 작업을 처리하는 방법 및 절차를 자체적으로 계산(figure out)하여야 하므로, 컴퓨터 시스템 관점에서는 비절차적 언어 지원이 어렵고 복잡하다. 사용자 관점에서는 단순히 찾고자 하는 데이터를 명시하므로 비절차적 언어가 단순하고 배우기 쉽다.

> **Relational Database Languages**
>
> - Pure languages
>   - Relational algebra
>   - Tuple relational calculus
>   - Domain relational calculus
>   - Those three languages have the equivalent expressive power!
> - Languages supported in real systems
>   - SQL
>   - QUEL
>   - Query by Example
>   - LDL (logic database language)

관계형 데이터베이스 언어

관계형 데이터 모델을 위한 언어는 그 동안 많이 제안되었고 또한 다수는 실제 상용 데이터베이스 시스템에 구현되어 있다. 순수 관계형 데이터베이스 언어는 이론적으로 개발되어 있으나 상용 시스템에는 구현되지 않은 언어로서, 관계대수, 터플 관계 해석, 도메인 관계 해석이 있다. 순수 언어는 관계형 데이터 모델의 일부로서 제안되었고, 그 중 관계 대수는 이미 이전 장에서 DML 중심으로 살펴보았다.

각 순수 관계형 데이터베이스 언어에 대한 특성, 사용법, 호환성에 대한 내용은 본 교재에서는 생략하기로 한다. 다만 세 가지 언어는 질의어 표현력(expressiveness power)이 동일하고, 세 언어 간의 상호 변환이 가능함이 증명되어 있다.

상용 시스템 또는 시제품 시스템에서 구현되어 있는 언어로는 SQL, QUEL, Query by Example, LDL 등이 있다. 그 중 SQL이 가장 많이 사용되고 있으며, 본 책에서도 SQL만을 살펴보기로 한다.

SQL Overview

- SQL stands for structured query language
- Relational database language
- Has functionalities of DDL + DML + DCL, a complete language
- The de facto and de jure standard in the relational database world

SQL 개요

SQL은 "structured query language"의 약어이며, 관계형 데이터베이스 모델을 위한 데이터베이스 언어이다. SQL은 기능적으로는 DDL, DML DCL을 모두 포함하는 언어이며, 수많은 상용 데이터베이스 관리 시스템에서 지원하고 있다.

SQL 언어는 관계형 데이터베이스 시스템의 실질적인 또한 공식적인 데이터베이스 언어 표준이다. 실질적인(de facto) 표준이란 산업체에서 실질적으로 인식되는 표준을 의미하며, 일반적으로 시장에 영향을 미치는 주요 회사 연합(consortium)이 표준안을 제정한다. 공식적인(de jure) 표준은 표준 공식 기관(예를 들면, ISO, ANSI 등)에서 제정한 표준을 의미한다. 일반적으로 실질적인 표준이 우선 제정이 되고, 일정 시간 후에 공식적인 표준으로 채택되는 경우가 많다.

SQL History

- IBM Sequel (renamed Structured Query Language) first developed as part of System R (mid 70s)
- ISO standard SQL
  - SQL-86, SQL-89 (adopted as FIPS 127-1)
  - SQL-92 (SQL2, adopted as FIPS 127-2)
  - SQL:1999 (SQL3)
  - SQL:2003, SQL:2006, SQL:2008
  - SQL:2011, SQL:2016
- Commercial systems offer most SQL2 features, plus varying feature sets from later standards and special proprietary features

SQL 역사

SQL 언어가 최초로 제안되고 구현된 시스템은 1970년대 IBM San Jose Research Laboratory에서 실험적으로 개발한 System R이며, 그 당시는 Sequel 이름으로 구현되었다. 그 후 SQL 이름으로 명명된 후 여러 상용 시스템에서 다양한 형태로 구현되어 있다.

SQL 표준화는 여러 단체에서 진행되고 제안되어 있으나, 그 중에서 가장 권위가 있는 ISO가 제정한 표준 SQL은 현재까지 다수 개이다. 1986년에 제안된 SQL-86를 시작으로 상기와 같이 다수개의 SQL 표준이 제안되어 있으며, 본 책에서는 원칙적으로 ISO SQL를 중심으로 SQL 언어를 살펴본다. 그 중에서도 SQL-92(일명 SQL2)와 SQL:1999 (일명 SQL3) 중심으로 설명한다.

상용 데이터베이스 시스템은 SQL-92(일부 SQL3 포함) 대부분 지원을 원칙적으로 하고 동시에 특정 시스템 고유의 SQL 기능을 제공하고 있다. 즉 상용 시스템은 항상 표준 SQL만을 지원하는 것은 아니다. 오히려 상용 시스템은 표준 SQL를 부분적으로 지원하면서 동시에 다양한 기능을 특정 시스템의 고유한(proprietary) SQL를 통하여 지원하고 있다. 그 결과 특정 시스템을 대상으로 개발한 데이터베이스 응용이 타 시스템에서 변경 없이 이식(porting)되어 실행되지 못하며, 일정 수준의 코드 변환 작업을 하여야 한다.

FIPS는 federal information processing standards의 약어이며, 미국 연방정부에서 시행하는 공개 표준이다.

Standard Organizations

- ISO (International Standard Organization)
- ANSI (American National Standards Institute)
- W3C (World Wide Web Consortium)
- OMG (Object Management Group)
- Open Group

- Old ones: ODMG, X/Open, The SQL Access Group

표준화 단체

공인 표준화 단체 중에서 가장 인정받는 기관은 ISO이다. 국제기구 UN의 산하 기관이며 원칙적으로 각 국가는 한 표의 의결권을 가진다. ISO는 데이터베이스 분야 외에도 정보통신 분야에서 다양한 표준안을 제정하고 있다. ANSI는 미국 표준화 공인 기관이며, ISO에 표준 제정에 많은 영향력을 발휘한다. W3C은 인터넷 관련 기술 표준을 제정한다.

ODMG(Object Data Management Group)은 객체지향 데이터베이스 시스템을 위한 SQL 표준 언어를 제안하였으며, 2000년대 초반에 ODMG 3.0 제정을 마지막으로 해체되었다. 그 외에도 X/Open 및 SQL Access Group는 정보통신 회사들의 모임으로 IT 기술 분야의 표준안을 자체적으로 제정하였다.

3.2 DDL SQL

Data Definition Language (DDL) SQL

- Allows the specification of not only a set of relations but also information about each relation
  - The schema for each relation
  - The domain of values associated with each attribute
  - Integrity constraints
  - The set of indices to be maintained
  - The physical storage structure of relation
  - Security and authorization (???)

DDL SQL

SQL 언어의 DDL 부분은 아래와 같이 관계 및 이와 관련된 것에 대한 사양을 정의하는 기능을 제공한다.

- 관계 스키마
- 속성의 도메인
- 무결성 제약
- 관계에 연관되는 인덱스
- 관계 저장을 위한 디스크 상의 물리적 구조
- 관계에 연관되는 보안 및 권한 부여/취소

참고적으로 권한 부여/취소 기능을 일부 문헌에서는 DCL로 분류하기도 한다.

SQL names are case insensitive!

- SQL names are case insensitive (i.e., you may use upper- or lower-case letters)
  - For example, Name ≡ NAME ≡ name ≡ nAme
- Names inside single/double quotation are case sensitive

SQL 명칭은 대소문자 구분이 없다.

SQL 언어에 대하여 살펴보기 전에 몇 가지 알아두어야 할 사항이다.

SQL 명칭은 대소문자 구분이 없으며, 인용부호 내에서만 대소문자를 구분한다. 일반적으로 SQL 문장에서 세미콜론(;) 기호는 문장의 끝을 표기하며, 본 책에서도 세미콜론을 SQL 문장의 끝 기호로 사용한다. 참고적으로 일부 상용 데이터베이스 시스템에서는 SQL 문장 끝에 세미콜론 기호를 요구하지 않기도 한다.

Domain Types in SQL

- char(n): Fixed-length character string with length n
- varchar(n): Variable-length character string with maximum length n
- int: Integer
- smallint: Small integer
- numeric(p,d): Fixed point number with precision of p digits, with d digits to the right of decimal point
- real, double precision: Floating point and double-precision floating point numbers
- float(n): Floating point number with precision of at least n digits

SQL 도메인 타입

데이터를 처리하려면 데이터 타입을 정의하여야 하며, 위에서 제시한 데이터 타입은 데이터베이스 시스템이 지원하는 데이터 타입들 중의 일부분이다. 표준 SQL2에 정의되어 있는 데이터 타입이며, SQL 언어가 지원하는 데이터 타입(또는 도메인 타입)은 여러 가지가 있으며, 문자열, 가변길이 문자열, 정수, 작은 정수, 넘버, 실수 등이 있다. 정수 및 작은 정수의 크기 범위는 일반 프로그래밍 언어와 마찬가지로 운영체제에 의존적이다.

numeric 타입은 소수점 이하 자릿수를 지정하여 데이터를 처리할 때 유용하며, p는 유효숫자 개수이고, d는 소수점 다음에 나오는 숫자 개수이다. 예를 들어 numeric (5,2)는 xxx.xx 형태를 가진다.

상용 데이터베이스 시스템은 표준안이 정의한 데이터 타입을 그대로 사용하기도 하지만, 자체적으로 새로운 데이터 타입 명을 정의하여 사용하기도 한다. 예를 들어, 오라클 시스템은 표준안의 varchar 타입 대신에 varchar2 타입을 정의하고 사용자에게 지원하며, Numeric(p,d) 타입은 decimal(p,d) 또는 number(p,d) 타입으로 지원한다.

Create Table

- Create table R
  (A_1 D_1,
  ...,
  A_n D_n,
  (integrity-constraint$_1$),
  ...,
  (integrity-constraint$_k$));
  - R is the relation name
  - Each A_i is an attribute name in relation R
  - D_i is the data type of attribute A_i

테이블 생성

create table 문장은 새로운 테이블을 정의하여 생성한다.

create table 문장의 구조는 create table 뒤에 생성하고자 하는 테이블 명이 나오고, 속성명과 도메인 명이 쌍을 이루어 나오고, 마지막으로 관련 데이터 무결성 제약이 나온다.

Create Table Example

- Create table professor (
    pID   char(5),
    name   varchar(20) not null,
    deptName   varchar(20),
    salary   numeric(8,2));
- Insert into professor values ('10', 'Lee', 'CS', 7500);
- Insert into professor values ('11', 'Choi', 'CS', 7000);

테이블 생성 예제

상기 SQL 문장은 professor 테이블을 정의하며, professor 테이블은 4개의 속성을 가지고, 각 데이터 타입은 char(5), varchar(20), varchar(20), numeric(8,2)이다. 두 번째 속성인 name은 널 값을 허용하지 않는 not null 무결성 제약을 가지고 있으며, 상기 무결성 제약에 대한 이름은 없다.

insert 문장은 professor 테이블에 터플을 추가하는 명령어이며, 하나의 insert 명령은 하나의 터플을 추가하므로 위의 두 개의 insert 명령을 수행하면 두 개의 터플이 professor 테이블에 추가적으로 생성된다.

insert 문장 values 부문에서 값에 대하여 인용부호가 있는 이유는 데이터 타입이 문자형이기 때문이며, 숫자 타입 데이터 값에는 인용부호가 없다. 인용 부호는 기본적으로 단일인용(single quote) 부호이다.

Integrity Constraints

- not null
- primary key (A1, ..., An)
    - primary key declaration on an attribute automatically ensures "not null"
- foreign key (A1, ..., An) references R
- Create table professor (
    pID   char(5),
    name   varchar(20) not null,
    deptName   varchar(20),
    salary   numeric(8,2),
    primary key (pID),
    foreign key (deptName) references department);

무결성 제약

많이 사용되는 무결성 제약에는 3가지가 있으며, 널 값을 허용하지 않는 not null, 테이블의 주 키를 선언하는 primary key, 외래 키를 선언하는 foreign key가 있다.

상기 예제에서 pID는 주 키이고, deptName는 department 테이블을 참조하는 외래 키이다. 외래 키인 경우 참조하는 속성을 명시적으로 언급하지 않아도 되며, 이는 외래 키는 참조되는 테이블의 주 키만을 참조하기 때문이다.

무결성 제약은 선언 시에 이름을 명기할 수 있다. 예를 들어, 상기 professor 테이블의 마지막 라인을 아래와 같이 할 수 있다.

constraint myFirstForeignKey foreign key (deptName) references department;

무결성 제약이 이름을 가지면, 후에 해당 제약 삭제/변경시에 용이하다.

University Database Creation (1/3)

```
• Create table department (
      deptName        varchar(20) primary key,
      chairman char(5),
      building        varchar(30),
      budget          numeric(10,0)
      foreign key (chairman) references professor);
• Create table professor (
      pID             char(5) primary key,
      name            varchar(20) not null,
      deptName        varchar(20),
      salary          numeric(10,2),
      foreign key (deptName) references department);
• Create table student (
      sID             char(5) primary key,
      name            varchar(20) not null,
      gender          char(1),
      deptName        varchar(20),
      GPA             numeric(3,2),
      totalCredit     integer,
      foreign key (deptName) references department),
      check (gender in ('F', 'M')));
```

대학 데이터베이스 생성 (1/3)

다음 슬라이드 3장은 본 교재의 예제 데이터베이스로 사용하는 대학 데이터베이스를 생성하는 SQL 문장을 보인다.

테이블 생성 문장에 테이블 명, 속성 명 및 타입, 키 속성, 참조 무결성 등이 명시되어 있다. student 테이블의 name 속성은 널 값을 가질 수 없다. student 관계의 gender 속성은 반드시 "F" 또는 "M" 값을 가져야 하는 제약이 함께 선언되어 있다.

외래 키는 선언할 때 참조하는 속성을 명시하여도 된다. 예를 들어, department의 chairman 외래 키를 아래와 같이 선언할 수도 있다.

```
- foreign key (chairman) references professor(pID);
```

University Database Creation (2/3)

```
• Create table course (
      cID             char(5) primary key,
      title           varchar(20),
      deptName        varchar(20),
      credit          integer,
      foreign key     (deptName) references department);

• Create table teaches (
      pID             char(5),
      cID             char(5),
      semester        char(10),
      year            numeric(4,0),
      classroom       char(5),
      primary key     (pID, cID, semester, year),
      foreign key     (pID) references professor,
      foreign key     (cID) references course,
      foreign key     (classroom) references room);
```

대학 데이터베이스 생성 (2/3)

teaches 관계의 주 키는 네 개 속성의 조합(또는 결합, concatenation)이다. 주 키가 2개 속성 이상으로 구성이 되므로 상기와 같이 선언하여야 하며, 만약 주 키가 하나의 속성으로 구성이 되면 속성 타입 정의 후에 명시(예를 들면, course 관계의 cID)할 수도 있다.

University Database Creation (3/3)

- Create table takes (

```
    sID           char(5),
    cID           char(5),
    semester      char(10),
    year          numeric(4,0),
    grade         varchar(2),
    primary key   (sID, cID, semester, year),
    foreign key   (sID) references student,
    foreign key   (cID) references course);
```

- Create table room (

```
    roomID        char(5) primary key,
    building      varchar(30),
    capacity      numeric(6,0));
```

대학 데이터베이스 생성 (3/3)

Drop/Alter Table

- Drop table student;
- Alter table statement
  - Alter table r add A D;
    - A is the attribute name to be added to relation r and D is the domain of A
    - The new attributes have null values
  - Alter table r drop A;
    - A is the attribute name of relation r
    - Dropping attributes not supported by many databases
  - Alter table student add constraint myConst foreign key (deptName) references DEPARTMENT on delete cascade;

스키마 삭제 및 변경

스키마 삭제는 DROP 문장으로 하며, 스키마 변경은 ALTER 문장을 사용한다. ALTER 명령을 이용하여 새로운 속성 추가 또는 기존 속성 제거를 할 수 있으며, 새로운 속성을 추가하는 경우에는 새로운 속성명 및 속성 타입이 명시되어야 한다. 속성 제거 기능을 지원하지 않은 상용 데이터베이스 시스템이 다수 있다.

ALTER 문장을 이용하여 테이블 제약사항(NOT NULL, UNIQUE, PRIMARY KEY, FOREIGN KEY, CHECK 등) 추가 및 제거를 할 수 있다.

DROP vs. DELETE

- Drop table student;
  - Delete the table and its contents
- Delete from student;
  - Delete all contents of the table, but the table schema remains unchanged (part of DML)
  - Truncate table student; (part of DDL)
- DDL has three key words: CREATE/ALTER/DROP

DROP과 DELETE 비교

DROP 문장은 스키마(그러므로 관계 터플까지)를 삭제하는 DDL 기능을 하며, DELETE 문장은 관계의 내용물 즉 터플을 삭제하는 DML 문장이다.

SQL의 DDL 부문에서 기본적인 키워드(예비언어, reserved word)가 CREATE/ALTER/DROP 임을 기억하자.

TRUNCATE는 DELETE와 유사하게 해당 테이블의 터플을 삭제하며, 단 DDL의 일부이다.

Schema and Catalog in SQL standards

- Catalogs are named collections of schemas in an SQL-environment. An SQL-environment contains zero or more catalogs. A catalog contains one or more schemas, but always contains a schema named INFORMATION_SCHEMA that contains the views and domains of the Information Schema
- An SQL schema is identified by a schema name and includes an authorization identifier to indicate the user/account who owns the schema, and descriptors for each element in the schema
  - Create schema my-schema authorization 'shlee';

SQL 표준의 스키마(schema)와 카탈로그(catalog)

SQL2 표준은 스키마(schema) 및 카탈로그 개념을 정의하였는데, schema는 테이블, 타입, 제약사항, 뷰, 도메인 등의 모임을 의미한다. 다수 schema 모임을 카탈로그라고 한다.

Schema 및 카탈로그 구현은 상용 DBMS에 따라 상호 상이하며, 보통 사용자는 이를 명확히 인식하지 않고 사용한다. 특히 cataolg의 구현은 상용 시스템마다 상이하며, database/catalog/schema의 명확한 의미는 상용 시스템마다 차이를 보인다.

오라클 시스템에서 카탈로그는 서버 DBMS가 관리하는 전체 데이터베이스를 의미하며(즉, database = catalog), 스키마는 사용자 계좌 명과 동일하다. 즉 사용자 ID는 해당 사용자가 접근하는 스키마 이름과 동일하다. 본인 소유 외의 스키마에 속하는 SQL 객체를 접근하기 위해서는 (schema name + object name) 형식으로 접근하여야 한다.

3.3 DML SQL

DML SQL

- SQL provides four key words for DML
  - Select
  - Insert
  - Delete
  - Update

DML SQL

SQL 언어에서 DML 기능을 하는 대표적인 키워드는 4가지이며, select, insert, delete와 update이다. 4가지 키워드 기능은 영어 단어 의미에서 자연히 유추할 수 있듯이, 터플 검색(select), 입력(insert), 삭제(delete), 갱신(update) 연산을 수행한다.

select 문장이 가장 복잡하고 기능이 많으며, select 문장을 이해하면 다른 문장은 비교적 쉽게 이해할 수 있으며, 본 책에서도 select 문장을 가장 심도 있게 다룬다. select 문장을 제외하고는 직관적으로 이해할 수 부분이 많아 예제 중심으로 설명한다.

Insertion

- Insert into course values ('437', 'Advanced Databases', 'CS', 4);
  - To add a new tuple to the course table
  - Insert into course (cID, title, deptName, credit) values ('437', 'Advanced Databases', 'CS', 4);
- Insert into course values ('777', 'undecided', 'CS', null);
  - To add a new tuple with credit set to null
- Insert into professor
  select * from professor;
  - The select-from-where statement is evaluated fully before any of its results are inserted into the relation

입력

입력 연산은 데이터베이스 터플을 입력하는 연산인데, 사용법은 예제와 같이 간단하다. 첫 번째와 두 번째 질의문은 동일하다.

세 번째 질의문에서 null이라고 명시하면 해당 속성에는 값이 들어가지 않는다. null은 SQL 언어에서는 예약어(reserved word)임을 확인 할 수 있다.

insert 문장에 select-from-where 표현을 사용할 수 있으며, 이 경우 select-from-where 표현이 평가되기 전까지는 터플이 테이블에 입력되지 않는다. 상기 예제에서 professor 테이블은 터플 개수가 2배가 되는 효과를 가지며, 무한 루프가 발생하지 않는다.

Deletion (1/2)

- Delete from professor; // to delete all professor tuples
- Delete from professor where deptName='EE';
  // to delete all EE professors from the professor table
- Delete from professor
  where deptName in (select deptName
  from department
  where building = 'Vision Hall');
  - To delete all tuples in the professor relation for those professor associated with a department located in 'Vision Hall' building

삭제 (1/2)

데이터베이스 변경 연산은 삭제, 입력, 갱신 연산이 있으며 키워드는 delete/insert/update 이다. 변경 연산은 select 문장과 비교하여 사용법이 간단하며, 본 책에서는 사례 중심으로 주요 기능을 살펴본다.

delete 문장은 터플을 삭제하는 기능이며, 첫 번째 예제는 professor 테이블에 있는 모든 터플을 삭제한다. 모든 터플이 삭제되어도 테이블 스키마는 존재하며 후에 새로운 터플을 입력할 수도 있다. 스키마를 삭제하는 기능은 drop 문장이다.

세 번째 예제는 중첩질의(SQL 문장내에 다른 SQL 문장이 존재함) 형태로 구성되어 있다.

삭제 연산으로 터플의 특정 속성 값만을 삭제할 수 없다. 터플의 특정 속성 값 만을 변경(삭제)하는 것은 update 문장으로 해결할 수 있다.

Deletion (2/2)

- Delete from professor
  where salary < (select avg(salary) from professor);
  - To delete all professors whose salary is less than the average salary of all professors
  - As we delete tuples from professor, the average salary may change
  - SQL does not recompute avg(salary) as tuples are deleted
    - First, compute avg(salary) and find all tuples to delete
    - Next, delete all tuples found above (without recomputing avg(salary))

삭제 (2/2)

상기 예제는 봉급이 교수 평균 봉급보다 작은 교수를 professor 테이블에서 삭제하는 것이다.

첫째, 집계함수는 where 절에 직접 나올 수가 없으므로 중첩 질의를 사용한 것을 주목하자.

둘째, 교수가 삭제됨에 따라 평균 봉급 값도 변할 수가 있는데, SQL 시스템에서는 터플 삭제에 따른 평균값이 변하지 않으며, 그 대신 질의어 초기에 평균값을 계산하고 이를 근거로 삭제할 터플을 구한 다음 평균값 재계산 없이 터플을 삭제한다.

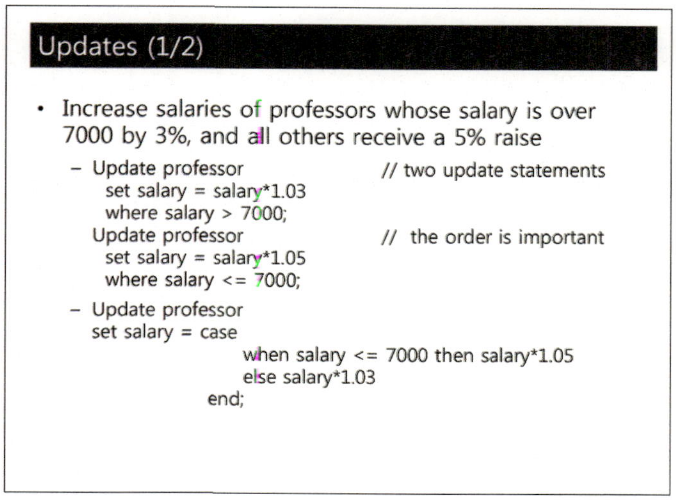

갱신 (1/2)

상기 갱신 문장 예제는 교수 봉급을 인상하는 것이다. 교수 봉급이 7000 이상이면 3% 인상을 하는데, 7000보다 많은 봉급을 가진 교수 봉급을 먼저 인상하고, 7000 이하 봉급을 후에 갱신하여야 한다. 그렇게 않으면, 5% 인상된 교수 봉급이 7000보다 크면 3% 인상이 의도하지 않게 적용되기 때문이다. 이 경우에는 update 문장의 순서가 중요하다.

SQL 언어는 다른 프로그래밍 언어와 유사하게 case 문장을 지원하므로, case를 사용하여 동일한 갱신 문장을 만들 수 있다.

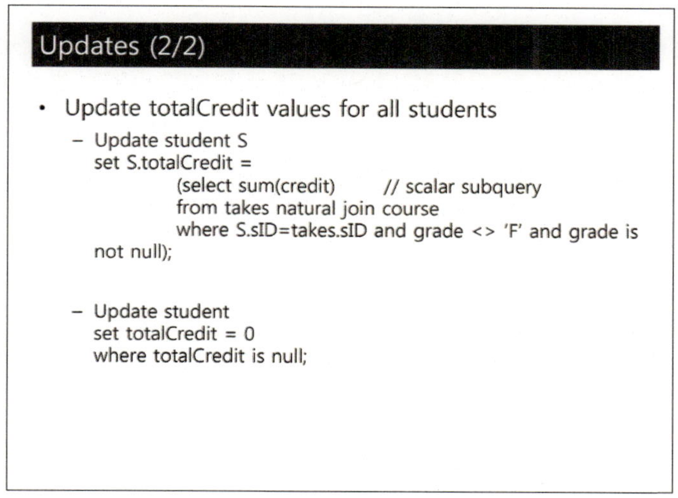

갱신 (2/2)

student 테이블의 totalCredit 속성 값을 갱신하는 질의이다. grade 속성이 'F'가 아니고 또는 널 값이 아닌 과목의 credit 속성 값의 합을 구하여, 이를 totalCredit 속성 값으로 갱신하는 SQL 문장이다.

상기 그림은 set 절에서 scalar subquery가 사용된 예제이기도 하다.

from 절에서 course와 takes 간에 자연 조인을 하고, where 절에서는 sID를 사용하여 자연조인 결과 테이블과 student 테이블을 조인하고 있다. 어떤 학생이 아직까지 과목을 하나도 이수하지 못하였다면, sum(credit)는 널 값이 나와서 totalCredit에 널 값이 저장된다. 널 값 대신에 0(zero)으로 갱신하고자 하면, 두 번째 갱신문을 사용하면 된다.

3.4 Select SQL 문장

"select" Statements

- A typical SQL "select" query has the form:
```
select A1, A2, ..., An        // attribute list
from R1, R2, ..., Rm          // relation list
where P                       // selection predicate
group by <grouping attributes>
having <conditions>
order by <ordering attributes>;
```
- The result of an SQL query is a relation (a very good property)

select 문장

Select 문장은 주어진 조건에 적합한 데이터를 검색하여 반환한다. Select 문장은 모두 6개의 절(clause)을 가질 수 있으며, 그 내용은 위와 같다. 이 중에서 select 절과 from 절은 반드시 필요하며(생략 불가능), 나머지 절들은 생략 가능하지만 select 문장에 나타날 때는 반드시 위의 순서를 지켜야 한다. 다만 having 절은 "group by" 절이 나오지 않으면 나올 수 없다.

위의 select 문장에서 // 기호는 설명문을 의미하며 SQL 문장 일부가 아니다.

select 문장의 결과는 관계이며, 이는 관계대수의 결과가 관계인 것과 동일하다. select 문장의 결과가 관계이므로 select 문장은 절(clause)의 구성요소로 나올 수 있으며, SQL 표준은 이러한 중첩을 대부분 허용한다. 중첩에 대한 자세한 사항은 추후에 다시 논의하기로 한다.

"select" Clause (1/2)

- The select clause lists the attributes desired in the result of a query
  - Corresponds to the project operation of the relational algebra
  - Select name   // to find the names of all professors
    from professor;
- An asterisk in the select clause denotes "all attributes"
  - Select *   // to retrieve all attributes of all professors
    from professor;
- The select clause can contain arithmetic expressions
  - To retrieve the professor relation, except that the value of salary is divided by 12
  - Select pID, name, deptName, salary/12
    from professor;

select 절 (1/2)

select 절은 질의 결과에서 사용자가 보고 싶은 속성 리스트를 가지며, 이는 관계 대수의 투영 연산에 대응이 된다.

select 절에서 "*" 기호는 모든 속성을 의미하며, select 절에 나오는 속성은 교수의 월 단위 봉급을 구하는 상기 예제와 같이 수식 표현도 가능하다. 수식 뿐만 아니라 데이터베이스 시스템이 제공하는 각종 함수(예를 들면, log 함수, square root 함수 등)도 select 절에 나올 수 있다.

"select" Clause (2/2)

- SQL allows duplicates in relations as well as in query results
- To force the elimination of duplicates, insert the keyword "distinct"
- Find the names of all departments with professors, and remove duplicates
  - Select distinct deptName
    from professor;
- The keyword "all" specifies that duplicates are not removed
  - Select all deptName // default value
    from professor;

select 절 (2/2)

SQL 언어는 입력 테이블과 결과 테이블에 터플의 중복을 허용한다. 이는 데이터베이스 시스템의 성능을 위하여 취한 조치이며, SQL 표준에서도 이를 허용한다.

SQL select 문장의 결과 테이블에 터플 중복을 허용하지 않으려면, select 절에 위치하는 속성 앞에 distinct 키워드를 넣으면 된다. 예제에서는 distinct 키워드로 인하여 동일한 학과명이 제거된다.

중복 값을 허용하는 결과 테이블을 생성하기 위해서는 all 키워드를 사용하면 된다. SQL 언어의 기본 값은 all이다.

"where" Clause

- The "where" clause specifies conditions that the result must satisfy
  - Corresponds to the "select" predicate of the relational algebra
- To find names of professors in 'CS' department who earn more than 8000
  - Select name
    from professor
    where deptName = 'CS' and salary > 8000;
- Comparison results can be combined using the logical connectives "and", "or", and "not"
  - Arithmetic operators are first applied, then logical connectives are applied

where 절

where 절은 결과 터플이 만족하여야 하는 조건을 명시하며, 이는 관계대수의 선택 조건(select predicate)에 대응된다.

예제는 CS 학과에 속하면서 8000 이상 소득을 가진 교수명을 검색하는 질의이며, where 절에 관련 조건이 명시되어 있다.

논리 연산자(즉, and, or, not) 사용이 가능하며, 논리 연산자 적용순위는 산술 연산자보다 후순위이다.

"from" Clause

- The "from" clause lists the relations involved in the query
  - Corresponds to the Cartesian product operation of the relational algebra
- Find the Cartesian product of professor and teaches
  - Select *
    from professor, teaches;
  - Generates every possible professor-teaches pair, with all attributes from both relations
- Cartesian product not very useful directly, but useful if combined with "where" condition

from 절

from 절에는 질의에 관련이 있는 테이블을 나열하여야 하며, 이는 관계 대수의 카티시안곱 연산에 대응이 된다.

주어진 예제는 professor 테이블과 teaches 테이블 간의 카티시안곱 연산 결과를 검색하는 질의이다.

카티시안곱 연산이 적용되므로 두 입력 테이블의 모든 터플의 조합이 결과로 생성된다. 카티시안곱 연산은 그 자체로는 유용성이 거의 없지만, where 절과 함께 사용되면 유용하다.

SQL Execution Model

- Take one tuple from each table in the "from" clause
  - Need to apply all possible combinations of tuples (i.e. Cartesian product)
- Apply them to the "where" condition
- If true, pass them to the "group by" evaluation. Repeat the above steps until there is no more tuple
- Form subgroups using "group by" attributes
- Apply "having" condition to each subgroup, and get subgroups that make "having" condition true
- Reorder the results using "order by" attributes and display

실행 모델

select 문장의 실행모델을 설명한다. select 문장은 모두 6개의 절로 구성될 수 있다.

from 절에 명시된 각 테이블에서 한 개씩의 터플을 추출한 후, 이를 where 절에 명시되어 있는 조건에 적용을 한다. 조건이 참으로 판정이 나면, 그 터플은 "group by" 절로 보내진다. 이와 같은 작업을 from 절에 명시된 테이블 터플의 모든 조합에 대하여 적용하여, "group by" 절을 처리하기 전에 where 절을 참(true)으로 만드는 모든 터플 조합을 구한다. "group by" 절에 명시된 속성을 이용하여 중간 결과를 서브 그룹으로 나눈다. 각 서브 그룹에 대하여 having 조건을 적용하여 조건을 참(true)으로 만드는 서브 그룹을 구한다. 참으로 만드는 서브 그룹에 대하여 "order by" 절을 적용하여 그 결과를 결과 테이블로 내보낸다.

몇 가지 주목하여야 하는 점이 있다. 첫째 from 절에 나오는 테이블의 모든 터플의 조합에 대하여 where 조건을 적용한다는 점, 둘째, from 절에 명시된 테이블 하나에서 반드시 한 개 터플을 가져온다는 점, 셋째, where 조건을 우선 적용한 후에 having 조건을 적용한다는 점, 넷째 터플 조합에 대하여 where 조건 적용을 마친 후에 "group by" 조건을 적용한다는 점이다.

select 문장이 select-from-where 절로만 구성이 되는 경우에도 상기의 방법과 동일한 방법으로 처리된다. 이 경우에는 모든 터플 조합에 대하여 where 절 조건을 적용한 후, 조건을 참으로 하는 터플 조합을 모두 구한 후에 이를 select 절로 전달하며, select 절에 표기된 속성이 사용자에게 보인다.

복잡한 형태를 가지는 SQL select 문장을 생성하거나 분석할 때 실행 모델은 유용하게 사용할 수 있다. 데이터베이스 시스템에서 select 문장을 처리할 때 실제로 상기와 같은 실행 모델과 동일하게 수행을 하지 않은 경우가 많으나, 사용자에게 중요한 것은 select 문장은 상기와 같이 실행된다고 해석하는 것이다.

Joins

- Find professor names and course IDs they taught
  - Select name, cID
    from professor, teaches
    where professor.pID=teaches.pID;
- Find the titles of courses offered by the 'CS' department, and names of professors who teach the courses
  - Select title, name
    from teaches, course, professor
    where teaches.cID=course.cID and teaches.pID=professor.pID
    and course.deptName='CS';

조인

SQL 문장에서 조인은 where 절에서 명시할 수 있다. 첫 번째 예제에서, "professor.pID = teaches.pID" 표현은 professor 테이블의 pID 속성과 teaches 테이블의 pID 속성 간의 동등 조인(equi-join)을 표현한다. 동등 조인이 아닌 theta-join은 동등(equality) 기호 대신에 다른 비교 연산자 기호(예를 들면, <, > 등)를 사용하면 된다.

상기 예제에서 pID 속성 앞에 테이블 이름을 명시한 이유는 pID 속성이 두 테이블 모두에 존재하므로 테이블 명시 없이 속성 이름만 사용을 하면 이름에 혼돈(ambiguity)이 있기 때문이다.

두 번째 예제는 teaches, course, professor 간에 동등조인(equi-join)이 필요한 질의어이다. deptName 속성은 course와 professor 테이블에 모두 존재하므로 course. deptName로 표현하였다.

Natural Joins (1/2)

- Natural join matches tuples with the same values for all common attributes, and retains only one copy of each common column
- Select * // 8 attributes
  from professor natural join teaches;
- Select * // 9 attributes but semantically equivalent
  from professor, teaches
  where professor.pID=teaches.pID;

자연 조인 (1/2)

자연 조인은 두 테이블에서 동일한 이름을 가지는 속성 간에 조인 연산을 적용하며 결과 테이블에는 조인 속성에 대한 중복이 제거하여 한 번만 나온다.

professor 테이블과 teaches 테이블에는 pID 속성이 공히 존재하며, 두 테이블 간에 자연 조인을 적용하면 pID 속성 값이 같은 터플이 조인되며 결과 테이블에는 총 8개의 속성이 나온다.

professor 테이블과 teaches 테이블에 "professor.pID = teaches.pID" 조건으로 일반 조인을 적용하면 의미적으로는 자연 조인과 동일한 연산이나 결과 테이블에는 총 9개의 속성(professor 테이블의 pID와 teaches 테이블의 pID 속성이 모두 나오므로)이 나온다.

Natural Joins (2/2)

- Beware of unrelated attributes with same name which get equated incorrectly
- List the names of professors along with the titles of courses that they teach
  - Select name, title
    from professor natural join teaches natural join course;
    // Incorrect one ("deptName" is equated!!!)
- Correct version
  - Select name, title
    from professor natural join teaches, course
    where teaches.cID= course.cID;
  - Select name, title
    from (professor natural join teaches) join course using(cID);
  - Select name, title
    from teaches, course, professor
    where teaches.cID=course.cID and teaches.pID=professor.pID;

자연 조인 (2/2)

테이블에 대하여 자연 조인을 적용할 때에는 동일한 이름을 가진 속성으로 인하여 원하지 않은 조인 연산이 일어나지 않도록 주의하여야 한다.

교수 이름과 그 교수가 강의하는 과목명을 검색하는 질의어로 아래 SQL 문장을 고려하자.

```
Select name, title
from professor natural join teaches natural join
  course;
```

상기 SQL 문장은 deptName이 professor 테이블과 course 테이블에 공히 존재하므로 deptName에 대하여 조인 연산을 하게 되어 우리가 원하는 답을 검색하지 않는다. 참고적으로 상기 SQL 문장의 결과 테이블에는 교수의 소속 학과가 아닌 다른 학과에서 개설한 교과목을 강의한 교수와 과목명에 대한 정보가 포함되지 않는다.

올바른 세 가지 SQL 문장이 명시되어 있다. 두 번째 SQL 문장에서 using 표현의 의미는 조인 자체는 자연 조인과 유사하나 다만 동일한 이름을 가진 모든 속성이 조인 속성이 되지 않고 using에 명시된 속성만이 조인 속성으로 하는 것이다.

Rename Operations (1/2)

- The SQL allows renaming relations and attributes using the "as" clause
  - old-name as new-name
  - Select pID, name, salary/12 as monthlySalary
    from professor;
- Keyword "as" is optional and may be omitted
  - professor as T ≡ professor T
  - Select sID, name myName, deptName
    from student; // "name" is renamed
  - Select sID, name, myName, deptName
    from student; // wrong attribute name, syntax error

재명명 연산 (1/2)

SQL 언어는 테이블과 속성에 대하여 재명명 연산을 제공하며, as 키워드를 사용하여 재명명할 수 있다.

주의할 점은 키워드 as가 생략이 가능하며, 이 경우 콤마(comma) 위치에 따라 표현의 의미가 변경된다는 것이다.

```
select sID, name myName, deptName
```

에서는 세 속성 값으로 구성이 되며 name 속성이 myName 속성으로 재명명되었으나,

```
select sID, name, myName, deptName
```

에서는 네 속성 값으로 구성이 되며 myName은 student 테이블에 없는 속성이므로 잘못된 SQL 문장이 된다.

Rename Operations (2/2)

- Find the names of all professors who have a higher salary than some professor in 'CS' department
  - Select distinct T.name
    from professor as T, professor as S
    where T.salary > S.salary and S.deptName = 'CS';

재명명 연산 (2/2)

단순히 속성 이름을 변경하는 기능 외에도 재명명 연산은 테이블 이름을 재명명 할 수 있다. 상기 예제는 professor 테이블을 두 번 재명명한 사례를 보여준다.

SQL 실행 모델에 의하면, from 절에 명기된 모든 테이블에서 한 개의 터플을 가져와서 where 절 조건을 적용하게 되는데, 상기 경우에는 동일 테이블이 두 번 재명명 되었으므로 professor 테이블에서 한 번에 두 개의 터플을 가져오는 효과이다. 즉, S 테이블과 T 테이블에서 한 번에 한 개의 터플을 가져오나 S와 T 테이블이 동일 테이블이므로 professor 테이블에서 두 개 터플을 동시에 가져오는 효과이다.

테이블 재명명 연산은 동일 테이블에서 한 번에 두 개 이상의 터플을 가져와서 비교 연산을 할 경우에 사용한다. 상기 질의는 CS 학과 임의의 교수와 비교하여 봉급이 높은 교수를 검색하는 것인데, 이를 위해서는 professor 테이블에서 두 개 터플을 가져와야 비교가 가능하므로 professor 테이블을 두 번 재명명하는 것이다.

String Operations (1/2)

- SQL includes a string-matching operator for comparisons on character strings. The operator "like" uses patterns that are described using two special characters
  - percent (%) : The % character matches any substring (including an empty string)
  - underscore (_) : The _ character matches any single character
- Find the names of all professors whose name includes the substring "da"
  - Select name
    from professor
    where name like '%da%';
- Match the string "100%"
  - Select cID
    from course
    where title like '100₩%' escape '₩';

스트링 연산 (1/2)

SQL 언어는 스트링 비교 연산을 제공하며, like 연산자는 패턴을 활용하여 스트링에 대한 비교 연산을 제공한다. like 키워드 사용 시에 퍼센트 기호는 길이에 무관한 임의 스트링을 의미하며, 밑줄은 길이가 하나인 임의 스트링(즉 한 문자)을 의미한다.

첫 번째 사례는 da가 이름 중에 들어가 있는 교수 이름을 검색한다. 퍼센트 기호가 앞 뒤로 사용되고 있는데, 이는 스트링 처음에 임의 길이의 임의 문자열이 나오고 da 스트링이 나오고 그 뒤에도 임의 길이의 임의 문자열이 나오는 것을 표현하기 위함이다.

두 번째 사례는 100%을 가지는 스트링을 검색하는 질의어인데, % 기호를 임의 스트링을 의미하지 말고 퍼센트 기호로만 인식하게 하기 위하여 탈출기호를 이용하는 방법을 보여준다.

String Operations (2/2)

- SQL supports a variety of string operations such as
  - concatenation (using "||")
  - converting from upper to lower case (and vice versa)
  - finding string length, extracting substrings, etc.

스트링 연산 (2/2)

SQL 시스템은 다양한 형태의 스트링 연산을 제공하며, 합성(concatenation), 대소문자 변환, 스트링 길이, 일부 스트링 추출 등 기능을 제공한다. 자세한 사항은 상용 데이터베이스 시스템 매뉴얼을 참조한다.

Tuples Ordering

- List the names of all professors in alphabetic order
  - Select distinct name
    from professor
    order by name;
- We may specify "desc" for descending order or "asc" for ascending order for each attribute
  - Ascending order is the default
  - Example: order by name desc
- Can sort on multiple attributes
  - Order by deptName desc, name

터플 정렬

"order by" 절은 결과 테이블의 터플을 정렬하는데 사용된다. "order by" 절로 인하여 다른 결과 테이블이 생성되는 것이 아니고, 다만 결과 테이블에 들어가는 터플 순서에 변화가 있을 뿐이다.

"order by" 절에 명시되는 속성 값을 기본으로 결과 터플을 정렬하며, 기본 값은 오름차순이다. 만약 이름을 오름차순으로 정렬하면 영어 알파벳 순서로 이름을 정렬하게 된다. 내림차순을 원하는 경우에는 속성 뒤에 desc 키워드를 추가하면 된다.

한 개 이상의 속성 기준으로 결과 터플 정렬이 가능하며, 상기 "order by" 절 예제는 deptName 값 기준으로 내림차순으로 1차 정렬을 하고 동일한 deptName 값에서는 name 속성 값 기준으로 오름차순으로 정렬한다.

"where" Clause Predicates

- SQL includes a "between" comparison operator
- To find the names of all professors with salary between 5000 and 6000 including boundaries
  - Select name
    from professor
    where salary between 5000 and 6000;
- Tuple comparison
  - Select name, cID
    from professor, teaches
    where (professor.pID, deptName) = (teaches.pID, 'CS');

where 절 연산자

where 절에 사용할 수 있는 연산자로서 between이 있으며 값 구간을 의미한다. 경계 값도 포함하고 있음을 기억하자.

where 절에서 터플 비교도 가능하며, 괄호를 사용하여 임시 터플을 생성하여 터플 간의 비교도 가능하다. 상기 예제는 아래 SQL 문장과 동일하다.

```
Select name, cID
from professor, teaches
where professor.pID=teaches.pID and deptName='CS';
```

Duplicates (1/2)

- SQL supports tuple duplicates in relations (i.e. multiset)
- Multiset versions of some relational algebra operators
  - Multiset relations r_1 and r_2
  - $\sigma_\theta(r_1)$: If there are c_1 copies of tuple t_1 in r_1, and t_1 satisfies selections σ_θ, then there are c_1 copies of t_1 in $\sigma_\theta(r_1)$
  - $\Pi_A(r_1)$: For each copy of tuple t_1 in r_1, there is a copy of tuple $\Pi_A(t_1)$ in $\Pi_A(r_1)$ where $\Pi_A(t_1)$ denotes the projection of the single tuple t_1
  - $r_1 \times r_2$: If there are c_1 copies of tuple t_1 in r_1 and c_2 copies of tuple t_2 in r_2, there are $c_1 \times c_2$ copies of the tuple $t_1 \cdot t_2$ in $r_1 \times r_2$

중복 (1/2)

SQL 언어는 테이블에서 동일 터플의 중복을 허용한다. 즉, SQL 테이블은 터플의 멀티셋이다.

상기 그림은 관계 대수의 연산자 중에서 선택, 투영, 카티시안곱 연산에 대한 멀티셋 연산 방법을 설명한다. 기본적인 아이디어는 중복에 상관없이 입력 테이블의 모든 터플에 대하여 연산을 하는 것이며, 결과로 나오는 모든 터플이 중복에 상관없이 결과 테이블에 속한다. 멀티셋에 대한 투영 연산은 결과는 멀티셋이다.

Duplicates (2/2)

- Suppose multiset relations $r_1(A, B)$ and $r_2(C)$
  - r_1 = {(1,a) (2,a) (3,b)}
  - r_2 = {(2), (3), (3)}
  - Then $\Pi_B(r_1)$ is {(a), (a), (b)}
  - $\Pi_B(r_1) \times r_2$ is {(a,2), (a,3), (a,3), (a,2), (a,3), (a,3), (b,2), (b,3), (b,3)}
- SQL duplicate semantics

  Select $A_1, A_2, ..., A_n$
  from $R_1, R_2, ..., R_m$
  where P

  is equivalent to the multiset version of the expression:

$$\Pi_{A_1, A_2, \ldots, A_n}(\sigma_P(R_1 \times R_2 \times \ldots \times R_m))$$

중복 (2/2)

멀티셋에 대한 연산 예제를 보인다. 투영 연산과 카티시안곱 연산에서 중복을 허용하여 입력 테이블로 받고, 중복을 허용하는 결과 테이블이 나옴을 알 수 있다.

SQL 문장의 의미는 멀티셋을 대상으로 하는 관계연산의 결과이다.

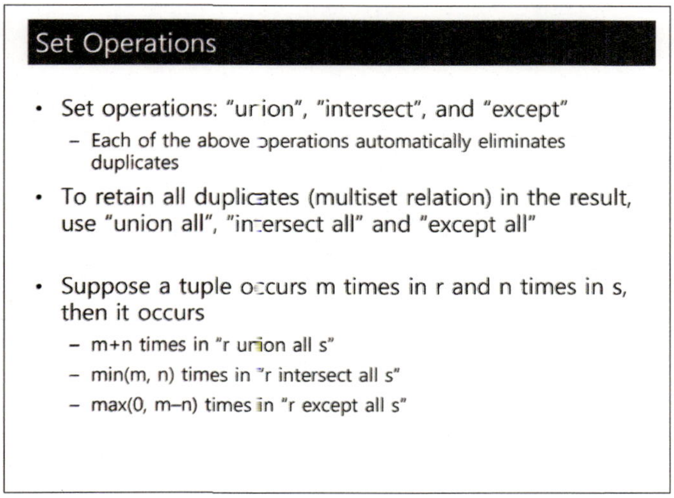

집합 연산

집합 연산은 합집합, 교집합, 차집합이 있으며, 집합 연산의 결과 테이블은 터플의 집합이다. 만약 결과 테이블을 터플의 멀티셋으로 하려면 연산자에 all 키워드를 사용하면 된다.

멀티셋 테이블에 대한 집합 연산자의 연산 결과는 다음과 같다. 합집합의 경우는 두 입력 멀티셋 테이블을 중복에 상관없이 더(add)하는 연산이며, 교집합의 경우에는 터플이 입력 멀티셋 테이블에서 적게 나오는 횟수만큼 결과 멀티셋 테이블에 나온다. 멀티셋 합집합은 입력 테이블을 단순히 합하는 연산으로 데이터베이스 연산 중에서 구현이 가장 간단하다.

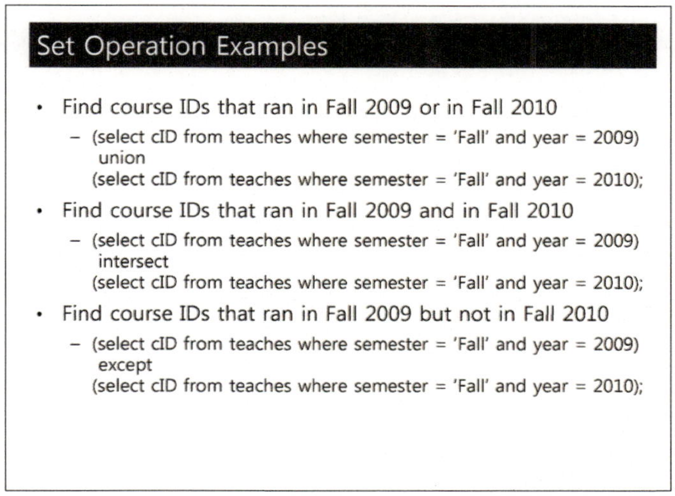

집합 연산 예제

집합 연산을 사용하는 예제이다. 상기 예제 집합 연산자에 all 키워드가 없으므로 결과 테이블은 항상 중복 터플을 제거한 집합 형태이다.

Exercise 1

- Find student names and department names of students whose GPA is below 2.0
  - Select name, deptName
    from student
    where GPA < 2.0;

연습 1

SQL 언어를 습득하는 가장 방법은 실제로 SQL 문장을 작성해 보는 것이다. 일반적으로 동일한 결과를 생성하는 SQL 문장을 몇 가지 방식으로 작성이 가능하므로, 상기에 나와 있는 답안 외에도 다수 개의 다른 SQL 문장도 답이 될 수 있다.

참고적으로 아래와 같이 distinct를 사용하면 결과에 중복이 제거된다.

```
Select distinct name, deptName
from student
where GPA < 2.0;
```

Exercise 2

- Find the student names who have taken at least one course of 'CS' department. Make sure that there are no duplicate names in the result
  - Select distinct name
    from student, course, takes
    where course.cID=takes.cID and takes.sID=student.sID and course.deptName='CS';
  - Select distinct name
    from (course natural join takes) join student using(sID)
    where course.deptName='CS';

연습 2

조인 표현에서 using이 사용되면 항상 자연 조인을 의미하며, (두 입력 관계에 나오는 공통 속성이 아니고) using에 나온 속성만을 조인 속성으로 하여 자연 조인을 실행한다.

Exercise 3

- Retrieve the chairperson name, his/her salary, and the name of department he/she is in charge of
  - Select name, salary, department.deptName,
    from department, professor
    where chairman = pID;
  - What is wrong with the below?
  - Select name, salary, department.deptName
    from department, professor
    where department.deptName = professor.deptName;

연습 3

두 번째 질의는 다른 데이터를 검색한다. 두 번째 질의는 교수 이름, 교수봉급, 교수가 속한 학과명을 검색한다. 우리가 찾는 학과는 해당 교수가 학과장으로 담당하는 학과명이지 교수가 속한 학과가 아니다. 대학의 신설과인 경우 아직 소속 교수가 없으면 타과 교수가 학과장을 하기도 한다.

professor.deptName은 department.deptName을 참조하는 외래 키이므로, professor.deptName에 나오는 값은 department.deptName에 나오는 값의 일부분이며, 두 속성 간에 조인을 하면 professor 관계의 모든 터플이 조인을 하게 되어 where 절 조건을 만족하게 된다. 다만, professor.deptName 속성 값에 널 값이 존재할 수 있으며, 널 값을 가지는 터플은 조인이 되지 않아 결과 관계에 포함되지 않는다. 그러므로 두 번째 질의는 아래 질의와 동일하다.

```
Select name, salary, deptName
from professor
where deptName is not null;
```

Exercise 4

- List student names in a descending order of GPA (highest comes first)
  - Select name, GPA
    from student
    order by GPA desc;
  - Select name, GPA
    from student
    order by name, GPA desc;
    // order names alphabetically first //

연습 4

두 번째 질의는 <name, GPA> 결과 터플을 name 값의 오름차순으로 정렬하여 보이는데, 동일 name 터플 간에는 GPA 값의 내림차순으로 정렬한다.

3.5 널 값

Null Values

- It is possible for tuples to have a null value, denoted by null, for some of their attributes
- "null" signifies an unknown value or that a value does not exist, etc.
- Any arithmetic expression involving null returns null
  - Example: 5 + null returns null
- The predicate "is null" can be used to check for null values
  - To find all professors whose salary is null
  - Select name
from professor
where salary is null;

널 값

터플의 속성 값으로 값이 존재하지 않는 소위 널 값을 가질 수가 있다. 널 값의 의미는 아주 다양하며, 예를 들면 값이 존재하나 아직 알려지지 않는 경우, 값이 원천적으로 존재하지 않는 경우, 값 존재 여부가 확인되지 않은 경우 등이다.

널 값은 데이터베이스 연산에 예상하지 않는 결과를 초래하기도 하며, 가능하면 널 값을 사용하지 않는 것이 좋으나 실세계 응용에서는 널 값의 필요성이 엄연히 존재한다.

널 값이 포함되는 산술연산의 결과는 널 값이다. 예를 들어, 널 값에 정수 5를 더하면 그 결과는 널 값이다.

널 값의 존재여부는 "is null" 또는 "is not null" 표현을 사용한다. 참고적으로 professor 테이블에서 deptName 속성이 널 값을 가지는 교수명을 검색하기 위하여 다음과 같이 SQL 문장을 작성하면 올바른 SQL 문장이 아니다.

```
Select name
from professor
where deptName="";
```

Three-valued Logic (1/2)

- Any comparison with null returns unknown
  - Example: 5 < null, null <> null, null = null
- Three-valued logic using the truth value unknown
  - OR: (unknown or true) = true
(unknown or false) = unknown
(unknown or unknown) = unknown
  - AND: (true and unknown) = unknown
(false and unknown) = false
(unknown and unknown) = unknown
  - NOT: (not unknown) = unknown
  - "P is unknown" evaluates to true if predicate P evaluates to unknown
- Result of "where" clause predicate is treated as false if it evaluates to unknown

세 값 논리 (1/2)

널 값이 속한 비교 연산자의 결과는 모름(unknown)이다.

널 값이 데이터베이스에 존재하므로, 데이터베이스 시스템은 비교연산자의 결과가 참, 거짓, 모름으로 총 세 가지 결과가 나올 수 있다. 그러므로 데이터베이스 시스템에서는 세 논리 결과 값을 수용하는 세 값 논리를 사용한다. 세 값 논리에 대한 AND, OR, NOT 연산자에 대한 연산 결과는 상기 슬라이드에 나와있다.

세 값 논리의 사용으로 SQL select 문장에서 where 절 결과가 참/거짓/모름으로 나올 수 있으며, where 절 결과가 참인 경우에만 그 결과를 사용자에게 반환된다. where 절 결과가 모름인 경우에는 거짓의 경우와 마찬가지로 그 결과를 사용자에게 반환하지 않는다.

Three-valued Logic (2/2)

- We are familiar with two-valued logic where only "true" and "false" exist
- Three-valued logic operators
  - Treat true as 1, false as 0, unknown as 0.5
  - Take minimum for AND
  - Take maximum for OR
  - Take (1 – value) for NOT
- Examples
  - true AND false → take minimum of 1 and 0 → 0 → false
  - True OR unknown → take maximum of 1 and 0.5 → 1 → true
  - Not false → (1 – 0) → 1 → true
  - Not unknown → (1 – 0.5) → 0.5 → unknown

세 값 논리 (2/2)

세 값 논리 연산에 대한 논리적인 접근이다. AND 연산은 두 입력의 최소값을 취하고, OR 연산은 두 입력의 최대값을 취하고, NOT 연산의 주어진 값의 반대 값을 취한다.

예를 들어 "참 AND 거짓"은 AND 연산이므로 1과 0 중에서 최소값을 취하여 0이 되며, 이는 거짓에 대응이 된다.

제3장 연습문제

3.1

Why database systems support data manipulation language using a declarative query language such as SQL, instead of providing a library of C or C++ functions to carry out data manipulation?

3.2

List five procedural programming languages and two non-procedural programming languages.

3.3

Let the following relation schemas be given:

R = (A, B, C)

S = (D, E, F)

Let r (respectively s) be a relation instance with schema R (respectively S). Give an expression in SQL that is equivalent to each of the following queries.

(a) $\Pi_{A}(r)$

(b) $\sigma_{B=17}(r)$

(c) $r \times s$

(d) $\Pi_{A,F}(\sigma_{C=D}(r \times s))$

3.4

Consider the following relational schema.

employee(<u>personName</u>, city)

works(<u>personName</u>, companyName, salary)

company(<u>companyName</u>, city)

manager(<u>personName</u>, managerName)

Give an expression in SQL to express each of the following queries.

(a) Find the names of employees who work for First Bank.

(b) Find the names and cities of residence of all employees who work for First Bank.

(c) Find the names and cities of residence of all employees who work for First Bank and earn more than $40,000 a year.

(d) Find the names of all employees who live the same city as the company for which they work.

(e) Find the employee names who do not work for First Bank.

(f) Find the names of all employees who live the same city as do their managers.

3.5

Consider a relation 'works'.

works(personName, companyName, salary)

Consider the SQL statement below.

```
select personName
from works
where salary >=10,000 or salary <10,000;
```

(a) Does the query return all tuples of the "works" relation?

(b) Construct an equivalent SQL statement as the above.

3.6

Consider the relational schema:

student(sID, sName) // sID : student id

register(sID, cID) // cID : course id

"sID" in "register" is declared to be the foreign key referencing "student". Give an SQL query to list student IDs with the total number of courses that the student is registered for. Students who do no register any courses should be included in the answer with the total number of registered courses zero.

3.7

Suppose that we have a relation marks(studentID, score, grade) and all values of grade attribute are null. We wish to assign letter grades to students based on the score as follows:

- grade A if score $\geq$ 90
- grade B if 90 $>$ score $\geq$ 80
- grade C if 80 $>$ score $\geq$ 70
- grade D if 70 $>$ score $\geq$ 60
- grade F if score $<$ 60.

Write SQL queries that do the followings.

(a) Update the 'marks' relation to fill the 'grade' attribute.

(b) Display the number of students with each grade.

3.8

Null values, which simply denote that there is no value, can represent various implications in terms of interpreting the null values. Possible interpretations include:

- exists but don't know
- does not exist

- not applicable

With relational schema

student(<u>studentID</u>, name, weight, homePhoneNumber, militaryID, foreignerID),

give appropriate interpretations for the null values of each attribute.

제 4 장

오라클 실습 I

Subtopics

- Installation
- Let us make a first DB
- Oracle SQLs

구성 요소

상용 데이터베이스 시스템을 실습해 보는 것은 학생들에게 여러모로 중요하다. 통상 데이터베이스 산업계는 세 개 업체가 큰 영향을 가지고 있다고 한다. 오라클, IBM, Microsoft사이며, 각 회사를 대표하는 DBMS 제품이 시중에 나와있다. 본 교재는 그 중 오라클 제품을 이용하여 실습을 진행한다.

본 장의 내용은 DBMS 설치, 간단한 데이터베이스 만들기, 마지막으로 오라클 SQL에 대한 몇 가지 사항을 설명한다.

4.1 설치

Oracle DBMS servers

- It is time to get/install a commercial DBMS system
- Editions
  - Enterprise edition (EE) : industry-leading scalability and reliability, no limit on server resources
  - Standard edition 2 (SE2) : small- to-medium-size implementation, the same code as EE
  - Personal edition (PE) : for single-user, single-machine development
  - Express edition (XE) : free-to-use, entry-level, limited up to 2 CPUs, 2G RAM, 12G user data
- On-premise vs. cloud deployment

오라클 DBMS 서버

DBMS 시스템은 대규모 소프트웨어이다. 오라클 싸이트의 'downloads' 영역에서 Database, Middleware, Developer Tools 등 많은 SW를 구할 수 있다.

각 edition에 대하여, 주요 운영체제에 대한 version이 존재한다. 오라클 데이터베이스 시스템은 version 이름에 i, g, c 약어가 첨가되는데, 각각 internet, grid, cloud를 의미한다. 2019년 2월 기준으로 최신 버전은 다음과 같다.

- 18c Enterprise/Standard Editions
- 11g Enterprise/Standard Editions
- 18c/11g Express Edition

XE edition은 18c Express Edition for Linux x64, 18c Express Edition for Windows x64가 제공된다.

Developer tools

- SQL*Plus : a basic command-line interface
- Oracle SQL Developer
  - A free GUI tool for database development
  - Allows to browse database objects, to run SQL statements, to run SQL scripts, to edit/debug PL/SQL statements
- Oracle Application Express (APEX) : the most popular application development tool
- Oracle Forms
- Oracle Reports
- Oracle JDeveloper

개발 도구

DBMS 설치 후 접속하여 사용을 하려면, 상기에 나열된 클라이언트 도구가 필요하다. SQL*Plus와 Oracle SQL Developer 도구는 SQL 언어 및 DBMS 주요 기능을 실습을 하기에 적합하며, 특히 Oracle SQL Developer는 GUI 환경을 제공하여 사용이 용이하다.

APEX는 데이터베이스 응용 개발을 용이하게 제공하는 개발 도구이다.

> **Installation**
>
> - I personally recommend to install Oracle Express Edition and SQL Developer on your notebook (desktop)
> - Installation is fairly easy !!!
> - Users provide passwords for 'sys' and 'system' DBA accounts on installation
> - Users also provide a name for global DB (to distinguish your DB in networked environments) (with EE/SE edition)

설치

본 교재에서 제공하는 실습은 Oracle XE version DBMS와 Oracle SQL Developer를 사용하여 진행하고자 한다.

오라클 시스템의 대표적인 DBA 계정은 두 개(system, sys)이며, 설치 시에 DBA 계정을 위한 암호를 사용자가 입력하여야 한다. 'system'는 거의 모든 DBA 역할(시스템의 booting 및 shutdown 관련 작업 제외)을 수행하는 계정이다.

'sys'은 DBA 자격(SYSDBA privilege)을 가지는 계정이며, 데이터 사전(dictionary)를 구성하는 테이블 및 뷰를 소유하고 있다. 이러한 테이블 및 뷰는 시스템을 운영하는데 아주 중요한 역할을 하므로 사용자(sys 포함)에 의하여 변경되지 않아야 한다. 또한 sys 소유의 다른 테이블을 생성하지도 않아야 한다. 일반적인 환경에서 특별한 이유가 없으면 'sys' 계정을 사용하지 않는다.

대부분의 DBA 역할은 system 계정을 통하여 수행한다.

> **Oracle processes**
>
> - Oracle DBMS typically relies on a group of processes running simultaneously in the background
>   - server processes
>   - archiver processes (ARCn)
>   - checkpoint process (CKPT)
>   - database writer processes (DBWn)
>   - log-writer process (LGWR)
>   - memory-monitor process (MMON)
>   - process-monitor process (PMON)
>   - system-monitor process (SMON)
>   - recovery process (RECO), and many more !!!

오라클 프로세스

오라클 시스템은 내부적으로 다수 개의 프로세스를 이용하여 데이터베이스 서버 작업을 수행하는데, 상기에 주요 프로세스를 나열하였다.

그 중 서버(server) 프로세스는 사용자 클라이언트 프로세스를 담당하여 클라이언트 요구사항을 처리한다. dedicated server process는 사용자 프로세스 하나만을 서비스하며, shared server process는 다수 사용자 프로세스를 서비스한다.

Connect and session

- SQL Developer is a client program with which we can access the Oracle database
- Connect sys/mypassword;
  - To connect locally
- Connect sys/mypassword@dbserver.ssu.ac.kr:1522;
  - To connect a remote server

연결과 세션

클라이언트 프로그램이 데이터베이스 서버를 접근하기 위하여 데이터베이스 서버에 연결하여야 한다.

지역(local) 연결은 ID와 암호만 명시한다. 네트워크를 통한 원격 서버 연결을 할 때에는 사용자 계정 및 암호 외에도 호스트 이름을 명시하여야 한다. 상기 예제와 같이 필요하다면 포트번호(여기서는 1522)도 명기하여야 한다. 포크 번호 default값은 1521이다.

원격 호스트에는 Oracle Net Listener(in short, listener)가 특정 포트를 listen하고 있으며, 정당한 연결 요청을 받으면 이를 오라클 서버에 전달한다. 그 이후에는 크라이언트와 서버가 직접 통신한다.

Let DBA create a user

- Connect the server as DBA ('sys' account) and do following:
  - **Create user C##hodori identified by tooshytotell default TABLESPACE users temporary TABLESPACE temp;**
  - **Grant connect, resource to C##hodori;**
- Now, we are ready to connect the server with your account

DBA가 사용자 생성하기

오라클 시스템을 사용하기 위해서 첫 번째 하여야 하는 것은 DBA로 시스템에 접속하여 사용자를 생성하고 또한 새로운 사용자에게 필요한 권한을 부여하는 것이다. 첫 번째 SQL 문장은 사용자 C##horori(사용자 계정은 항상 'C##'으로 시작함)을 암호 'tooshytotell'로 생성한다.

두 번째 문장은 'C##hodori'에게 connect와 resource 권한을 부여한다. 여기서 connect와 resource는 권한 다수 개를 묶어 놓은 롤(role)이며,

- connect role은 alter session, create cluster, create database link, create sequence, create session, create synonym, create table, create view을 의미하며,
- resource role은 create cluster, create procedure, create sequence, create table, create trigger을 의미한다.

4.2 첫 DB 만들기

Let us create a table !!!

- Create table firstTable
```
    (id         char(13) primary key,
     name       varchar(30),
     height     numeric(4,1));
Insert into firstTable ('11', 'Hong Gildong', 165.3);
Insert into firstTable ('22', 'Lee Chulsoo', 175.4);
Insert into firstTable ('33', 'Kim Younghee', 167.5);
```
- Save the script for later use
  - 'sql' is file extension
  - this is an ASCII file

Try these SQLs

- Create table myFirstTemp as select * from firstTable;
  - To create a (temporary) table myFirstTemp, exactly the same as 'firstTable' (schema and instances)
- Describe user_constraint;
- Describe table_name; // to see the schema
  - Describe firstTable;
- Select * from tab; // to see all tables available
- Show user; // to see who am I

테이블 만들기

상기에 있는 SQL 문장은 간단한 테이블(firstTable)을 생성하고, 생성된 테이블에 3개 터플을 입력한다. firstTable은 3개의 속성(즉, id, name, height)을 가지며, 그 중 id 속성은 주키 역할을 한다. 문자열 속성은 값 입력 시에 인용부호를 사용한다. SQL 문장은 대소문자 구분을 하지 않으며, 인용부호 내의 문자에 대해서만 대소문자 구분을 한다. 상기 SQL 문장을 정확히 입력하여 실제로 테이블이 생성되고 터플 입력되는지 반드시 실습하기로 한다.

SQL 문장을 간단한 에디터(editor)를 사용하여 작성하고, 이를 cut-and-paste로 SQL Developer 실행창에서 실행하는 것이 여러모로 편리하다. SQL script는 추후 사용을 위하여 sql 확장자(extension)를 가지는 화일에 저장하기로 한다.

손쉬운 명령어

본 슬라이드는 오라클 시스템 사용시에 도움을 주는 몇 가지 SQL을 소개한다. 각 SQL 문장에 대한 설명은 관련 부분을 참고하기로 한다.

> **Data insertion with foreign key**
>
> - Create table temp1 (
>   deptName char(10) primary key,
>   address char(20));
>   Create table temp2 (
>   name char(10) primary key,
>   dept char(10),
>   constraint c1 foreign key (dept) references temp1);
> - How to insert tuples
>   - Possible to populate temp1 first, then populate temp2
>   - Alter table temp2 add constraint c1 foreign key (dept) references temp1;
>   /* create temp2 without foreign key, then declare later */
>   - Alter table temp2 disable constraint c1;
>   /* declare C1 as above but disable it temporarily */

외래키와 데이터 입력

두 번째 SQL 문장에서 c1는 외래키 제약의 이름이다. 만약 사용자가 제약 이름을 명시하지 않으면 시스템이 자동적으로 이름을 부여하며, 사용자는 데이터 사전을 검색하여 이를 확인할 수 있다.

테이블 간에 외래키가 선언되어 있으면 데이터 로딩이 자유롭지 않을 수 있다. 기본적으로 선언된 외래키 제약을 만족하지 않은 값은 데이터베이스에 입력되지 않는다. 또한 데이터 입력 후에 외래키를 선언하는 경우 입력된 값이 제약에 만족하지 않으면 외래키 선언을 할 수 없다.

외래키가 선언되는 테이블에 터플을 입력할 수 있는 세 가지 방법을 설명한다.

> **Create the University database**
>
> - Below is the SQL script that creates the sample schema and loads the data (the university database)
> - May need to use the below:
>   - Drop table table_name;
>   /* if not exists, we get an error message */
>   - Truncate table_name; // to delete all tuples
>   - Alter table table_name disable/enable constraint constraint_name;
>   - To disable/enable the constraint temporarily
>   - Alter table department add constraint constD foreign key (chairman) references professor on delete cascade;

University 데이터베이스 생성

```
Create table department (
        deptName    varchar(30) primary key,
        chairman    char(5),
        building    varchar(30),
        budget      numeric(10,0));
Create table professor (
        pID         char(5) primary key,
        name        varchar(30) not null,
        deptName    varchar(30),
        salary      numeric(10,0));
Create table student (
        sID         char(5) primary key,
        name        varchar(30) not null,
        gender      char(1),
        deptName    varchar(30),
        GPA         numeric(3,2),
        totalCredit integer,
        check       (gender in ('M', 'F')));
Create table course (
        cID         char(6) primary key,
        title       varchar(30),
        deptName    varchar(30),
        credit      integer);
```

```
Create table teaches (
          pID         char(5),
          cID         char(6),
          semester    char(6),
          year        numeric(4,0),
          classroom   char(5),
          primary key (pID, cID, semester, year),
   check  (semester in ('Spring','Summer', 'Fall',
          'Winter')));
Create table takes (
          sID         char(5),
          cID         char(6),
          semester    char(6),
          year        numeric(4,0),
          grade       char(2),
          primary key (sID, cID, semester, year),
   check  (semester in ('Spring','Summer', 'Fall',
          'Winter')));
Create table room (
          roomID      char(5) primary key,
          building    varchar(30),
          capacity    numeric(6,0));

Insert into department values ('SW',       '11',
          'Jungbo', 160);
Insert into department values ('Computer', '24',
          'Jungbo', 190);
Insert into department values ('EE',       '32',
          'HNEng',  220);
Insert into department values ('Media',    '43',
          'Jungbo', 170);

Insert into professor values ('10',    'Lee',
          'SW',           9000);
Insert into professor values ('11',    'Kim',
          'SW',           8000);
Insert into professor values ('21',    'Hong',
          'Computer',     8200);
Insert into professor values ('24',    'Park',
          'Computer',     8500);
Insert into professor values ('31',    'Han',
          'EE',           9500);
Insert into professor values ('32',    'Song',
          'EE',           8800);
Insert into professor values ('42',    'Yun',
          'Media',        8700);
Insert into professor values ('43',    'Paik',
          'Media',        9200);

Insert into student values ('101', 'Suhan', 'M',
          'SW', 3.82, 9);
Insert into student values ('103', 'Yebin', 'F',
          'SW', 3.22, 9);
Insert into student values ('122', 'Youngjae', 'M',
          'SW', 2.45, 18);
Insert into student values ('221', 'Woojoo', 'M',
          'Computer', 2.12, null);
Insert into student values ('222', 'Yeseo', 'F',
          'Computer', 3.32, 12);
Insert into student values ('332', 'Seojun', 'M',
          'EE', 2.45, 12);
Insert into student values ('342', 'Geejun', 'M',
          'EE', 3.24, 9);
Insert into student values ('403', 'Hena', 'F',
          'Media', 1.98, 6);

Insert into course values ('111',    'Java',
          'SW',        3);
Insert into course values ('113가',  'Databases',
          'SW',        3);
Insert into course values ('113나',  'Databases',
          'SW',        3);
Insert into course values ('114',    'Database
          applications',  'SW',   4);
Insert into course values ('221',   'C Programming',
          'Computer',  3);
```

```
Insert into course values ('223',   'Web
         programming', 'Computer', 2);
Insert into course values ('331',
         'Electronics', 'EE',     3);
Insert into course values ('332',   'Login
         circuit',    'EE',     3);
Insert into course values ('441',   'Game
         theory',     'Media', null);
Insert into course values ('443',   'Animation',
         'Media',     3);

Insert into teaches values ('10',   '113가',
         'Spring', 2019,    301);
Insert into teaches values ('10',   '113나',
         'Spring', 2019,    301);
Insert into teaches values ('10',   '113가',
         'Spring', 2018,    302);
Insert into teaches values ('10',   '114',
         'Fall',   2018,    302);
Insert into teaches values ('24',   '114',
         'Spring', 2018,    403);
Insert into teaches values ('24',   '113가',
         'Spring', 2018,    403);
Insert into teaches values ('21',   '221',
         'Fall',   2018,    102);
Insert into teaches values ('11',   '111',
         'Spring', 2019,    102);

Insert into takes values ('101',    '111',
         'Spring', 2019,    null);
Insert into takes values ('101',    '113가',
         'Spring', 2018,    'B0');
Insert into takes values ('101',    '114',
         'Fall',   2018,    'B+');
Insert into takes values ('101',    '221',
         'Fall',   2018,    'A-');

Insert into room values ('102',   'Jungbo', 150);
Insert into room values ('301',   'Jungbo', 60);
Insert into room values ('302',   'Jungbo', 55);
Insert into room values ('403',   'Jungbo', 40);
Insert into room values ('1002',  'HNEng', 50);
Insert into room values ('1102',  'HNEng', 60);

Alter table department    add constraint constD
    foreign key (chairman) references professor
    on delete cascade;
Alter table professor     add constraint constP
    foreign key (deptName) references department
    on delete cascade;
Alter table student       add constraint constS
    foreign key (deptName) references department
    on delete cascade;
Alter table course        add constraint constC
    foreign key (deptName) references department
    on delete cascade;

Alter table teaches       add constraint constTE1
    foreign key (pID)      references professor
    on delete cascade;
Alter table teaches       add constraint constTE2
    foreign key (cID)      references course
    on delete cascade;
Alter table teaches       add constraint constTE3
    foreign key (classroom) references room
    on delete cascade;
Alter table takes         add constraint constTA1
    foreign key (sID)      references student
    on delete cascade;
Alter table takes         add constraint constTA2
    foreign key (cID)      references course
    on delete cascade;
```

4.3 Oracle SQLs

Data dictionary (1/2)

- A set of tables that provides info about each Oracle database
  - definition of all schema objects (tables, views, indexes, clusters, synonyms, sequences, procedures, functions, triggers, packages, ...)
  - info on integrity constraints, users, privileges, roles, auditing, ...
  - user 'sys' owns all tables/views of the data dictionary
  - read-only tables/views
- Dynamic performance tables
  - Oracle maintains a set of virtual tables that record current database activity
  - 'sys' owns the tables
  - The synonym names begin with 'V$'
    - V$DATAFILE, V$FIXED_TABLE, ...

데이터 사전(dictionary) (1/2)

데이터 사전은 데이터베이스에 대한 데이터(즉, 메타 데이터)로서 데이터베이스에 대한 다양한 정보를 기록 관리하며, 사용자에게 주로 테이블(또는 뷰) 형식으로 정보를 공개한다. 사용자는 데이터 사전을 접근하여 시스템 상황에 대한 여러 가지 정보를 접근할 수 있다.

오라클 DBMS는 데이터 사전을 SGA 영역의 dictionary cache에 보관하여 사용자에게 빠른 접근을 제공한다. 데이터 사전은 DBA가 소유하고 있으며, 일반 사용자는 read-only 연산(select statement)만 수행 가능하며, 데이터 변경 연산(insert/delete/update statements)는 권한이 없어 실행할 수 없다.

Dynamic performance table은 데이터베이스 시스템의 활동 현황을 기록하는 가상 테이블(즉, 뷰)이며, 그 중 일부는 일반 사용자가 'V$'으로 시작하는 동의어를 사용하여 접근할 수 있다.

Data dictionary (2/2)

- View prefixes

prefix	scope
USER	User's view (what is in the user's schema)
ALL	Expanded user's view (what the user can access)
DBA	DBA's view (what is in all users' schemas)

  - Select * from user_objects:
    Select * from user_tables;
    Select * from user_sequences;
    Select * from user_indexes;
    Select * from user_views;
    Select * from user_constraints;
  - Similarly, apply with 'all'/'dba'
  - describe user_objects; // to see the schema

데이터 사전(dictionary) (2/2)

데이터 사전을 구성하는 테이블 또는 뷰 명칭은 상기 규칙에 의하여 명명된다. 즉, 접두사는 'user', 'all', 'dba' 중의 하나이며, 접두사 뒤에는 해당 개체를 명시한다. 예를 들어, 아래 SQL 문장은

```
Select * from user_tables;
Select * from all_tables;
```

사용자 스키마에 있는 테이블 정보 또는 사용자가 접근할 수 있는 테이블 정보를 각각 보여준다.

describe는 스키마 정보를 보여주는 문장이다.

Sequence (1/2)

- Sequence is a database object from which multiple users may generate unique integers
  - Use sequences to automatically generate primary key values
- Create sequence sequence_name
  [start with n]
  [increment by n]
  [maxvalue n | nomaxvalue]
  [minvalue n | nominvalue]
  [cycle | nocycle]
  [cache | nocache];

시퀀스(Sequence) (1/2)

오라클 SQL object중의 하나인 Sequence는 여러 사용자 간에서 유일한 값을 생성하여 사용하고자 할 때 유용하다. Sequence는 이를 호출한 트랜잭션의 성공여부(commit 또는 rollback)와 상관없이 생성되므로, 시스템은 sequence 값의 유일성은 보장하나 값의 연속성은 보장하지 않는다. 시퀀스 생성문에서 보는 바와 같이, 시퀀스는 특정 테이블에 연관되어 생성되지 않는다.

시퀀스 생성문에서 각 phrase의 의미는 유추가 가능하며, nomaxvalue/nominvalue/nocycle이 default 값이다. cache는 빠른 접근을 위하여 메모리에 미리 할당하고자 하는 시퀀스 값의 개수를 의미한다.

Sequence (2/2)

- Create sequence sequ1 start with 10 increment by 10;
- Alter sequence sequ1 maxvalue 10000;
- Select sequ1.nextval, sequ1.curval from dual;
  // returns 10, 10
- Create table dept1 (
      deptno number(4) primary key,
      dname varchar2(30));
  Insert into dept1 values(sequ1.nextvalue, 'Software');
  Insert into dept1 values(sequ1.nextvalue, 'Hardware');
- Drop sequence sequ1;

시퀀스(Sequence) (2/2)

시퀀스를 활용하는 예제이다. 시퀀스는 생성문과 동시에 시퀀스 값이 생성되는 것이 아니고, 'nextval'을 호출하여야 시퀀스 값이 생성된다.

상기 예제에서 두 개의 입력문을 수행하면 {<20, 'Software'>, <30, 'Hardware'>}가 입력된다. (다른 사용자가 이전 또는 중간에 sequ1.nextvalue를 호출하지 않았다고 가정하면)

Data types

Standards	Oracle
Varchar(n)	Varchar2(n)
Numeric(p,s)	Decimal(p,s) (up to 15 significant digits) Number(p,s) (up to 38 significant digits)

■ 데이터 타입

오라클 varchar2는 최대 4000bytes까지 선언이 가능하다. 사용자가 표준 SQL 데이터 타입인 varchar로 속성을 선언하면, 오라클 시스템은 이를 varchar2로 변환하여 속성을 생성한다.

Null and Empty String in Oracle

- An empty string is treated as a null value in the insert statements of Oracle
  - Create table myTable
    (ID number,
    name varchar2(100));
  - Insert into myTable(ID, name) values (100, null);
    Insert into myTable(ID, name) values (200, '');
  - Select count(*) from myTable where name=''; // returns 0
  - Select count(*) from myTable where name is null;
    // returns 2

■ 오라클에서의 널 값과 공스트링

오라클 시스템에서는 Insert 문장은 공스트링을 널 값으로 인식한다. 상기 예제에서 name='' 조건으로 검색을 하면 결과치가 0으로 나온다. Insert 문장에서 공스트링으로 입력하였으나 이를 내부적으로 널 값으로 인식하기 때문이다.

Oracle Exercise

- Create a very small DB with following conditions:
  - At least 3 tables with at least 3 attributes each table
  - At least 5 tuples each table (at least 2 null values)
  - At least one foreign key + one check clause
  - At least one table is created with the sequence function
- Execute (at least 10) SQLs
  - To show all tuples
  - An SQL statement that shows the effect of foreign key
  - Join query
  - Set operator
  - Use of 'is null' construct
  - Use of 'order by' clause
- What to submit
  - an SQL script file + the output file

오라클 실습 과제

오라클 실습 과제 설명이다. 상기 조건을 만족하는 데이터베이스를 생성하고 터플을 입력하고 SQL 문장을 실행하는 script 파일을 생성하고, 이를 실행한 결과 화일을 제출하여야 한다. 실습하는 SQL 문장은 최소한 10개 이상이어야 한다.

외래키 효과를 보이는 방법은 다양하다. Referenced table에서 참조되는 값이 없는 터플을 referencing table에 입력하거나, 또는 참조하는 터플이 referencing table에 존재하는 데 referenced table에서 해당 터플을 제거하는 등 여러 방법이 가능하다.

제 5 장

SQL Ⅱ

Subtopics

- Aggregate Functions
- Joined Relations
- Nested Subqueries
- Ranking
- More Features

구성 요소

SQL II장에서는 이전 장에 이어서 SQL 언어에 대한 설명을 한다. 3장 SQL I장에서 다루었던 기본적인 SQL 문장보다는 기능 및 구문 측면에서 진보된 SQL을 다루고자 하며, 본 장의 세부 주제는 집계함수, 조인 관계, 중첩 서브 질의, 상위 몇 개만 결과를 반환하는 랭킹, 기타 SQL 기능 등이다.

5.1 집계 함수

Aggregate Functions

- These functions operate on the values of relation attributes and return a value
  - avg : average value
    min : minimum value
    max : maximum value
    sum : sum of values
    count : number of values

집계함수

데이터베이스 시스템은 다섯 개의 집계함수를 지원한다. 평균값, 최소값, 최대값, 값의 합, 개수를 계산하는 집계함수이며, 이를 테이블 속성에 적용할 수 있다.

Aggregate Function Examples

- Find the number of tuples of "student" relation
  - Select count(*)
    from student;
- Find the average salary, maximum salary, and minimum salary of professors in CS department
  - Select avg(salary), max(salary), min(salary)
    from professor
    where deptName= 'CS';
- Find the number of distinct professors who teach a course in the Spring 2010 semester
  - Select count(distinct pID)
    from teaches
    where semester='Spring' and year=2010;

집계함수 예제

상기 예제는 집계함수에 관한 것이다. 첫 번째 예제에서 * 기호는 모든 속성을 의미하므로 student 테이블의 터플 개수를 구하는 질의이다. count(*) 대신에 키 속성 sID을 사용하는 count(sID)도 같은 결과를 보이나, 키 속성이 아닌 경우에는(예를 들면 count(gender)) 다른 값을 반환할 수 있다. 그 이유는 키 속성이 아니면 널 값이 존재할 수 있기 때문이다.

count 함수에서 속성 앞에 distinct 키워드를 사용하면 유일한 값의 개수를 반환한다. 학생 테이블에 대하여 count (distinct gender)를 사용하면, 속성 값으로 M(male) 또는 F(female)만 있으므로 그 결과는 2이다.

Group By Clause (1/3)

- Find the number of professors in each department
  - Select deptName, count(*)
    from professor
    group by deptName;
- Find the average salary of professors in each department
  - Select deptName, avg(salary)
    from professor
    group by deptName;

group by 절 (1/3)

지금까지는 테이블 전체에 대하여 집계함수를 적용하였다.

전체 테이블을 특정 속성 값으로 터플을 분류하고, 나누어진 각 그룹에 대하여 집계 함수를 적용하고자 하는 요구가 있으며, 이러한 역할을 하는 것이 "group by" 절이다.

첫 번째 예제는 professor 테이블에서 deptName 속성 값으로 전체 터플을 몇 개의 그룹으로 나눈 후에 각 그룹에 대하여 count 집계함수를 적용한 후, deptName 값과 count 집계 함수 값을 보이는 질의문이다. 실제 group by 절을 이용한 질의문에 대한 예제는 다음 슬라이드에 있다.

두 번째 예제는 professor 테이블에서 deptName 속성 값으로 그룹을 만든 후에 각 그룹에 대하여 salary 속성의 평균 값을 구하는 질의어이다. 다음 슬라이드에서 구체적인 결과 값을 볼 수 있다.

Group By Clause (2/3)

pID	name	deptName	salary
10	Lee	CS	8000
11	Choi	CS	7000
13	Yoon	CS	6000
21	Yang	EE	7000
22	Park	EE	6000
31	Han	Media	9000
32	Paik	Media	6000

deptName	count(*)
CS	3
EE	2
Media	2

deptName	avg(salary)
CS	7000
EE	6500
Media	7500

group by 절 (2/3)

앞 슬라이드에서 보인 예제 SQL 문장의 결과를 간단한 예제로 보여준다.

Group By Clause (3/3)

- Attributes in "select" clause outside aggregate functions must appear in "group by" list
  - /* erroneous query */
    Select deptName, pID, avg(salary)
    from professor
    group by deptName;
- "Group by" attributes should appear in "select" clause, but are not required to do
  - Select avg(salary)
    from professor
    group by deptName;

group by 절 (3/3)

"group by" 절을 사용할 때 주의할 사항이다. "group by" 절을 사용할 때에는 "group by" 절에 나온 속성과 집계 함수만이 select 절에 나올 수 있다. 첫 번째 예제에서 pID 속성은 "group by" 절에 나오지 않았으므로 select 문장에 오류가 발생한다. 그 이유는 그룹당 deptName과 집계함수 값이 생성되는 것이 반하여 pID 값은 그룹 수보다 많이 존재하게 되고, 이 경우 보여주어야 하는 pID 값을 선정할 수 없기 때문이다.

"group by" 절에 나오는 속성은 select 절에 나오는 것이 좋으나 반드시 나와야 하는 것은 아니다. 두 번째 예제에서 deptName 속성이 "group by" 절에는 나오나 select 절에는 안 나오는데, 이것은 허용된다. 다만 각 그룹에 대한 salary 평균값만 사용자에게 보이게 되어, 어떤 그룹에 대한 평균값인지는 사용자가 알 수 없다. 앞 슬라이드 예제를 적용하면, {7000, 6500, 7500} 값만 반환된다.

Having Clause (1/2)

- Find the names and average salaries of all departments whose average salary is greater than 6900
  - Select deptName, avg(salary)
    from professor
    group by deptName
    having avg(salary) > 6900;
  - Predicates in the "having" clause are applied after the formation of groups whereas predicates in the "where" clause are applied before forming groups

having 절 (1/2)

having 절은 "group by" 절 결과로 생성된 그룹에 대하여 임의 조건을 명시하는데 사용된다. 예제에서 교수 테이블을 deptName 값을 기준으로 그룹을 만들고, 각 그룹에 대하여 "avg(salary)>6900" 조건을 만족하는 그룹에 한하여 select 절이 deptName과 salary의 평균 값을 보인다. having 절은 그룹에 대한 조건을 명시하게 함으로써 사용자가 원하는 그룹만을 보이게 하는 기능이다.

having 절과 where 절에 임의 조건식을 명시하는 점은 동일하지만, where 절 조건은 각 터플에 적용하여 조건을 만족하는 터플이 다음 단계로 이관되는 것이고, having 절 조건은 각 그룹에 적용하여 이를 만족하는 그룹이 다음 단계로 이관되는 것이다.

where 절과 having 절이 동시에 select 문장에 존재하면, where 절 조건이 먼저 적용되고, 그 후에 생성된 그룹에 대하여 having 절 조건이 적용된다. SQL 문장 실행 모델을 참조하길 바란다.

Having Clause (2/2)

- employee(<u>name</u>, salary, dno)
  department(<u>dnumber</u>, dname, location)
- For each department having more than five employees, retrieve the department name and the number of employees making more than $40,000

```
– Select dname, count(*)                    // wrong query
  from department, employee
  where dnumber=dno and salary>40000
  group by dname
  having count(*)>5;
– Select dname, count(*)
  from department, employee
  where dnumber=dno and salary>40000 and
  dno in (select dno from employee
          group by dno
          having count(*)>5)
  group by dname;
```

having 절 (2/2)

상기는 "group by" 절을 사용했을 시에 where 절과 having 절의 차이를 보여주는 예제이다. 상기 스키마에서 dnumber, dname은 department의 number, name을 의미한다. employee.dno 속성은 departmenet.dnumber을 참조하는 외래키이다.

사용자가 원하는 질의는 다섯 명 이상의 종업원을 가진 부서에 대하여 4만불 이상을 소득을 가진 종업원 수를 구하는 것인데, 상기에 표현된 잘못된 질의는 4만불 이상 소득을 가진 종업원을 5명 이상을 가진 부서의 종업원 명수를 구한다. 총무처 부서에 종업원 수가 6명이고 그 중 2명이 4만불 이상 소득을 가진다고 가정하면, <총무처, 2> 터플이 결과 관계에 속하여야 하나, 잘못된 질의에서는 총무처 터플은 결과관계에서 배제된다.

올바른 질의는 두 번째 SQL 문장에 나와 있다. 중첩질의 형태이며, 중첩질의는 후에 자세히 언급한다.

- Caveat : 두 번째 SQL 문장도 한 가지 문제점이 있다. 만약 관리처 부서의 종업원이 10명이고 모두가 4만불 이하의 봉급을 받는다고 하면, <관리처, 0> 터플이 결과 테이블에 속하여야 하나, 두 번째 SQL 문장에서는 관리처 터플이 결과에 전혀 속하지 않는다. 그 이유는 where 절에서 봉급이 40,000 이하 조건을 적용하므로 관리처의 모든 직원 터플이 where 절 조건을 survive 하지 못하며, 그 결과 "group by" 절에는 관리처 직원 터플이 아예 없기 때문이다.

Null Values and Aggregates

- All aggregate operations except count(*) ignore tuples with null values on the aggregated attributes
- What if the collection has only null values?
  - "count" returns 0
  - all other aggregates return null
- Find the total salary of all professors
  - Select sum(salary)
    from professor;
  - Above statement ignores null salaries
  - Result is null if there is no non-null salary

널 값과 집계함수

집계함수는 기본적으로 널 값은 무시한다. 모든 값이 널 값이면 count 함수는 0을 반환하며(널 값을 무시하고 나면 남는 값이 하나도 없으므로), 나머지 집계함수는 널(null) 값을 반환한다.

예를 들어, sum 집계함수는 널 값을 무시하고 계산을 하며, 만약 모든 값이 널 값이면 널을 반환한다.

Null Examples

name	id	hourWage
Kim	100	5000
Lee	200	
Park	300	6000
Yang	400	

- Select count(hourWage) from mytable; // 2
- Select count(distinct hourWage) from mytable; // 2
- Select sum(hourWage) from mytable; // 11,000
- Select hourWage, count(*) from mytable group by hourWage;
  // 5000 1
  // 6000 1
  // null 2

널 값 예제

상기 그림은 널 값이 존재하는 경우에 집계함수 적용 예제이다. 주어진 테이블에 대하여 집계함수를 적용해 보자.

count 함수는 널 값을 무시하므로 hourWage 속성의 count 값은 2이다. (distinct를 사용하여도 마찬가지임)

합계를 구하는 집계함수도 널 값을 무시하므로 널 값을 무시하고 합계 값이 반환된다. 만약 avg(hourWage)를 구하면 5500(= 11,000 ÷ 2)이 반환된다(널 값을 무시하므로 2로 나눔).

hourWage 속성으로 그룹을 만들면, 널 값은 하나의 값으로 취급을 하며, 그 결과 <null, 2>가 결과에 속한다. Lee 터플의 널 값과 Yang 터플의 널 값을 같은 그룹에 속함을 주목하자.

5.2 조인 테이블

Joined Relations

- Join operations take two relations and return another relation as a result
  - Typically used as subquery expressions in the "from" clause
- Join type defines how tuples in each relation that do not match are treated
  - Inner join
  - Left outer join
  - Right outer join
  - Full outer join

조인 테이블

조인 연산은 두 개의 입력 테이블을 받아 한 개의 결과 테이블을 생성한다. 조인 연산은 where 절에서 사용할 수도 있으나, from 절에서 조인 테이블을 생성한 후 이에 대한 추가적인 연산을 where 절에서 명시할 수도 있다.

조인 타입은 조인 테이블의 조인 속성을 처리하는 방식을 결정하며 동시에 조인이 되지 않은 터플을 어떻게 처리할 것인지를 결정한다. 크게 내부 조인(inner join)과 외부 조인(outer join)으로 구분이 되며, 외부 조인은 3가지 외부조인 형태로 세분된다. inner join에서 inner는 생략할 수 있는 키워드이어서, join 연산은 내부 조인 연산을 의미한다.

Outer Joins

- An extension of the join operation that avoids loss of information
- Computes the join and then adds tuples from one relation that does not match tuples in the other relation to the result of the join
- Uses null values

외부 조인

외부 조인은 조인 연산에서 값 매치가 되지 않아 손실되는 정보를 유지하려고 하는 연산이다. 외부 조인 연산은 일차적으로 조인 연산을 수행하고, 조인 연산에서 제외된 터플을 널 값을 이용하여 결과 테이블에 첨가한다.

Join Conditions

- Join condition defines which tuples in the two relations match, and what attributes are present in the result of the join
  - natural
    - Common attributes are join attributes
    - Common attributes appear once in the results
  - on <predicate>
  - using (A_1, ..., A_n)
    - Similar to natural join
    - Join attributes are attributes A_1, ..., A_n rather than all common attributes

조인 조건

조인 조건은 두 입력 테이블에서 어떤 조건으로 터플이 매치가 되는 지를 결정하고 또한 어떤 속성이 결과 테이블에 나타나는 지를 결정한다.

조인 조건에는 세 가지가 있으며, 자연적인 방법, 조인 조건을 명시하는 방법, 자연 조인에 사용되는 속성을 명시하는 방법 등이 있다.

Joined Relations Example (1/4)

- Relation myCourse

cID	title	deptName	credit
BIO-301	Genetics	Biology	4
CS-301	DB	CS	4
CS-302	AI	CS	3

- Relation myPrereq

cID	prereqCID
BIO-301	BIO-101
CS-301	CS-101
CS-303	CS-101

- Note that prereq information missing for CS-302 and course information missing for CS-303

조인 테이블 예제 (1/4)

조인 테이블 예제를 위하여 상기와 같은 두 개 테이블과 인스턴스를 고려하자. 두 입력 테이블의 공통 속성은 cID 이다.

Joined Relations Example (2/4)

- myCourse inner join myPrereq on myCourse.cID = myPrereq.cID

myCourse.cID	title	deptName	credit	myPrereq.cID	prereqCID
BIO-301	Genetics	Biology	4	BIO-301	BIO-101
CS-301	DB	CS	4	CS-301	CS-101

- myCourse left outer join myPrereq on myCourse.cID = myPrereq.cID

myCourse.cID	title	deptName	credit	myPrereq.cID	prereqCID
BIO-301	Genetics	Biology	4	BIO-301	BIO-101
CS-301	DB	CS	4	CS-301	CS-101
CS-302	AI	CS	3	null	null

조인 테이블 예제 (2/4)

내부조인은 매치가 되는 터플만 결과 테이블에 나오게 되어 총 2개의 터플이 결과 테이블에 존재한다. "inner join"에서 inner 키워드는 생략이 가능하며, 그 결과로 join은 내부 조인을 의미한다. 자연조인이 아닌 일반 조인은 모든 속성이 결과 테이블에 나오며, 그 결과 상기 예제에서 결과 테이블은 6개의 속성을 가진다. 내부조인의 경우에는 조인 속성이 중복적으로 나옴을 알 수 있다.

외부 조인의 경우에는 매치되지 않은 터플의 추가로 인하여 조인 속성은 중복되어 나오나 조인 속성 값은 서로 다름을 알 수 있다.

Joined Relations Example (3/4)

- myCourse natural right outer join myPrereq

cID	title	deptName	credit	prereqCID
BIO-301	Genetics	Biology	4	BIO-101
CS-301	DB	CS	4	CS-101
CS-303	null	null	null	CS-101

- myCourse natural full outer join myPrereq

cID	title	deptName	credit	prereqCID
BIO-301	Genetics	Biology	4	BIO-101
CS-301	DB	CS	4	CS-101
CS-302	AI	CS	3	null
CS-303	null	null	null	CS-101

조인 테이블 예제 (3/4)

자연 외부 조인 사례이며, 자연 오른쪽 외부 조인과 자연 완전 외부 조인 사례를 보인다. 자연 조인의 경우에는 공통으로 존재하는 속성이 조인 속성이며 조인 속성은 한번 결과 테이블에 나온다.

Joined Relations Example (4/4)

- myCourse natural left outer join myPrereq

cID	title	deptName	credit	prereqCID
BIO-301	Genetics	Biology	4	BIO-101
CS-301	DB	CS	4	CS-101
CS-302	AI	CS	3	null

- myCourse left outer join myPrereq using(cID)
  - The same as above

조인 테이블 예제 (4/4)

자연 왼쪽 외부 조인의 예제이며, 두 번째 조인 표현식도 같은 결과 테이블을 생성한다. using 표현은 조인 표현식에 natural 키워드가 없어도 자연 조인을 생성한다.

5.3 중첩 서브질의

Nested Subqueries

- SQL provides a mechanism for nesting of subqueries
- A subquery is a select-from-where expression that is nested within another query
- A common use of subqueries is to perform tests for set membership and set comparison

중첩 서브질의

SQL 언어는 select-from-where로 구성이 되는 서브질의를 다른 SQL 문장에 위치할 수 있는 중첩 서브 질의(nested subqueries)를 지원한다. select 문장의 결과는 테이블이므로 select 문장에서 테이블이 위치하는 장소에는 select-from-where 표현이 이론적으로 가능하며, 보통 중첩 질의문은 where 절 또는 from 절에 위치하고 있다.

where 절과 from 절에 중첩 표현이 존재하는 경우에는 집합 포함 관계, 집합 비교, 집합 원소 개수 등의 조건을 사용하는 경우가 흔하다.

Single-row Subquery Example

- Get the name of professor who has the same salary as the professor with pID 10

```
– Select name
  from professor
  where salary = (select salary from professor where pID='10')
        and pID <> '10';
```

- Get the name of professor who earns the maximum salary of the CS department

```
– Select name
  from professor
  where salary =   (select max(salary)
                    from professor
                    where deptName='CS');
```

단일 로우 서브질의 예제

상기 서브질의는 단일 터플을 반환하며, 이 경우 상기와 같이 서브질의를 구성할 수 있다. single-row subquery를 scalar subquery라고도 한다.

첫 번째 SQL 문장에서 where 절 내의 salary는 각 터플에 대하여 단일 값(scalar value)을 가지게 되고 서브질의 또한 단일 값을 반환하므로 상기와 같이 등호(=) 기호를 사용할 수 있다. 만약 서브질의가 두 개 이상의 터플을 반환하면 수행 시에 에러가 발생한다. 즉, 상기 서브질의는 반드시 단일 값을 반환하여야 상기 전체 SQL 표현이 유효하다.

두 번째 경우에서 서브 질의는 max(salary) 값을 반환하는데, 이는 항상 단일 값이므로 상기 SQL 문장은 유효하다.

IN Operator

- Get names and salaries of professor who has ID with 10 or 21 or 22
  - Select name, salary
    from professor
    where pID in (10, 21, 22);
  - Select name, salary
    from professor
    where pID=10 or pID=21 or pID=22;

IN 연산자

IN 연산자는 단일 값(single value)이 다수 값에 속하는가를 검사한다. 첫 번째 예제에서 pID은 단일 값을 가지게 되며(professor 테이블에서 터플을 하나씩 받아서 pID 속성 값으로 대치하므로), 그 값이 주어진 다수 값(multiple values, 즉 10, 20, 30)에 속하면 IN 연산의 결과는 참(true)이다.

첫 번째 질의문은 두 번째 질의문과 의미적으로 동일하다.

Subquery Example (1/2)

- Find course numbers offered in Fall 2009 and in Spring 2010
  - Select distinct cID
    from teaches
    where semester = 'Fall' and year= 2009 and
    cID in (select cID from teaches
    where semester = 'Spring' and year= 2010);
  - (select cID from teaches where semester='Fall' and year=2009)
    intersect
    (select cID from teaches where semester='Spring' and year=2010);
- Find course numbers offered in Fall 2009 but not in Spring 2010
  - Select distinct cID
    from teaches
    where semester = 'Fall' and year= 2009 and
    cID not in (select cID from teaches
    where semester = 'Spring' and year= 2010);

서브질의 예제 (1/2)

첫 번째 예제는 2009년도 가을 학기와 2010년도 봄 학기에 개설된 과목번호를 구하는 질의이다. 이러한 질의는 교집합 연산자를 활용하면 용이하게 작성할 수 있다. 서브질의를 사용하는 SQL 문장이 상기에 나와 있으며, where 절 내에 다른 select-from-where 표현이 존재하고 있다. where 절 내에 존재하는 select 문장은 cID의 멀티셋(multiset)을 가지게 되며, 외부 SQL 문장의 from 절에 있는 teaches 테이블에서 하나의 터플을 가져오면 in 키워드 앞에 있는 cID는 한 개의 값을 가지게 된다. 한 개의 값이 멀티셋 원소로 속하게 되면 in 연산자는 참이 된다.

두 번째 예제는 2009년도 가을 학기에 개설되었으나 2010년 봄 학기에는 개설되지 않은 과목 번호를 구하는 질의이다. 서브질의 형태에서는 in 표현 앞에 not 기호를 추가하여 과목이 개설하지 않은 의미를 구현하였다. 차집합 연산을 이용하여 아래와 같이 SQL 질의문을 작성할 수도 있다.

```
(select cID from teaches where semester='Fall'
and year=2009)
except
(select cID from teaches where semester='Spring'
and year=2010);
```

Subquery Example (2/2)

- Find the total number of distinct students who have taken any courses taught by the professor with pID 10
  - Select count(distinct sID)
    from takes
    where (cID, semester, year) in (select cID, semester, year
    from teaches
    where pID= 10);
  - Select count(distinct sID)
    from takes, teaches
    where pID='10' and teaches.cID=takes.cID and
    teaches.semester=takes.semester and teaches.year=takes.year;
  - Think about why semester and year are joined too???

서브질의 예제 (2/2)

교수 번호 10 교수가 강의한 과목을 수강한 학생수를 구하는 질의어이다. 두 번째 SQL 문장은 teaches 테이블에서 교수 번호를 10으로 선택을 하고, teaches와 takes 테이블을 조인하여 유일한 sID의 값을 구한 후에, 이에 대한 개수를 구하는 방식이다.

서브질의를 사용하게 되면, teaches 테이블에서 교수번호가 10인 교수가 강의한 과목에 대한 과목번호, 학기, 년도를 구하여 in 연산을 통하여 원하는 결과를 구하는 방식이다.

첫 번째 SQL 문장 where 절에서 괄호는 임시로 터플을 생성하는 연산자이다. 임시로 생성된 터플에 대하여 in 연산자를 사용할 수 있다. 즉, 값이 하나가 아니고 세 개의 값이 구성되는 형태도 in 연산을 적용할 수 있다.

Comparison Operators

- Comparison for single values is simple
- Comparison for single value vs. multiple values are not straightforward
- SQL offers operators (some, any, all, in) to compare single value with multiple values
- For example
  - (1 > 2) : false
  - (3 >all {2, 3}) : false
  - (3 >some {2, 3}) : true
  - (3 >any {2, 3}) : true // any ≡ some

비교 연산자

값 하나 간의 비교는 간단하나, 값 하나와 여러 값 간의 비교는 간단하지 않다. SQL 언어는 이를 위하여 some, any, all 연산자를 제공한다.

상기 예제에서 여러 값 중에서 모든 값이 참이 되어야 하는 경우는 all 키워드가 사용되고, 여러 값 중에서 적어도 하나가 참이 되어야 하는 경우는 some(또는 any) 키워드를 사용한다.

Definition of "some (any)" Clause

- F <comp> some r ⇔ (if and only if)
  ∃ t ∈ r such that (F <comp> t)
  where <comp> can be <, ≤, >, =, ≠
  - (5 <some {0, 5, 6}) = true
  - (5 <some {0, 5}) = false
  - (5 =some {0, 5}) = true
  - (5 ≠some {0, 5}) = true (since 0 ≠ 5)
- (= some) ≡ in
- However, (≠ some) ≢ not in

some(any) 절 정의

some 절에 대한 정의 및 예제이다.

any와 some은 동일하다.

(= some)은 "속한다" 의미의 in 연산자와 동일하나, (≠ some)은 다수 개의 중의 하나와도 같이 않으면 참인데, "not in"는 전체에 속하지 않아야 참이므로, 서로가 의미적으로 동일하지 않다.

Definition of "all" Clause

- F <comp> all r ⇔ ∀ t ∈ r (F <comp> t)
  - (5 <all {0, 5, 6}) = false
  - (5 <all {6, 7}) = true
  - (5 =all {4, 5}) = false
  - (5 ≠all {6, 7}) = true (since 5≠6 and 5≠7)
- (≠ all) ≡ not in
- However, (= all) ≢ in

all 절 정의

all 절에 대한 정의 및 예제이다.

(≠ all)은 모든 원소와 동일하지 않아야 참이므로, 모든 원소에 속하지 않는 "not in"과 동일한 의미를 가진다. 그러나 (= all)은 모든 원소와 같다는 의미이며 in는 속한다는 의미이므로 서로가 동일하지 않다.

집합 비교 예제

첫 번째 질의는 CS 학과 교수 중에 적어도 한 명보다는 봉급이 많은 교수 이름을 구하는 것인데, professor 테이블을 두 번 재명명하여 질의를 구성할 수 있다. 같은 질의를 집합 비교 연산을 이용하여 구성할 수 있으며, 중첩 질의 형태로 작성한 SQL 문장이 사용자에게 자연스럽게 보인다.

두 번째 질의는 집계함수를 사용하여 아래와 같이 작성할 수도 있다.

```
Select name
from professor
where salary > (select max(salary)
                from professor
                where deptName='CS');
```


상관 서브질의

앞에서 본 중첩질의를 보면, 외부(outer) SQL 문장의 from 절에 나오는 professor가 내부 중첩 질의에는 나오지 않는다. 외부 질의어에서 사용되는 테이블과 내부 중첩 질의어에서 사용되는 테이블은 서로 상관이 없어(앞의 예제에서 professor 테이블을 외부와 내부 SQL 문장에서 사용하고 있으나, 서로 간에 관련이 없음), 내부 중첩 질의어가 외부 질의어에 관련 없이 실행할 수 있다.

만약 내부 중첩 질의에서 외부 테이블을 참조하면 우리는 이를 상관 서브질의(또는 상관 중첩질의)라고 부른다. 상관 서브질의는 내부 중첩질의를 외부 테이블의 각 터플 값에 대하여 수행하여야 한다. 외부 테이블에서 한 개의 터플을 pick하며, 이를 기준으로 내부 중첩 질의를 수행하여야 한다 (구체적으로 외부 테이블에서 가져오는 터플이 매번 변하므로, 내부 중첩 질의 결과는 매번 다름). 상관 서브질의 이러한 실행 모델로 인하여 상관 서브질의 수행 시간이 많이 소요된다.

"exists" Construct

- The "exists" construct returns true if the argument subquery is nonempty
- "exists r" is true if and only if "r ≠ Ø"
- "not exists r" is true if and only if "r = Ø"

exists 구성요소

exists 표현은 인자 형태로 표현되는 서브질의의 결과가 존재하면 참을 반환한다. 즉 내부질의를 수행하여 결과 터플이 반환되면 exists 표현은 참이다.

"exists" Example

- Find all course numbers taught in both the Fall 2009 semester and in the Fall 2010 semester

```
– Select S.cID
  from teaches as S
  where S.semester = 'Fall' and S.year= 2009 and
  exists (select *
          from teaches as T
          where T.semester = 'Fall' and T.year= 2010
                and S.cID = T.cID);
```

  – A correlated subquery

exists 예제

2009년 가을학기와 2010년도 가을학기에 개설된 강의번호를 구하는 질의이다.

상기 예제는 exists 표현을 사용하는 상관 중첩질의 형태이다. 외부 SQL 문장에서 teaches 테이블이 S로 재명명 되었고, 이를 내부 중첩질의에서 참조하는 것을 볼 수 있다. S 테이블의 한 터플이 외부 SQL 문장 where 절의 2009년도 가을학기 조건을 만족하고, 그 터플과 동일한 번호를 가지면서 2010년도 가을 학기에 개설된 과목 변호가 존재하면, 우리가 구하는 과목번호이다. S 테이블의 각 터플에 대하여 내부 중첩질의를 수행하여야 하므로 시간이 많이 소요되는 질의어이다.

상기 질의어는 이전에 본 바와 같이 교집합을 사용하는 질의 형태나 또는 where 절에서 선택과 조인을 사용하는 질의로 좀 더 효율적인 질의문 구성이 가능하다.

"exists" without Correlation

- Use of "exists" in not-correlated subqueries is meaningless
  - Select distinct sID // nonsense query
```
Select distinct sID                    // nonsense query
from student
where exists (select cID
              from course
              where deptName = 'CS');
```

▪ 상관 중첩이 없는 exists

상관 서브질의를 사용하지 않는 exists 연산자 사용은 일반적으로 의미가 없는 SQL 문장이 된다.

상기와 같은 예제에서 CS 학과에서 개설된 학과번호를 구하는 중첩질의가 외부 질의문과 관련이 없어 외부 from 절에 있는 student 터플에 영향을 받지 않는다. CS 학과에서 개설된 학과번호가 있으면 상기 예제는

```
select distinct sID
from student;
```

SQL 문장과 동일하다.

"for all" Queries

- Find all student IDs and names who have taken all courses offered in 'CS' department

```
Select S.sID, S.name
from student as S
where not exists ( (select cID
                    from course
                    where deptName = 'CS')
except (select T.cID
        from takes as T
        where S.sID = T.sID) );
```

  - "X – Y = Ø" if and only if $X \subseteq Y$
  - "X – Y = Ø" is implemented as "not exists (X except Y)"

▪ "for all" 질의문

수학논리식으로 표현할 때 "for all" 의미를 구현하는 연산자를 SQL 언어는 제공하지 않는다. 상기 예제는 CS 학과가 제공하는 모든 과목을 수강한 학생 이름을 검색하는 질의어인데, "모든 과목"에서 "모든"에 대한 의미를 구현하는 연산자를 SQL 언어는 제공하지 않는다. 만약 CS 학과가 개설하는 한 과목 이상을 수강한 학생 이름을 검색하는 경우에는 조인과 선택 연산만으로도 SQL 문장 작성이 가능하다.

"모든 과목"을 구현하기 위하여 "not exists" 표현을 사용한다. 집합 X, Y를 고려하자. 집합 Y가 집합 X를 포함하면 "$X-Y=\phi$"가 되므로 집합 X를 CS 학과의 모든 과목으로 하고, 집합 Y를 학생이 수강한 모든 과목으로 하여, "$X-Y=\phi$"가 성립하면 학생은 CS 학과가 개설하는 모든 과목을 수강한 것이 된다. 마지막으로 "$X-Y=\phi$" 표현은 "not exists (X except Y)"로 구현한다.

X에 대응이 되는 부분은 중첩질의이지만 상관이 되지 않아 결과 값이 외부 질의와 상관이 없지만, Y에 대응이 되는 부분은 상관 중첩질의 형식이다.

"unique" Construct (1/2)

- "unique" construct tests whether a subquery has any duplicate tuples in its result
- Find all courses that were offered at most once in 2009
  - Select C.cID
    from course as C
    where unique (select T.cID
    from teaches as T
    where C.cID=T.cID and T.year=2009);
  - Select C.cID
    from course as C
    where 1 >= (select count(T.cID)
    from teaches as T
    where C.cID=T.cID and T.year=2009);

unique 구성요소(construct) (1/2)

unique 구성요소는 인자형식으로 표현되는 서브질의 결과에 중복성이 있는지를 검사한다.

상기 예제에서 두 번째 SQL 문장은 각 과목별로 2009년도 개설된 과목 횟수를 count하며 그 결과가 1 이하이면 그 과목은 최대 한 번 개설된 것이다. 첫 번째 질의는 동일한 질의를 unique를 사용하며 작성한 것이다.

참고적으로 unique(r)에서 만약 r이 공집합이면(즉, 질의 결과가 없으면) unique(r)는 참이다.

"unique" Construct (2/2)

- Formally, the "unique" test on a relation is defined to fail if and only if the relation contains two tuples t1 and t2 such that t1 = t2
- Since the test t1 = t2 fails if any of the fields of t1 or t2 are null, it is possible for "unique" to be true even if there are multiple copies of a tuple as long as at least one of the attributes of the tuple is null
- unique(Ø) returns true

unique 구성요소 (2/2)

unique 구성요소에 대한 상세한 설명이다. 터플 중의 속성이 한 개라도 널 값을 가지면 동일하지 않다고 판별하므로, unique 구성요소가 적용되는 서브질의 결과에 속성이 널 값을 가지는 터플은 중복으로 나와도 unique하다고 판별한다.

예를 들어보자.

```
unique {<1,2>, <1,2>}          : false
unique {<1,2>, <1,3>}          : true
unique {<1,2>, <1,null>}       : true
unique {<1,null>, <1,null>}    : true
```

Subqueries in "from" Clause (1/2)

- SQL allows a subquery expression to be used in the "from" clause
- Find department name and the average salary of the professors of the department where the average salary is greater than 6900
  - Select deptName, avgSalary
    from (select deptName, avg(salary) as avgSalary
    from professor
    group by deptName)
    where avgSalary > 6900;
  - Select deptName, avgSalary
    from (select deptName, avg(salary)
    from professor
    group by deptName) as deptAvg(deptName, avgSalary)
    where avgSalary > 6900;
  - No need to use the "having" clause !!!

from 절 서브질의 (1/2)

서브질의를 from 절 안에서 사용할 수 있다. 상기 그림 질의는 group by 결과를 임시 결과에 할당하고, having 조건에 해당되는 조건을 where 절에서 명시하였다.

상기 질의를 from 절 내의 서브질의 형태를 사용하지 않으면 다음과 같이 구성할 수 있다.

```
Select deptName, avg(salary)
from professor
group by deptName
having avg(salary) > 6900;
```

Subqueries in "from" Clause (2/2)

- Find the maximum total salary of department across all departments
  - Select max(totalSalary)
    from (select deptName, sum(salary)
    from professor
    group by deptName) as deptTot(deptName, totalSalary);
- Nested subqueries in the "from" clause are supported by most but not all DBMSs

from 절 서브질의 (2/2)

상기 질의를 다른 방법으로 표현하면 다음과 같다.

```
Select sum(salary)
from professor
group by deptName
having sum(salary) >= all (select sum(salary)
                           from professor
                           group by deptName);
```

"lateral" Clause

- SQL:2003 allows a subquery in the "from" clause that is prefixed by the "lateral" keyword to access attributes of preceding tables or subqueries in the "from" clause
- To find professor names, their salaries, the average salary of their departments

```
– Select P1.name, P1.salary, avgSalary
  from professor P1, lateral (select avg(P2.salary) as avgSalary
                              from professor P2
                              where P1.deptName= P2.deptName);
– Select name, salary, avg(salary)        // syntax error
  from professor
  group by deptName;
```

lateral 절

lateral 절은 from 절에서 선행 관계 또는 서브질의를 참조하게 한다.

상기 그림의 하단 SQL 문장은 허용되지 않는다. name, salary의 값 개수와 avg(salary) 값 개수가 틀리므로 결과 관계 구성 시에 문제가 있으므로 올바른 SQL 문장이 아니다.

"with" Clause (1/2)

- The "with" clause provides a way of defining a temporary view whose definition is available only to the query in which the "with" clause occurs
- Find the department with the maximum budget

```
– With     maxBudget(value) as
           (select max(budget)
           from department)
  select deptName, budget
  from department, maxBudget
  where department.budget = maxBudget.value;
– Select deptName, budget        // wrong SQL ???
  from department
  where budget = max(budget);
```

with 절 (1/2)

with 절은 SQL 문장의 결과를 임시적으로 저장하는 효과가 있으며, 복잡한 SQL 질의문을 작성할 때 유용하게 사용할 수 있다.

상기 질의는 다음과 같이 작성할 수 있다.

```
Select deptName, budget
from department
where budget = (select max(budget) from department);
```

"with" Clause (2/2)

- Find all departments where the total salary is greater than the average of the total salary at all departments
  - with deptTotal(deptName, value) as

```
with deptTotal(deptName, value) as
        (select deptName, sum(salary)
        from professor
        group by deptName),
deptTotalAvg(value) as
        (select avg(value)
        from deptTotal)
select deptName
from deptTotal, deptTotalAvg
where deptTotal.value > deptTotalAvg.value;
```

with 절 (2/2)

with 절을 사용하는 예제이다. deptTotal 임시뷰(temporary view)는 deptName당 해당 과에 속하는 교수 봉급 합(sum)을 구하며, deptTotalAvg는 deptName당 교수 봉급합의 평균값을 가지게 된다. 이를 참조하는 마지막 SQL 문장은 deptName당 교수 봉급 합의 평균값보다 많은 deptName을 구한다.

Scalar Subquery

- Scalar subqueries are ones that return only one tuple containing a single attribute
- Scalar subqueries can occur in "select", "where", and "having" clauses
- If a scalar subquery returns more than one tuple when it is executed, a run-time error occurs
- To find department names along with the number of professors

```
Select deptName, (select count(*)
                  from professor p1
                  where d1.deptName = p1.deptName)
from department d1;
```

Scalar 서브질의

SQL 언어는 서브질의가 오직 한 개 속성을 반환하고 동시에 속성 값으로 한 개 값을 반환(즉, 결과 테이블이 하나의 속성으로 이루어지고 동시에 하나의 터플만을 가짐)한다면 서브질의가 연산 식에서 값이 반환되는 어떤 곳이라도 나타날 수 있게 한다. 이러한 서브질의를 scalar 서브질의라 한다.

5.4 랭킹

Top, Limit, or Rownum Clause

- SQL Server
  - The top clause is used to fetch a top N number (percent) record from a table
  - Select Top (top_value) [percent] [with ties] expressions
    from tables
    where condition;
  - Select top (3) * from professor order by salary;
  - Select top (10) percent with ties * from professor order by salary;
- MySQL
  - Select * from professor order by salary desc limit 3;
  - Select * from professor order by salary desc limit 3 offset 1;
- Oracle
  - Select * from professor where ROWNUM <= 3 order by salary desc;

Top/Limit/Rownum 절

검색되는 터플 중에 상위(또는 하위) 몇 개(또는 퍼센트)만의 터플을 반환하는 기능은 상용 데이터베이스 시스템이 일반적으로 제공한다. SQL Server, MySQL, Oracle 시스템의 예제이다.

MySQL 시스템에서

```
Select * from professor order by salary desc
limit 3;              // 상위 봉급자 3인을 검색하고
Select * from professor order by salary desc
limit 3 offset 1;     // 상위 봉급자 중 최고를 제외한
                         3인을 검색한다.
```

"offset 1" 표현은 첫 번 째 터플을 skip 하는 효과이다.

같은 값을 가지는 터플 처리법에 관한 사항은 해당 상용 데이터베이스 시스템 사용법을 참조하기로 한다.

Ranking (1/2)

- Ranking is done in conjunction with an "order by" specification
- studentGrades(ID, deptName, GPA)
- Find the rank of each student
  - Select ID, rank() over (order by GPA desc) as sRank
    from studentGrades;
  - Select ID, rank() over (order by GPA desc) as sRank
    from studentGrades
    order by sRank;
    /* an extra order by clause to get them in sorted order */
- rank() leaves gaps, while dense_rank() does not !
  - rank(): <10, 1> < 10, 1> <30, 3>, <30, 3>, <50, 5> ...
  - dense_rank(): <10, 1> < 10, 1> <30, 2>, <30, 2>, <50, 3> ...

랭킹 (1/2)

표준 SQL 언어는 rank() 함수를 지원한다.

rank() 함수는 순서를 정함에 있어 상기와 같이 갭이 발생할 수 있으며, dense_rank() 함수는 갭이 발생하지 않는다. 상기 그림 하단에서 첫 번째 속성 값 10, 30, 50 등을 정렬 기준 값으로 가정하자.

GPA는 grade-point average로 학점 평균을 의미한다.

Ranking (2/2)

- Ranking can be done using basic SQL aggregation, but resultant query is very inefficient
  - Select ID, (1 + (select count(*)
    from studentGrades B
    where B.GPA > A.GPA)) as sRank
    from studentGrades A
    order by sRank;

랭킹 (2/2)

rank() 함수 사용하지 않고 같은 효과를 보이는 SQL 문장이다. correlated된 서브질의 형태이므로 실행이 비효율적이다.

Ranks with Null

- SQL:1999 permits the user to specify "nulls first" or "nulls last"
  - Select ID,
    rank( ) over (order by GPA desc nulls last) as sRrank
    from studentGrades;
- Default value
  - NULLS LAST if the sort is ASC
  - NULLS FIRST if the sort is DESC

널 값 랭크

널 값은 가장 처음에 위치하거나 또는 가장 나중에 위치할 수 있다. default 시에는 널 값을 가장 큰 값으로 취급함을 알 수 있다.

ranking 시에 널 값은 아래와 같이 취급된다.

- If the null ordering is not specified then the handling of the null values is:

  NULLS LAST if the sort is ASC

  NULLS FIRST if the sort is DESC
- If neither ascending nor descending order is specified, and the null ordering is also not specified, then both defaults are used and thus the order will be ascending with NULLS LAST.

Ranking within Partition

- Ranking can be done within partition of the data
- Find the rank of students within each department
  - Select ID, deptName,
    rank() over (partition by deptName order by GPA desc)
    as deptRank
    from studentGrades
    order by deptName, deptRank;
- Multiple rank clauses can occur in a single select clause
- Ranking/partitioning is applied after applying "group by" clause
- Can be used to find top n results
  - More general than the limit n clause supported by many databases, since it allows top n results within each partition

파티션 랭킹

rank() 함수는 "partition by" 절과 함께 사용이 가능하며, 이 경우 각 파티션에 대하여 rank() 함수를 적용한다.

상기 예제에서 deptName으로 파티션을 나누고 각 파티션에 대하여 GPA 내림차순으로 랭킹을 한다. 보여지는 결과는 deptName의 오름차순 정렬로 보이며, 동일 deptName에서는 deptRank 값의 오름차순으로 보인다. 즉, deptName의 알파벳 순서로 동일 deptName에서는 상위 GPA 학생이 먼저 나온다.

Other Ranking Functions

- percent_rank()
  - Returns the rank as fraction (within partition if partitioned)
  - If there are n tuples and the rank of the tuple is r, then percent_rank() is defined to be (r-1)/(n-1) (null if n=1)
- cume_dist() // cumulative distribution
  - Returns p/n
    - p is the # of tuples with ordering values preceding or equal to, and n is the # of tuples
- row_number()
  - Sorts the rows and gives each row a unique number starting 1
  - Non-deterministic in presence of duplicates

다른 랭킹 함수

percent_rank()의 예제이다. n=4

(1) r=1, percent_rank() = 0/3 = 0

(2) r=2, percent_rank() = 1/3 = 0.33

(3) r=3, percent_rank() = 2/3 = 0.66

(4) r=4, percent_rank() = 3/3 = 1.00

> **ntile() Ranking**
>
> - ntile(n) takes the tuples in the specified order, and divides them into n buckets with equal numbers of tuples
>   - Select ID, ntile(4) over (order by GPA desc) as quartile from studentGrades;
> - Useful to get histograms based on percentiles
> - Tuples with the same ordering value may be assigned to different buckets, non deterministically in order to make the # of tuples in each bucket equal

ntile() 랭킹

ntile() 랭크는 해당 속성 값을 기준으로 전체 테이블을 균등하게 n 등분한다. 각 등분에 속하는 터플 개수는 최대 한 개만 차이가 있을 수 있다.

다음과 같은 테이블을 가정하자.

```
        ID      GPA
        S1      2.8
        S2      3.5
        S3      4.0
        S4      3.5
        S5      4.2
NTILE(2):
        ID      NTILE    /* GPA */
        S5      1          /* 4.2 */
        S3      1          /* 4.0 */
        S2      1          /* 3.5 */
        S4      2          /* 3.5 */
        S1      2          /* 2.8 */
NTILE(3):
        ID      NTILE    /* GPA */
        S5      1          /* 4.2 */
        S3      1          /* 4.0 */
        S2      2          /* 3.5 */
        S4      2          /* 3.5 */
        S1      3          /* 2.8 */
```

NTILE(2)에서 3.5 학점 학생이 다른 bucket에 배분되었다. 상기에서 GPA는 참고적으로 나열하였다.

5.5 기타 기능

Reusing Existing Schema/data

- Create table t1 like professor;
  - To create a table with the same schema as an existing table
- Create table t2 as (select * from professor) with data;
  - To create a table with the same schema and data
  - Many implementations populate the table with data even if "with data" is omitted
- Create table t3
  as (select * from professor where deptName='SW');

기존 스키마/데이터 재활용

기존에 존재하는 테이블과 동일한 스키마를 가지는 테이블을 like 키워드를 이용하여 생성할 수 있다. 상기 예제에서 professor 테이블과 동일한 스키마를 가지는 t1 테이블이 생성되지만, 테이블에 관련된 모든 제약 사항이 함께 복제되는 것은 아니다. 예로, primary key, foreign key, indexes 등은 복제되지 않는다.

t2, t3 테이블 예제와 같이, Like 대신에 as를 사용하여 다른 테이블의 스키마 및 데이터를 전제 또는 일부를 복제할 수 있다. SQL:2003 표준에 의하면, 'with data' clause가 없으면 데이터가 복제하지 않는다. 그러나 실제로 많은 상용 시스템은 'with data' clause 존재 여부와 무관하게 데이터도 함께 복제한다.

Large-Object Types

- Large objects (photos, videos, CAD files, etc.) are stored as a large object
  - blob (binary large object): object is a large collection of uninterpreted binary data (whose interpretation is left to an application outside of the database system)
  - clob (character large object): object is a large collection of character data
- When a query returns a large object, a pointer is returned rather than the large object itself
- Large objects example
  - bookReview clob(10KB)
  - myImage blob(10MB)
  - myMovie blob(2GB)

대용량 객체 타입

대용량 객체는 사진, 비디오 등과 같이 큰 용량의 객체를 의미하며, SQL 언어는 대용량 객체를 저장/관리하기 위하여 두 가지 데이터 타입(즉, blob, clob)을 지원한다. blob은 이진 데이터 형태의 큰 객체이며, clob은 문자 데이터 형태의 큰 객체이다.

사용법은 타 데이터 타입 사용법과 동일하게 사용하며, 상기 예제와 같이 대용량 객체를 저장/관리할 때 사용한다.

Built-in Date Types

- date: dates, containing a (4 digit) year, month and date
  - Example: date '2015-7-27'
- time: time of day, in hours, minutes and seconds
  - Example: time '09:00:30', time '09:00:30.75'
- timestamp: date plus time of day
  - Example: timestamp '2015-7-27 09:00:30.75'
- interval: period of time
  - Example: interval '1' day
  - Subtracting a date/time/timestamp value from another gives an interval value
  - Interval values can be added to date/time/timestamp values

내장 날짜 타입

SQL 언어가 지원하는 시간 (또는 날짜) 관련 데이터 타입에는 date, time, timestamp, interval 등이 있다. date 타입은 예제와 같이 단일인용(single quote) 기호 내에 연도-달-날짜 순으로 표시를 할 수 있으며, date 타입 표시 방법은 이 외에도 다른 표기 방식이 많이 존재한다.

interval 타입은 시간 기간을 의미하며, date, time, timestamp 타입 값에 interval 값을 가감하면 새로운 data, time, timestamp 값이 생성된다.

User-Defined Types

- "create type" construct in SQL creates user-defined type
- Create type Dollars as numeric (12,2) final;
  - "final" means that subtypes may not be created from the given type, while "not final" says that subtypes may be created
- Create table myDepartment

```
(deptName varchar(20),
 building varchar(15),
 budget Dollars);
```

사용자 정의 타입

"create type" 문장을 이용하여 사용자는 사용자가 원하는 데이터 타입을 정의할 수 있다.

예제와 같이 Dollars 데이터 타입을 사용자가 정의할 수 있으며, 사용자 정의 타입은 시스템이 지원하는 데이터 타입과 동일한 방식으로 테이블 생성 시에 속성의 데이터 타입으로 사용할 수 있다.

Domains

- "create domain" construct in SQL-92 creates user-defined domain types
  - Create domain personName char(20) not null;
- Types and domains are similar. Domains can have constraints (such as not null) specified on them.
  - Create domain degreeLevel varchar(10)
    constraint degreeLevelTest
    check (value in ('Bachelor', 'Master', 'Doctorate'));

도메인

SQL-92는 사용자가 도메인을 정의할 수 있는 기능을 제공한다. 테이블 정의 시에 사용자는 타입과 마찬가지로 도메인을 속성의 데이터 타입으로 사용할 수 있다.

타입과 도메인은 개념과 사용법이 유사하나, 도메인은 무결성제약을 가질 수 있고 타입은 무결성제약을 가질 수 없다. 상기 예제에서 도메인 degreeLevel은 주어진 세 개 값만 가질 수 있는 제약 degreeLevelTest를 가지고 있다.

Transactions

- Transaction is a sequence of database operations with ACID properties
  - Logical unit of database work
- Transactions begin implicitly, and end by "commit work" or "rollback work"
  - In SQL:1999 allows multiple statements to be enclosed between "begin atomic" and "end"
- Each SQL statement commits automatically by default on most databases (with auto_commit on)
- A DDL statement commits by itself !!!

트랜잭션

트랜잭션은 ACID(atomicity, consistency, isolation, durability) 성질을 가지는 데이터베이스 연산의 나열(sequence)이다. 트랜잭션은 암시적으로 DML 문장으로 시작하며, "commit wok" (또는 commit) 또는 "rollback work" (또는 rollback)으로 종료한다. commit는 성공적인 트랜잭션 종료를 의미하며, rollback은 비정상적인 트랜잭션 종료를 의미한다. 사용자의 명시없이 트랜잭션이 종료하는 경우 마지막 트랜잭션을 commit/rollback하는 결정은 시스템의 자유 결정사항이다.

대부분 상용 데이터베이스 시스템은 기본 값으로는 auto_commit 기능을 활성화(on)한 상태이며, 이는 SQL 문장 하나 하나를 트랜잭션으로 처리한다.

Indices

- SQL standards do not formally define any syntax for creating indices
- Commercial DBMSs support creation of indices
  - Create index myCourseIndex on course(cID);

색인

SQL 표준은 색인에 관련되는 기능을 제공하지 않는다. 그러나 상용 데이터베이스 시스템은 자체적으로 색인 생성/관리/제거에 대한 기능을 제공한다. 상기 예제는 course 테이블의 cID 속성에 대하여 색인을 생성하는 SQL이다.

제5장 연습문제

5.1

Show that in SQL "< > all" is identical to "not in".

5.2

Consider the following relational schema.

employee(personName, city)

works(personName, companyName, salary)

company(companyName, city)

manager(personName, managerName)

Give an expression in SQL to express each of the following queries.

(a) Find the names of all employees who earn more than the average salary of all employees of their company.

(b) Find the company that has the most employees.

(c) Give all employees of 'First Bank' a 10 percent raise.

(d) Give all managers of 'First Bank' a 10 percent raise.

(e) Delete all tuples of in the 'works' relation for employees of 'First Bank'.

5.3

Consider the relational database of Exercise 4.2. Give an expression in SQL for each of the following queries.

(a) Modify the database so that Lee lives in Seoul.

(b) Give all managers of 'First Bank' a 10 percent raise unless the salary becomes greater than 100,000; in such cases, give only a 3 percent raise.

5.4

Consider the following relational schema.

employee(empno, name, age)

book(isbn, title, author, publisher)

loan(empno, isbn, date)

Write the queries in SQL.

(a) List employee names with book titles he/she have borrowed.

(b) Find the names of employees who have borrowed any book published by "McGraw-Hill".

(c) Find the names of employees who have borrowed all books published by "McGraw-Hill".

(d) For each publisher, find the names of employees who have borrowed more than five books of that publisher.

5.5

Consider the following relational schema.

employee(<u>personName</u>, city)

works(<u>personName</u>, companyName, salary)

company(<u>companyName</u>, city)

manager(<u>personName</u>, managerName)

Give an expression in SQL to express each of the following queries. Note that we have the following referential constraints:

works.personName → employee.personName

works.companyName → company.companyName

manager.personName → employee.personName

manager.managerName → employee.personName

(a) For each company, list the number of employees who work for that company.

(b) Find the name of the employee who has the highest salary.

(c) Find company names whose employees earn on average more than the average salary at First Bank.

(d) Find the company that has the smallest payroll (payroll is the sum of salaries of all employees of a particular company).

5.6

Consider the running university schema. We want to know the course titles that were offered more than once in the Fall semester of 2014.

(a) Give an SQL statement that does not use "with" clause.

(b) Give an equivalent SQL statement using "with" clause.

5.7

Consider the bank schema. Write a SQL query that returns the name and city of all customers with more than one account, using the “with” clause.

5.8

Suppose we have a relation exam(<u>studentID</u>, score), where all “score” values are distinct. The built-in function “rownum” returns the row number. For example,

```
select studentID, rownum
from exam;
```

returns the student IDs and row numbers starting at 1.

(a) Using the "with" clause, write an SQL query that returns student IDs, scores, and the ranks of students.

(b) Write the equivalent SQL statement using the standard rank() function.

5.9

Consider the relational schema:

employee(eName, city, salary)

manages(eName, mName).

Each of the attributes managers.eName and managers.mName is foreign key referencing employee.eName, respectively. We would like to find names of the employees with no manager. Note that manages.mName could be null.

(a) Write the query using the outer join.

(b) Write the equivalent query using "exists" operation.

(c) Write the equivalent query using set operations.

5.10

Consider two relations:

student(sID, name, gender, deptName, GPA, totalCredit)

takes(sID, cID, semester, year, grade)

Outer join expressions can be computed in SQL without using the SQL outer join operation. Show how to rewrite the following query without using the outer join expression.

Select * from student natural left outerjoin takes;

제 6 장

데이터베이스 시스템 주요 기능

Subtopics

- Views
- Integrity Constraints
- Triggers
- Authorization
- Recursive Queries

구성 요소

본 장에서는 (관계형) 데이터베이스 시스템이 제공하는 주요 기능을 살펴본다. 데이터베이스 시스템은 사용자에게 데이터 관리를 지원하는 다양한 기능을 제공하고 있으며, 그 중에서 상기에 나열되어 있는 몇 가지를 본 장에서 살펴본다. 데이터베이스 시스템 기능은 궁극적으로는 사용자에게 SQL 언어 형태로 지원되며, 본 장에서 살펴보는 기능 또한 SQL 언어를 활용한다.

6.1 뷰

Views

- In some cases, it is not desirable for all users to see the entire logical schema (all the actual relations stored in the database)
- A view provides a mechanism to hide certain data from certain users
- Any relation that is not of the conceptual schema but is made visible to a user as a "virtual relation" is called a view

뷰(view)

관계형 데이터베이스 시스템이 지원하는 기능 중에서 뷰는 특정 사용자로부터 특정 속성을 숨기는 기능이다. 데이터베이스 스키마 일부를 특정 사용자에게 숨김으로써 특정 사용자는 데이터 존재 여부를 인지하지 못한다. 뷰 사용 목적은 주로 데이터 보호이며, 이외에도 사용자 편리성 제공, 질의 간소화 등이다.

예를 들어 professor 테이블에서 salary 속성을 모두에게 공개하기에는 민감한 데이터이므로, 뷰 기능을 사용하여 일반 사용자에게는 professor 테이블이 pID, name, deptName 속성만을 가지는 테이블로 보이게 할 수 있다.

View Definition

- To create views
  - Create view v as <query expression>;
  - <query expression> is any legal SQL expression
  - "v" is the view name
- A view of professors without their salary
  - Create view myProfessor as
    select pID, name, deptName
    from professor;
- Find all professor names in the CS department
  - Select name
    from myProfessor
    where deptName = 'CS';

뷰 정의

뷰는 "create view" 문장으로 정의하며, 정의가 된 뷰는 질의문에서 일반 테이블처럼 사용할 수 있다. 상기 예제는 간단한 뷰 정의 및 사용법을 보인다.

Views are always up to date!

- A view is a single table that is derived from other tables
- A view does not exist in physical form, i.e. virtual relation
  - Virtual relation vs. base relation
- Creating a view is not the same as creating a new relation
  - A view definition causes the saving of an expression, which is substituted into queries using the view
- A view is always up to date
  - Conceptually speaking, if we modify the tuples of base relations on which the view is defined, the view automatically reflects these changes

뷰는 항상 최신 데이터를 보유한다!

뷰는 한 개 이상의 테이블로부터 정의할 수 있다. 뷰 테이블은 일반 테이블과 다르게 터플을 실제 뷰 내부에 저장하지 않는다. 뷰 테이블이 터플을 실제로 가지지 않기에 가상관계(virtual relation 또는 virtual table)이라고도 한다. 가상관계와 대비하여 터플을 가지는 테이블을 베이스 관계(base relation)이라고 한다.

데이터베이스 시스템은 뷰에 대한 정의를 저장하고 있으며 이를 이용하여 뷰에 대한 질의를 처리한다.

뷰는 항상 가장 최신의 데이터를 가지고 있다고 한다. 그러나 이는 정확하게 표현하면, 뷰는 터플을 내부적으로 가지고 있지 않으며, 다만 데이터베이스 시스템이 뷰 정의를 활용하여 질의문을 처리하므로 뷰가 가장 최신 데이터를 가지고 있는 것처럼 사용자에게 보이는 것이다.

Views Using Other Views

- One can use other views to define a view
- A view relation v1 is said to directly depend on a view relation v2 if v2 is used in the expression defining v1
- A view relation v is said to be recursive if it depends on itself

타 뷰를 사용하는 뷰

뷰를 정의할 때 베이스 테이블이나 또는 다른 뷰를 사용할 수 있다. 앞에서 본 myProfessor 뷰는 베이스 테이블 professor만을 참조하여 정의하였다.

특정 응용 분야에서는 새로운 뷰를 정의할 때 자신 뷰를 이용하여야 하는데, 이러한 뷰를 순환뷰(recursive view)라고 한다. 새로운 뷰를 자신 뷰를 이용하여 정의하는 순환뷰는 비순환뷰와 전혀 다르게 처리하여야 하며, 자세한 내용은 본 장 후반부에서 다루기로 한다.

View Expansion

- View expansion of an expression e repeats the below:
  Repeat
    Find any view v in e
    Replace view v by the expression defining v
  until no more views are present in e
- As long as the view definitions are not recursive, this loop will terminate

뷰 확장

데이터베이스 시스템은 뷰에 대한 질의가 들어오면 해당 뷰를 기존에 저장되어 있는 뷰 정의로 치환하여 뷰가 아닌 베이스 테이블에 대한 질의문이 되도록 한다.

변환 과정은 뷰 정의가 베이스 관계만으로 구성될 때까지 진행이 되며, 치환되는 뷰가 순환 뷰가 아니면 상기 치환 연산은 궁극적으로 종료된다.

변환된 질의문에는 더 이상 뷰가 존재하지 않고 베이스 테이블로만 구성이 되며, 이를 데이터베이스 시스템이 평가하여 질의 결과를 구한다.

View Expansion Example

- Create view myFaculty as
      select pID, name, deptName
      from professor
      where salary > 50000;
- Create view myFacultyCS as
      select pID, name
      from myFaculty
      where deptName = CS;
- The above view can be expanded:
  Create view myFacultyCS as
      select pID, name
      from professor
      where deptName = ‘CS’ and salary>50000;

뷰 확장 예제

myFaculty 뷰를 사용하여 myFacultyCS 뷰를 정의하였지만, myFacultyCS 뷰는 뷰 확장을 통하여 베이스 테이블 professor 참조만으로 변환된다.

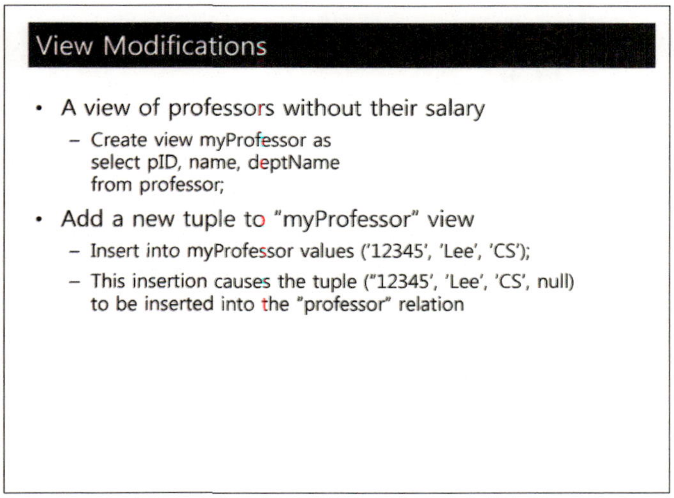

뷰 변경

뷰에 대한 검색 연산 외에 뷰에 대한 변경(즉, 입력, 삭제, 갱신) 연산도 가능하다. 뷰에 대한 변경 연산은 뷰를 정의하고 있는 베이스 테이블에 대한 변경 연산으로 변환되어 수행이 되는데, 뷰에 대한 속성으로 인하여 변경 연산에는 많은 제약이 따른다.

상기 예제에서 myProfessor 뷰에 대한 입력 연산은 베이스 테이블 professor에 대한 입력 연산으로 변환이 되며, 상기 예제는 문제없이 베이스 테이블에 입력 연산이 수행된다. professor 테이블의 salary 속성에는 널 값이 지정됨을 주목하자.

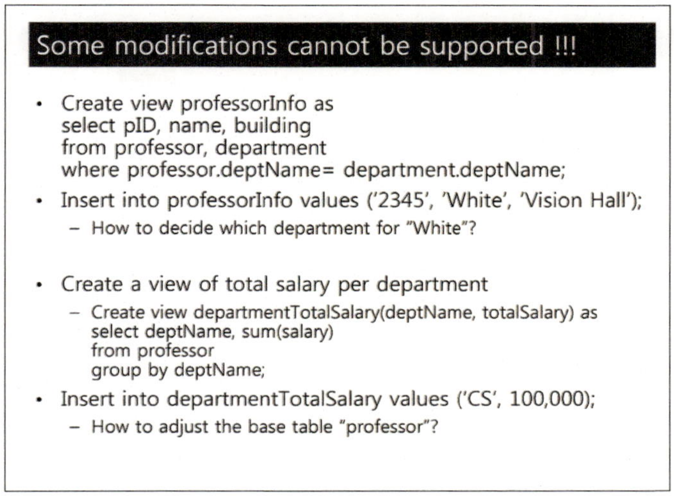

어떤 변경 연산은 지원할 수 없다.

뷰 변경에 대한 다른 예제이다. professorInfo 뷰는 professor와 department간에 deptName 속성으로 조인하여 정의하였는데, professorInfo에 터플이 입력되면 이를 베이스 테이블에 적용하는데 문제가 있다. professor 테이블에만 새로운 터플이 입력되어야 하는지, 또는 department 테이블에만 새로운 터플이 입력되어야 하는지, 또는 두 테이블 모두에게 새로운 터플이 입력되어야 하는지, 또한 사용자 입력 값에 없는 deptName을 어떻게 정해야 하는지 등 베이스 테이블을 수정하는 데에 모호한(ambiguous)한 점이 많아, professorInfo 테이블에 대한 입력 연산을 지원할 수 없다.

두 번째 예제는 salary 합을 가지는 집계 함수를 사용한 것인데, 집계함수에 대한 경신을 베이스 테이블에 반영하기는 명확한 방법이 없으므로, 이러한 변경 연산도 지원할 수 없다.

Updatable View

- In general, an SQL view is updatable if all the conditions are met:
  - The "from" clause has only one database relation
  - The select clause contains only attribute names of the relation, and does not have any expressions, aggregates, or any "distinct" specification
  - Any attribute not listed in the "select" clause can be set to null
  - The query does not have a "group by" or "having" clause
- In general, updatable views cannot include distinct, set operators, aggregate functions, group by, and order by
- Any insert, update, or delete operation on a join view can modify only one underlying base table at a time

변경 가능 뷰

변경 연산이 지원되는 뷰를 변경가능 뷰라고 하는데, 변경 가능 뷰는 뷰 생성 정의 시에 다양한 제약이 존재한다. 일반적으로 변경가능 뷰가 되기 위한 조건이 상기에 나와 있다. "group by", having, distinct, 집합 연산, 집계함수, "order by" 등이 뷰 정의에 들어가 있으면 그 뷰는 변경 가능하지 않다.

"With check option" Example

- "With check option" specifies that every row that is inserted or updated through the view must conform to the definition of the view. A row that does not conform to the definition of the view is a row that cannot be retrieved using that view
- Create view CSProfessor as
  select *
  from professor where deptName= 'CS';
  Insert into CSProfessor values ('255', 'Brown', 'EE', 100000);
- By default, the insert would proceed
  - The problem is that the inserted tuple does not appear on the "CSProfessor" view
- Put "with check option" at the end of the create statement
  - The insert is not allowed because it does not satisfy the where condition

"With check option" 예제

뷰 변경 연산 과정에서 고려하여야 하는 다른 사항이다. 상기 CSProfessor 뷰는 변경 가능한 뷰이며, 그래서 <255, Brown, EE, 100000> 터플은 CSProfessor 뷰에 입력이 가능하며 실제로는 베이스 테이블 professor에 해당 터플이 입력된다.

그러나 입력된 새 터플은 CSProfessor 뷰를 통하여 입력이 확인되지 않으며, 그 이유는 입력 터플의 deptName 속성이 EE이기 때문이다. 사용자 관점에서는 입력된 터플이 테이블에 존재하지 않는다는 잘못된 인식을 할 수 있다. 일반 사용자는 실제로는 CSProfessor가 뷰 테이블인지 베이스 테이블인지 인식 못하기도 한다.

"with check option"은 이러한 점을 해결하고자 하며, 갱신된 뷰를 통하여 갱신 효과를 사용자가 볼 수 있을 경우에만 뷰 갱신을 허용한다.

Restrictions on Views

- You cannot create an index for a view
- In addition, you cannot create a key constraint or other constraints on a view

뷰 제약

뷰는 일반 테이블과 다른 특성을 가지고 있어, 사용법에 있어 제약 사항이 존재한다.

첫째, 뷰에 대한 색인은 불가능하다. 뷰는 터플을 가지고 있지 않아 뷰에 대한 색인은 의미가 없다.

둘째, 뷰에 대한 키 속성 또는 무결성 제약을 정의할 수 없다.

6.2 무결성 제약

Integrity Constraints (ICs)

- Integrity constraints are predicates DBMS should satisfy at all times
  - A Ph.D student must have an advisor
  - A saving account must have a balance greater than $1,000
  - An hour wage must be at least $6.00
- ICs are used to ensure accuracy and consistency of databases
  - ICs guard against accidental damage to the database, by ensuring that authorized changes to the database do not result in a loss of data consistency

무결성 제약

데이터베이스 시스템이 관리하고자 하는 데이터베이스는 단순히 데이터의 모임이 아니고, 특정 조건을 만족하는 데이터베이스이어야 한다. 특정 조건을 만족하는 데이터베이스이어야 사용자에게 의미가 있다. 예를 들어 사람의 나이 속성 값이 음수이면 그 데이터는 정확하지 않은 데이터이며(not accuracy), 사람의 나이가 한 테이블에서는 20이고 동일 사람 나이가 다른 테이블에서는 25이면 데이터가 서로 일치하지(consistency) 않아 잘못된 데이터이다.

무결성 제약은 데이터베이스 시스템이 항상 만족하여야 하는 조건이다. 예를 들어 은행 계좌의 최소 잔고는 $1000 이상이어야 하고, 시간당 근로소득은 $6 이상이어야 한다는 등 무결성 제약 예제는 무수히 많다. 무결성 제약은 데이터베이스의 일치성 및 정확도를 유지하기 위하여 사용된다.

Constraints on a Single Relation

- not null
- primary key
- unique
- check (P), where P is a predicate

단일 테이블에 대한 제약

단일 테이블에 적용이 되는 대표적인 무결성 제약이다.

> **Not Null/Primary Key/Unique Constraints**
>
> - not null
>   - Declare attributes "name" and "budget" to be not null
>   - name varchar(20) not null
budget numeric(12,2) not null
>   - Primary keys is automatically treated as "not null"
> - primary key (A_1, A_2, ..., A_m)
>   - Declares the primary key for the table
> - unique (A_1, A_2, ..., A_m)
>   - The unique specification states that the attributes A_1, A_2, ..., A_m form a candidate key
>   - Candidate keys are permitted to be null (in contrast to primary keys)

not null, primary key, unique 제약

not null 제약은 개별 속성에 적용이 가능하고, primary key와 unique 제약은 한 개 이상의 속성에 적용이 가능하다.

속성에 primary key 선언이 되면 널 값을 가질 수 없으나, 속성에 unique 제약이 선언되어도 널 값은 가질 수 있다.

> **"check" Clause**
>
> - check(P), where P is a predicate
> - To ensure that semester is one of fall, winter, spring or summer
>   - Create table teaches (

```
    pID           char(5),
    cID           char(5),
    semester      varchar(10),
    year          numeric(4,0),
    classroom     char(5),
    primary key (pID, cID, semester, year),
    check (semester in ('Spring', 'Summer', 'Fall', 'Winter') )
);
```

check 절

check 절은 관련 테이블이 항상 만족하여야 하는 조건을 명시한다.

예제에서 check 절은 semester 속성이 주어진 4개 값(즉, "Spring", "Summer", "Fall", "Winter")만 가지게 하는 효과를 가진다. 만약 주어진 4개 외의 값으로 변경을 하려는 데이터 변경 및 입력 연산은 실행되지 않는다.

Referential Integrity Constraint

- Let A be a set of attributes. Let R and S be two relations that contain attributes A, and A is the primary key of S. A is said to be a foreign key of R if for any values of A appearing in R these values also appear in S or A is null
  - Ensures that a value that appears in one relation for a given set of attributes also appears for a certain set of attributes in another relation
  - For example, if "CS" is a department name appearing in one of the tuples in the "professor" relation, then there exists a tuple in the "department" relation for "CS"

■ 참조 무결성 제약

참조 무결성 제약의 정의는 상기와 같다. 외래 키에 나오는 모든 값은 외래 키가 참조하는 테이블의 주키 값으로 나와야 하는 것을 의미한다. 다만 외래 키는 널 값을 가질 수 있으나, 외래 키가 참조하는 주키는 해당 테이블의 주키이므로 널 값이 나올 수 없다.

참조 무결성 제약은 상이한 두 관계 사이에 존재하며, 동일 관계 내에서도 존재할 수 있다. 참조 무결성 제약은 연관되는 데이터(터플) 연결을 값(value)를 이용하여 하기 때문에 발생하는 현상이다. 만약 터플 간의 관계를 값이 아닌 포인터로 연결을 하는 경우에는 참조 무결성이 존재하지 않는다.

Referential Integrity Declaration

- Simple declaration
  - Create table teaches (

```
pID     varchar(5),
cID     varchar(5),
...
primary key(pID, cID, semester, year)
foreign key(pID) references professor,
foreign key(cID) references course);
```

- Declaration with actions
  - Create table teaches (

```
pID     varchar(5),
cID     varchar(5),
...
foreign key(pID) references professor,
        on delete cascade,
        on update cascade,
    ...
);
```

  - Available actions: "cascade", "set null", "set default"

■ 참조 무결성 제약 선언

참조 무결성을 선언하는 예제이다. 첫 번째 예제와 같이 참조 무결성을 구체적인 행동(action) 명시 없이 선언할 수 있으며, 이 경우 참조 무결성이 위반되는 연산은 허용하지 않는다.

두 번째 예제는 참조 무결성을 선언함에 있어 참조 무결성이 위반되는 경우 이를 해결하는 구체적인 행동까지 명시할 수 있다. 사용자가 명시할 수 있는 행동은 "cascade", "set null", "set default"이다.

참조 무결성은 외래키를 가지는 테이블에서 선언됨을 알 수 있고, 참조되는 테이블에서는 선언 하는 부분이 없다. 또한 외래키를 선언하면서 함께 명시하는 행동 부분에서 언급하는 delete/update 연산은 참조되는 테이블에 대한 삭제 및 갱신 연산을 의미한다. 상기 예제에서 delete/ update 연산은 (비록 teaches 테이블에서 선언되지만) professor 테이블에 대한 delete/update 연산이다.

"on delete" Operation

teaches

pID	cID	...
100	CS101	...
100	CS201	...
200	EE101	...

professor

pID	name	...
100	Kim	...
200	Lee	...

- What if <100, Kim, ...> of "professor" is deleted?
  - With no action specified: the tuple cannot be deleted
  - With "cascade": <100, CS101, ...>, <100, CS201, ...> also deleted
  - With "set null: should be <null, CS101, ...>, <null, CS201, ...>, but not allowed (Why?)
- What if <100, CS101, ...> of "teaches" is deleted?
  - No action at all

삭제 연산 처리

상기 예제에서 teacher의 pID는 professor 주 키 pID를 참조하는 외래 키이다.

professor 테이블의 첫 번째 터플이 삭제되면, teaches 테이블에서 참조하는 터플로 인하여 참조 무결성이 위배된다. 이 경우, 행동이 명시되지 않았으면 삭제 연산이 허용되지 않으며, cascade인 경우에는 삭제 연산이 teaches 테이블에 파급되어 삭제된 터플을 참조하는 두 터플이 모두 삭제된다. set null 행동은 해당 테이블 속성 값을 널 값으로 하는 것인데, 이 경우에는 teaches 테이블 주 키의 일부분이 pID이므로 허용되지 않는다.

teaches 테이블의 터플을 삭제하는 것은 참조 무결성 제약을 위배할 가능성이 전혀 없으므로 해당 터플만 삭제된다.

"on update" Operation

teaches

pID	cID	...
100	CS101	...
100	CS201	...
200	EE101	...

professor

pID	name	...
100	Kim	...
200	Lee	...

- What if <100, Kim, ...> of "professor" is updated into <400, Kim,...>?
  - With no action specified: the tuple cannot be updated
  - With "cascade": becomes <400, CS101,...>, <400, CS201, ...>
  - With "set null: should be <null, CS101,...>, <null, CS201, ...>, but not allowed
- What if <100, CS101, ...> of "teaches" is updated into <400, CS101,...>?
  - Nothing with "action", but not allowed

갱신 연산 처리

상기 예제에서 teacher의 pID는 professor 주 키 pID를 참조하는 외래 키이다.

professor 테이블의 첫 번째 터플의 값이 100에서 400으로 변경된다고 가정하자. 이는 참조 무결성 제약에 위반되므로 행동이 명시되지 않는 경우에는 변경 연산 자체가 수행되지 않는다. cascade인 경우에는 teaches 테이블의 첫 번째와 두 번째 터플의 값이 함께 변경된다(pID값이 100에서 400으로).

set null 옵션이 경우에는 teaches 테이블의 값이 널 값으로 변경이 되어야 하나, 이 경우 pID 속성이 teaches 테이블의 주 키이므로 널 값이 허용되지 않아 갱신 연산이 허용되지 않는다.

teaches 테이블의 <100,CS101, ...> 터플이 <400,CS101, ...>으로 변경되는 경우에는 참조 무결성을 위반하므로 갱신 연산이 수행되지 않으며, 행동 명시와는 관련이 없다.

How to Insert Tuples?

- Create table person (
  ID char(10) primary key,
  name char(40),
  mother char(10),
  father char(10),
  foreign key (mother) references person,
  foreign key (father) references person);
- How to insert tuples?
  - Insert father and mother of a person first before inserting person
  - Set father/mother to be null initially and update them after inserting
  - Use "deferred" in transactions

터플 입력 문제

person 테이블이 상기와 같이 정의되었다고 가정하자. 단일 관계에 존재하는 참조 무결성 제약 예제이다. mother와 father 속성이 외래 키로 선언이 되어 있으므로, person 데이터를 입력하려면 그 사람에 대한 mother, father 정보가 있어야 한다.

이를 해결하는 방법 중에서 첫 번째 방법은 대규모 데이터 입력이 이론적으로는 가능하나 현실적으로는 아주 불편하며, 두 번째 방법은 추가적인 갱신 연산을 하여야 한다. 데이터베이스 시스템은 이러한 상황을 위하여 무결성 제약을 연기하여 점검하는 기능을 제공한다.

Deferrable ICs

- ICs are by default checked immediately, but can be deferred
- SQL standard allows a clause "initially deferred" to be added to a constraint specification
- "set constraints constraints-list deferred" as a part of a transaction causes the checking of the specified constraints to be deferred to the end of that transaction

연기된 무결성 제약

무결성 제약은 기본적으로는 즉시 실행되나, 무결성 제약을 명시할 때 "initially deferred" 표현을 하면 무결성 제약 검사 및 행동을 연기할 수도 있다.

또한 트랜잭션 정의 시에 무결성 제약 점검을 연기할 수도 있다.

Complex Integrity Constraints

- The SQL standards define the predicate in the "check" clause to be an arbitrary predicate
- Create teaches (
  pID char(5) check (pID in (select pID from professor))
  ...);
  - The check clause are often initiated when there are some changes on the "teaches" table only
- The SQL standard defines an assertion that allows us to specify complex predicates
  - Create assertion <assertion-name> check <predicate>;
- Most DBMSs do not support either subquery in the "check" clause predicate or the "create assertion" construct

복잡한 무결성 제약

앞에서 살펴본 무결성 제약 외에 사용자가 임의로 정의하는 복잡한 무결성 제약을 지원하는 방법은 check 절 조건을 활용하거나 또는 주장(assertion) 기능을 활용하는 것이다.

SQL표준은 check 조건에 임의의 조건을 허용하므로, 상기 예제와 같이 서브질의를 조건으로 할 수 있다. 상기 예제의 의미는 teaches pID 값은 professor pID 값 중에 하나를 가지는 참조 무결성이다 (단, teaches pID가 널 값인 경우는 제외). 그러나 이 경우에는 무결성 제약 만족 여부를 teaches 테이블에 변화가 있을 때만으로 한정을 하여 professor 테이블에 변화가 있어도 무결성 제약을 점검하지 않는 문제가 있다.

주장(assertion)은 표준 SQL2에 명시되어 있는 사양이며, 사용자 임의의 무결성 제약을 유지하는 방법이다.

일반적으로 상용 데이터베이스 시스템은 check 절에 서브질의를 허용하지 않으며 또한 주장(assertion) 기능을 지원하지 않는다. 그 이유는 check 절 서브질의 및 주장(assertion)을 유지하는 많은 비용이 들어가며 동시에 시스템 성능을 저하시키는 요인이 되기 때문이다.

Assertion Example

```
• Create assertion myVerifyTotalCredit check
  (not exists
      (select s1.sID
      from student s1
      where s1.totalCredit  <> (select sum(credit)
                                from takes, course
                                where s1.sID = sID
                                and course.cID=takes.cID
                                and grade is not null
                                and grade <> 'F')
      )
  );
```

주장(Assertion) 예제

상기 예제는 student 테이블의 totalCredit 속성 값을 점검하는 assertion이다. takes 테이블에서 grade가 널 값이 아니고 'F'가 아니면 정상적으로 수업을 수강하고 학점을 받은 과목이므로 이들 과목의 credit 속성 합산은 student 테이블의 totalCredit 속성 값과 일치하여야 한다.

참고적으로 SQL 언어는 전체정량자(∀, for all)를 제공하지 않으므로, $(\forall x)\ P(x)$ 표현 대신에 $\neg(\exists x)\ \neg(P(x)$ 표현을 사용하여 표현하여야 한다.

상기 예제에서 언급되는 테이블(여기서는 student, takes, course)에 대한 변화(데이터 입력, 삭제, 변경)가 있으면 데이터베이스 시스템은 무결성 제약 만족 여부를 매번 점검해야 한다. 즉 데이터베이스 시스템은 세 개 테이블에 대한 변화가 있을 때마다 not exists 조건을 점검해야 하는데, 자원이 많이 소모되는 연산이다.

주장 기능은 자원 낭비가 많아, 무결성 제약 관리를 위하여 상용 데이터베이스 시스템은 주장 대신에 트리거(trigger)를 제공하고 있다.

6.3 트리거

Triggers

- A trigger is statements that are executed automatically by the system as a side effect of database modification
- Triggers are ECA (event-condition-action) rules
  - Triggers are only executed when certain events occur
  - The trigger tests a condition
  - If the condition is satisfied, the action is perform by DBMS
- Triggers were introduced to SQL standard in SQL:1999, but supported even earlier using non-standard syntax by most databases

트리거

트리거는 상용 데이터베이스 시스템이 무결성제약 관리를 위하여 지원하는 기능이며, SQL 표준은 1999년도 제정되었지만 상용 데이터베이스 시스템은 이전부터 자체적으로 지원해왔다.

본 책에서는 표준 SQL 기준으로 트리거를 소개하며, 실제 상용 데이터베이스 시스템이 지원하는 트리거는 사용 문법 및 기능면에서 다소 차이가 있을 수 있다.

트리거는 기본적으로 ECA 규칙으로서 사건(event)/조건(condition)/행동(action) 부문으로 구성된다. 데이터베이스 시스템에 어떤 사건이 발생하면, 주어진 조건을 평가하여 조건이 만족되면 주어진 행동을 하는 규칙이다. 여기서 사건이란 데이터베이스에 대한 변경 연산(즉, insert/delete/update 연산)을 의미한다.

Events and Actions in Triggers

- To design a trigger mechanism, we must specify
  - the event that triggers a trigger
  - the conditions that must be satisfied for the trigger to proceed
  - the actions to be taken when the conditions are met
- Triggering event can be insert, delete or update tuples
  - Triggers on update can be restricted to specific attributes
  - Example: after update of grade on takes
- Values of attributes before and after modification can be referenced
  - "referencing old row as" : for deletes and updates
  - "referencing new row as" : for inserts and update

트리거의 사건과 행동

트리거에서 의미하는 사건은 터플 인스턴스 변화이며, 터플 입력, 터플 삭제, 터플 갱신 연산을 의미한다. 트리거 갱신(update) 연산에서 속성을 지정할 수도 있다. 문법은 “Update of 속성명 on 테이블명”이다.

터플에 변화가 있으면 변화하기 전 터플과 변화 후의 터플을 지칭하는 문장이 상기에 나와 있다. delete 연산이면 변화 전 터플만을 지칭할 수 있고, insert 연산이면 변화 후 터플만을 지칭할 수 있다.

Trigger Example 1 (1/2)

- Design a trigger that maintains the total credits a student has completed
- Event
  - Update of grade on takes
- Condition
  - old grade is 'F' or null, and
  - new grade is not 'F' and not null
- Action
  - update "totalCredit" of "student" table by adding "credit" of "course" with "cID" that is the same as "cID" of the updated tuple

트리거 예제 1 (1/2)

학생이 수업을 수강하여 학점을 취득하면 학생이 취득한 총 학점을 변경하는 트리거를 구성해 보자.

사건은 takes 테이블의 grade 속성에 변경이 있을 때이며, 그 외 테이블의 인스턴스 변화는 관련이 없다.

조건은 grade 속성의 값이 변경전에는 F이거나 또는 널 값이고, 변경 후의 속성 값은 F가 아니면서 널 값도 아니어야 한다. 변경 전에는 F이었다가 같은 F 또는 널 값으로 변경되는 경우에는 총 학점 변화가 없으므로 트리거 행동(action)을 수행하지 말아야 한다.

행동은 student 테이블의 totalCredit 속성 값을 조정하는 것인데 추가하는 학점은 course 테이블에서 찾을 수 있다.

Trigger Example 1 (2/2)

```
• Create trigger myCred after update of grade on takes
  referencing new row as nrow
  referencing old row as orow
  for each row
  when nrow.grade <> 'F' and nrow.grade is not null
      and (orow.grade = 'F' or orow.grade is null)
  begin
      Update student
      set totalCredit = totalCredit +
             (select credit
             from course
             where cID = nrow.cID)
      where sID = nrow.sID;
  end;
```

트리거 예제 1 (2/2)

앞에서 설계한 트리거를 구현하는 SQL 문장이다. 첫 문장에서 트리거 이름과 사건 명시한다.

두 번째, 세 번째 문장은 update가 발생하는 경우 update 전과 후의 테이블의 터플을 참조하는 문장이다. when 절은 조건을 명시하고, 조건 밑에 나오는 begin 블록이 트리거의 행동을 명시한다.

네 번째 문장(for each row)은 조건과 행동을 값이 변경된 각 터플(상기 예제에서는 grade 속성 값이 변경된 터플)을 기준으로 수행하는 것을 의미한다. 즉, takes 테이블의 update된 각 터플에 대하여 조건을 검사하고 조건이 만족하면 행동(여기서는 Update 문장)을 수행한다.

when 절을 보면, 변경후 터플의 grade 값은 'F'가 아니면서 널 값도 아니고, 변경전 터플의 grade 값은 'F'이거나 널 값이어야 한다. 조건이 만족하면 begin 블록을 수행하는데, 그 내용은 student 테이블의 totalCredit 속성 갱신이다. 새로운 터플의 cID 값을 가지고 course 테이블에서 해당 과목의 credit 값을 구하여 기존 totalCredit 속성 값에 합산하는 연산을 한다.

Trigger Example 2 (1/2)

- account(aNumber, balance)
  loan(lNumber, amount)
  depositor(cName, aNumber)
  borrower(cName, lNumber)
- Suppose that instead of allowing negative account balances, the bank deals with overdrafts by
  - Setting the account balance to zero
  - Creating a loan in the amount of the overdraft
  - Giving this loan a loan number identical to the account number of the overdrawn account
- The condition for executing the trigger is an update to the "account" relation that results in a negative "balance" value

트리거 예제 2 (1/2)

은행 계좌를 가지고 있는 고객은 개인 수표를 발행할 수 있다 (한국에는 이런 제도가 아직 없다). 이 경우 고객의 실수 등으로 개인이 발생한 수표가 잔고보다 많으면 해당 수표는 부도처리가 되어야 하는데, 은행에 따라서는 일정 금액 내에서 임시로 은행이 부족분을 대여해 주기도 한다.

간단한 은행 관련 스키마이다. account 테이블에서는 계좌번호와 잔고 속성이 있으며, 계좌번호를 가진 고객이름은 depositor 테이블에 저장되어 있다. 은행에서 고객이 대출을 받는 경우, loan 테이블은 대출번호와 대출금 속성이 있으며, 대출 고객명은 borrower 테이블에 나온다.

상기 트리거는 잔고보다 더 많은 금액의 수표가 발생되는 경우(즉, overdraft) 대출 계좌를 사용자 명의로 개설하고 대출금을 overdraft된 금액으로 하는 작업을 한다.

이벤트는 account 관계 갱신 연산이며, 조건은 balance 속성 값이 음수(negative)로 되는 것이다.

Trigger Example 2 (2/2)

```
Create trigger myOverdraft after update on account
referencing new row as nrow
for each row
when nrow.balance < 0
begin atomic
  Insert into borrower
      (select cName, aNumber
      from depositor
      where nrow.aNumber = depositor.aNumber);
  Insert into loan values (nrow.aNumber, –nrow.balance);
  Update account set balance = 0
      where account.aNumber = nrow.aNumber;
end
```

트리거 예제 2 (2/2)

상기 그림에서 주요 연산은 다음과 같다. 트리거 수행되는 조건은 account의 balance가 음(negative)이 되는 것이다.

첫 번째 입력 연산은 borrower 관계에 새로운 터플을 생성하는데, depositor 관계에 있는 account 번호를 loan number로 사용한다. 두 번째 입력 연산은 loan 관계에 새로운 터플을 입력한다. 주어진 balance의 값에 음수를 붙여 양수 값이 되며, 이 값을 loan amount로 입력된다. 마지막 갱신 연산은 account 관계의 balance 속성 값을 영(zero)로 갱신한다.

상기 예제에서 행동에 해당되는 insert/insert/update 문장을 트랜잭션으로 수행하기 위하여 "begin atomic ... end"를 사용하였다. 데이터베이스 연산을 트랜잭션으로 처리하면 상기 예제에서는 세 개의 SQL 문장이 모두 수행하던가 아니면 하나도 수행하지 않는다(all-or-nothing). 트랜잭션은 ACID(atomicity, consistency, isolation, durability) 성질을 가지는 데이터베이스 연산의 sequence인데 자세한 사항은 생략하기로 한다. 만약 행동 SQL 문장이 하나이면 "begin atomic ... end"를 사용하지 않아도 무방하다.

Trigger Example 3

- employee(name, <u>eID</u>, salary, dNumber)
  department(dname, <u>dno</u>, totalSalary)
- Create trigger myTotalSalary
  after update of salary on employee
  referencing new row as nrow
  referencing old row as orow
  for each row
  when (nrow.dNumber is not null)
  Update department
  set totalSalary=totalSalary+nrow.salary–orow.salary
  where dno = nrow.dNumber;

▪ 트리거 예제 3

상기 예제는 employee 관계의 salary 속성에 변경이 발생하는 경우, department 관계의 totalSalary 속성을 변경하는 터플 수준 트리거이다.

트리거 조건은 nrow.dNumber의 값이 널이 아닌 경우이다. nrow.dNumber의 값이 널이면 갱신된 근로자의 소속 부서를 모르므로 department 관계의 totalSalary 속성 값 갱신이 불가능하다.

Triggers can be activated before an event!

- Triggers can be activated before an event, which can serve as extra constraints
- A trigger that converts blank grades to null
- Create trigger mySetNull before update on takes
  referencing new row as nrow
  for each row
  when (nrow.grade = ' ')
  Update takes set nrow.grade = null;

▪ 트리거는 이벤트 전에 수행될 수 있다.

트리거 정의할 때, before 키워드를 사용하면 트리거는 이벤트가 수행되기 전에 트리거가 수행된다.

상기 그림 예제는 takes 테이블을 갱신하기 전에 터플의 grade 속성 값이 ' '(값은 존재하나 존재하는 값이 blank)이면 이를 널 값으로 갱신하는 트리거이다.

Statement Level Triggers

- Instead of executing a separate action for each affected row, a single action can be executed for all rows affected by a transaction
  - Use "for each statement" instead of "for each row"
  - Use "referencing old table" or "referencing new table" to refer to temporary tables (called transition tables) containing the affected rows
  - Can be more efficient when dealing with SQL statements that update a large number of rows
  - Hard to code in general

문장 수준 트리거

터플 수준 트리거는 터플 단위로 트리거 행동을 수행하게 된다.

문장 수준 트리거는 터플 단위가 아니고 SQL 문장 단위로 트리거 행동을 수행하게 되며, 사건 전후 테이블을 테이블 단위로 참조한다.

트리거 행동으로 인하여 많은 터플에 변화가 있는 경우에는 문장 수준 트리거가 유용하다.

Statement Level Trigger Example

- employee(name, eID, salary, dNumber)
  department(dname, dno, totalSalary)
- Create trigger myTotalSalaryStateLevel

```
Create trigger myTotalSalaryStateLevel
after update of salary on employee
referencing old table as O
referencing new table as N
for each statement
when exists(select * from N where N.dnumber is not null) or
        exists(select * from O where O.dnumber is not null)
Update department as D
set D.totalSalary = D.totalSalary
   + (select sum(N.salary) from N where D.dno=N.dnumber)
   - (select sum(O.salary) from O where D.dno=O.dnumber)
where D.dno in ( (select dnumber from N) union
                 (select dnumber from O) );
```

문장 수준 트리거 예제

상기 예제는 employee 관계의 salary 속성에 변경이 발생하는 경우, department 관계의 totalSalary 속성을 변경하는 문장 수준 트리거이다.

when 절에 명시되어 있는 조건은 구 테이블이나 신 테이블의 dNumber 속성이 널 값이 아닌 터플이 존재하면 만족하는데, 이는 널 값이 아닌 dNumber 터플이 존재하면 해당 department의 totalSalary 속성 값을 변경하여야 하기 때문이다.

트리거의 실행 부문에서 각 터플별로 수행을 하지 않고 전체 테이블에 대하여 일괄적으로 totalSalary 속성 값을 변경하고 있다.

Comments on Triggers (1/2)

- Triggers were used earlier for tasks such as
  - Maintaining summary data (such as total salary of department)
  - Replicating databases by recording changes to special relations (called change or delta relations) and having a separate process that applies the changes over to a replica
- Modern DBMSs provide better solutions for these
  - Provide built-in materialized view facilities to maintain summary data
  - Provide built-in support for replication

트리거 사용 코멘트 (1/2)

트리거는 속성의 통계 정보를 유지하거나 또는 임의 테이블의 복사본을 유지할 때 많이 사용하였다. 그러나 현대 데이터베이스는 통계 데이터를 관리하기에 편리한 실체화된 (materialized) 뷰 기능을 제공하고 또한 테이블 복제를 지원하는 replication 기능을 제공한다.

Comments on Triggers (2/2)

- Encapsulation facilities can be used instead of triggers in many cases
  - Define methods to update fields
  - Carry out actions as part of the update methods instead of a trigger
- Risk of unintended execution of triggers or cascading execution
  - For example, loading bulk data
  - Trigger execution can be disabled beforehand
  - Some systems limit the length of execution chains of triggers (say 16 or 32)

트리거 사용 코멘트 (2/2)

객체 관계형 또는 객체지향 데이터베이스 시스템은 데이터에 대한 연산을 메소드 방식으로 지원하므로, 데이터에 대한 연산을 꼭 트리거를 사용하여 구현하지 않아도 된다.

데이터 변화가 발생되면 원하지 않은 트리거를 수행하는 경우가 많으며, 이에 대한 주의가 요망된다.

6.4 권한

Overview on Authorization

- When a user submits a query or an update, DBMS first checks if the user has an authorization to submit
- If a user does not have appropriate authorizations, the query is rejected to execute
- DBA has all authorizations, and may authorizes users to have some privileges

권한 관리 개요

사용자는 데이터베이스 연산을 하려면 연산에 필요한 권한을 가지고 있어야 하며, 만약 권한이 없는 연산은 시스템에 의하여 수행이 거부된다.

DBA는 모든 권한을 가지고 있으며, 특정 사용자에게 특정 권한을 부여할 수 있다.

Authorization

- Forms of authorization on instances of the database
  - Read authorization: allows reading, but not modification of data
  - Insert authorization: allows insertion of new data, but not modification of existing data
  - Update authorization: allows modification, but not deletion of data
  - Delete authorization: allows deletion of data
- Forms of authorization to modify the database schema
  - Index authorization: allows creation and deletion of indices
  - Resources authorization: allows creation of new relations
  - Alteration authorization: allows addition or deletion of attributes in a relation
  - Drop authorization: allows deletion of relations

권한

데이터베이스 시스템에 관련이 있는 권한은 여러 종류가 있다. 데이터베이스 인스턴스에 대한 권한으로는 읽기 권한, 입력 권한, 갱신 권한, 삭제 권한이 있으며, 데이터베이스 스키마에 대한 권한으로는 색인 생성/삭제 권한, 테이블 생성 권한, 테이블 속성 변경 권한, 테이블 삭제 권한이 있다.

Privileges in SQL

- select: allows read access to relation, or the ability to query using the view
- insert: the ability to insert tuples
- update: the ability to update tuples
- delete: the ability to delete tuples
- references: ability to declare foreign keys when creating relations
- usage: authorizes a user to use a specified domain
- all privileges: all the allowable privileges

SQL 언어 권한

SQL 언어가 지원하는 권한들이다. select/insert/update/delete는 의미가 명확하고, references는 외래키를 선언할 수 있는 권한이며, usage는 도메인을 사용할 수 있는 권한이다.

References 권한은 테이블 생성시에 외래키를 선언할 수 있는 권한이다. 외래키 선언은 단순히 해당 테이블에만 영향을 미치지 않고, referenced table(참조되는 테이블)의 주키(primary key) 값의 생성/삭제/변경에 영향을 미치기 때문에 이에 대한 권한 설정이 필요하다. 외래키가 참조하는 테이블의 주 키 값은 입력/삭제/변경시에 참조무결성에 의한 여러 제약이 존재한다.

Grant Statements

- The grant statement is used to confer authorization
  - Grant <privilege list> on <relation name or view name> to <user list> [with grant option]
  - <user list> can be a user-id, a role, or "public" which means all valid users
- The grantor of the privilege must already hold the privilege on the specified item
- "with grant option" allows a user who is granted a privilege to pass the privilege to other users

Grant 문장

Grant 문장은 권한을 부여하는 기능이다. <user list>는 사용자 아이디의 나열이나 role(후에 나옴)을 사용하여도 된다. public은 키워드로서 모든 사용자를 의미한다.

Grant 문장에 "with grant option"을 사용하면, 권한을 받는 사용자가 부여 받은 권한을 다른 사용자에게 부여할 수 있다.

Grant Statement Examples

- Grant select on professor to U1, U2, U3;
- Grant select on professor to U4 with grant option;
  - Gives U4 the select privileges on "professor" and allows U4 to grant this privilege to others
- Grant references (deptName) on department to Lee;
  - Gives Lee a privilege to create a foreign key referencing department(deptName)
  - Why we need to have this?

Grant 문장 예제

첫 번째 문장은 사용자 U1, U2, U3에게 professor 테이블에 대한 select 문장을 사용할 수 있는 권한을 부여한다.

두 번째 문장은 사용자 U4에게 professor 테이블에 대한 select 문장을 사용할 수 있는 권한을 부여하고 또한 U4에게 받은 권한을 다른 사용자에게 부여할 수 있는 권한을 함께 부여한다.

세 번째 문장은 Lee 사용자에게 department 테이블의 deptName 속성을 참조하는 외래키를 생성하는 권한을 부여한다. 즉, Lee 사용자는 본인 소유의 테이블에서 department(deptName)을 참조할 수 있다. 이러한 권한이 필요한 이유는 참조무결성 제약이 형성되면 department(dept Name) 속성 값 변경에 제한을 받기 때문이다.

Revoke Statements (1/3)

- The revoke statement is used to revoke authorization
  - Revoke <privilege list> on <relation name or view name> from <user list> [restricted | cascade];
  - <privilege list> may be "all" to revoke all privileges the revokee may hold
  - Revoke select on professor from U1, U2, U3;
- If the same privilege was granted twice to the same user by different grantees, the user may retain the privilege after the revocation

Revoke 문장 (1/3)

Revoke 문장은 부여한 권한을 철회하는 기능이다.

사용자 U1, U2가 동일 권한을 사용자 U3에게 각각 부여할 수 있으며, 이 경우 사용자 U1이 권한 취소를 하여도 U3은 권한을 계속 가지고 있다 (U2가 부여한 권한이 있으므로).

Revoke Statements (2/3)

- Revocation of a privilege from a user may cause other users also to lose that privilege (referred to as cascading of the revoke)
- Revoke select on professor from U1, U2, U3 cascade;
  - All privileges that depend on the privilege being revoked are also revoked
  - "cascade" is the default
- Revoke select on professor from U1, U2, U3 restrict;
  - We can prevent cascading by specifying "restrict"
  - With restrict, the revoke command fails if cascading revokes are required

Revoke 문장 (2/3)

cascade 옵션은 권한 취소 시에 취소되는 권한으로 인하여 함께 취소가 되어야 하는 권한이 있으면 그 권한도 함께 취소하는 것이며, restrict 옵션은 취소하려는 권한으로 인하여 다른 권한이 함께 취소되어야 하는 경우에는 권한 취소 연산 자체가 수행되지 않는다.

Restrict 옵션은 사용자가 본의 아니게 취소하는 권한을 방지하는 기능을 제공한다. 사용자가 restricted 옵션을 사용하여 revoke 문장을 실행하면, 사용자가 인지하지 못했던 권한에 대한 취소를 방지할 수 있다.

Revoke Statements (3/3)

- If <revokee list> contains "public", then all users lose the privileges except those granted explicitly
  - u1> grant select on professor to public;
u1> grant select on professor to u2;
u1> revoke select on professor from public;
  - Note that u2 has still select privilege on "professor"
- Only "grant option" can be revoked
  - Admin> Revoke grant option for select on professor from U5;

Revoke 문장 (3/3)

권한 취소를 받는 사용자가 public이면 모든 사용자에게서 권한을 취소하는 것이다. 그러나 만약 다른 사용자로부터 동일 권한을 이미 받았으면 그 권한까지 취소되지 않는다.

"grant option" 권한만도 취소가 가능하다.

Authorization Graph

- The passage of authorization from one user to another may be represented by an authorization graph
- The nodes of this graph are the user
- An edge $U_i \rightarrow U_j$ indicates that user U_i has granted an authorization to U_j
- The root of the graph is the database administrator
- All edges in an authorization graph must be part of some path originating with the database administrator

권한 그래프

권한 그래프에 대한 설명이며, 노드는 사용자를 나타내고, 그래프의 뿌리는 DBA이어야 하며, 에지는 권한 부여를 나타낸다.

모든 권한은 DBA로부터 나오게 됨으로, 그래프의 모든 에지는 DBA 모드로부터 접근이 가능하여야 한다(즉, 길(path)이 있어야 한다).

Authorization Graph Example 1

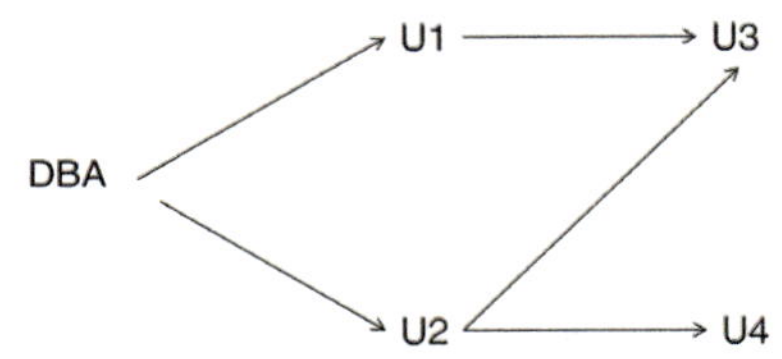

- A graph for select authorization on "professor"
- If DBA revokes grant from U2
  - Grant must be revoked from U4 since U2 no longer has authorization
  - Grant must not be revoked from U3 since U3 has another authorization path from DBA through U1

권한 그래프 예제 1

상기는 professor 테이블 갱신에 대한 권한 그래프이다. 만약 DBA가 U2의 권한을 취소하면, U2가 U3, U4에게 부여한 권한이 함께 취소되어야 한다. 권한 그래프 관점에서는 U2에서 U3로 가는 에지와 U2에서 U4로 가는 에지가 DBA 노드에서 접근이 불가능하므로 두 개 에지는 제거되어야 한다.

Authorization Graph Example 2

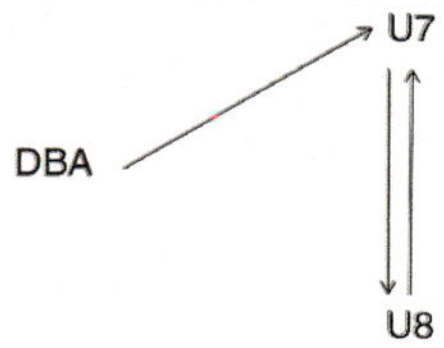

- DBA> Grant select on professor to U7 with grant option;
- U7> Grant select on professor to U8 with grant option;
- U8> Grant select on professor to U7;
- DBA> Revoke select on professor from U7 cascade;
  - Must revoke grant U7 to U8 and from U8 to U7 since there is no path from DBA to U7 or to U8 anymore.

■ 권한 그래프 예제 2

상기의 그래프에서 "DBA → U7" 에지가 취소되면, "U7 → U8" 및 "U8 → U7" 에지도 함께 취소되어야 한다.

참고적으로 아래와 같이 restricted 옵션으로 권한 취소 연산을 수행하면 실행 오류가 발생한다.

DBA> Revoke select on professor from U7 restricted;

Authorization on Views (1/2)

- Even though a view is defined by base relations, authorization on a view is not associated with base tables the view is defined
- Users can be given authorization on views, without being given any authorization on the relations used in the view definition
- A combination of relational-level security and view-level security can be used to precisely limit a user's access to the data a user needs

■ 뷰 권한 (1/2)

뷰는 일반 테이블과 마찬가지로 권한 부여 대상이어서 뷰에 대한 검색/삭제/삽입/갱신 권한 등이 존재한다. 그러나 뷰에 대한 권한은 일반 테이블 권한과 다르게 적용되므로 주의가 필요하다.

뷰는 베이스 테이블의 조합으로 생성되지만, 기본적으로 베이스 테이블에 대한 권한과 뷰에 대한 권한은 상관이 없다. 예를 들어, 베이스 테이블에 대한 최소한 읽기 권한이 있어야 뷰 생성이 가능하며, 생성된 뷰에 대해서도 베이스 테이블에 대한 권한을 능가하는 권한을 가질 수 없다.

Authorization on Views (2/2)

- Creation of view does not require resources authorization since no real relation is being created
- A user who creates a view does not necessarily receive all privileges on the view
  - A user who creates a table has all privileges on the table!!!
- Granting a privilege on a view does not imply granting any privileges on the underlying relations
- The creator of a view gets only those privileges that provide no additional authorization beyond those that he already had
  - Creator cannot be given update authorization on a view without having update authorization on the base relations

뷰 권한 (2/2)

뷰 생성자는 resource 권한이 필요 없다. 일반 테이블을 생성하는 것이 아니기 때문이다.

일반 테이블 생성자는 그 테이블에 대한 모든 권한을 가지지만, 뷰 생성자는 뷰에 대한 모든 권한을 가지지 못한다. 베이스 테이블에 대한 select 권한이 있어야 뷰 생성이 가능하므로 뷰 생성자는 뷰에 대한 select 권한은 가지게 되나, 그 이상의 권한은 베이스 테이블에 대한 권한에 의존적이다. 예를 들어, 본인이 생성한 뷰에 대해서도 갱신 권한을 가지지 못할 수 있으며, 이는 뷰를 통한 갱신은 실제로는 베이스 테이블 갱신이기 때문이다. 다만 사용자가 베이스 테이블에 갱신 권한을 이미 가지고 있으면 뷰에 대한 갱신 권한도 당연히 가진다.

View Authorization Example 1 (1/2)

- Suppose an assistant needs to know professor names and course titles the professors teach in the Fall semester of 2015, but is not authorized to see the salary
- Approach: Deny direct access to the "professor", "course", and "teaches" relation, but grant access to the view "myTeach"
  - Create view myTeach as

```
select   name, title
from     professor, teaches, course
where teaches.pID=professor.pID and course.cID=teaches.cID
and semester='Fall' and year=2015;
```

  - For example, if creator of view "myTeach" had only read authorization on "professor", "course", and "teaches", he gets only read authorization on "myTeach"

뷰 권한 예제 1 (1/2)

교수가 2015년 가을 학기에 강의하는 과목은 접근을 하고 교수 봉급을 접근하지 못하게 하려면, 상기와 같이 myTeach 뷰를 생성하여 읽기 권한을 부여해 주면 된다. professor 테이블에 대한 권한은 부여하지 않는다.

View Authorization Example 1 (2/2)

- The assistant is authorized to see the result of the query
  - Select * from myTeach;
- When the query processor translates the above query into a query on the actual relations in the database, we obtain a query on "professor", "course" and "teaches"
- Authorization must be checked on the assistant's query before query processing replaces a view by the definition of the view

뷰 권한 예제 1 (2/2)

생성된 뷰 myTeach를 사용자에게 접근하게 함으로써 교수 salary 속성을 숨기는 효과가 있다.

데이터베이스 시스템은 상기 뷰에 대한 질의가 들어오면 뷰 정의를 이용하여 뷰를 확장하게 되고, 이 경우 확장된 뷰는 베이스 테이블 professor, course, teaches를 가진다. 사용자는 베이스 테이블에 대한 권한이 전혀 없으므로, 뷰에 대한 접근 권한 검사는 뷰가 확장되기 전에 뷰에 대하여 수행하여야 한다.

View Authorization Example 2

- user1>Create view CSProfessor as
  (select * from professor where deptName = 'CS');
  user1>Grant select on CSProfesssor to staff;
  staff>Select * from CSProfessor;
- What if
  - "staff" does not have permissions on "professor"?
    - No problem ("staff" can see the view)
  - "user1" does not have some privileges (say update privilege) on "professor"?
    - No problem (view creation was possible only if "user1" has "select" privileges on "professor")

뷰 권한 예제 2

staff가 professor 테이블에 대한 읽기 권한이 없어도 뷰에 대한 읽기 권한만을 가지고 CSProfessor 뷰를 접근할 수 있다. (그 결과 professor 테이블을 접근하지만)

뷰 생성자 user1이 professor 테이블에 대한 다른 권한을 가지고 있지 않아도, 읽기 권한만 가지고 있으면 뷰는 생성할 수 있다.

롤

롤은 사용자의 집합이다. 사용자 다수에게 동일한 권한을 부여하는 경우에, 다수 사용자를 동일한 롤로 정의한 후에, 롤에 권한을 부여하면, 롤에 속하는 모든 사용자에게 권한이 부여된다.

롤을 다른 롤에게도 부여할 수 있다. 이 기능을 이용하면, 사용자를 계층적으로 관리하는 것이 가능하다. 롤은 사용자 관리에 아주 유효한 기능이다.

롤 예제

롤 예제이며, teller 롤을 manager 롤에게 부여하는 것은 teller가 가진 모든 권한을 manager에게 부여하는 것이다. 그 결과 manager 권한은 teller 권한을 다 가지게 된다. teller와 manager에게 궁극적으로 사용자를 부여함으로써 사용자를 계층적으로 관리하는 효과이다.

Limitations of SQL Authorization

- SQL does not support authorization at a tuple level
  - We cannot restrict students to see only their own grades
- With the growth in Web access to databases, database accesses come primarily from application/web servers
  - All end-users of an application (such as a web application) may be mapped to a single database user (end users don't have database user IDs)
- The task of authorization in above cases falls on the application program with no support from SQL
  - Benefit: fine grained authorizations, such as to individual tuples, can be implemented by the application
  - Drawback: authorization must be done in application code, and may be dispersed all over an application
  - Checking for the authorization becomes very difficult since it requires reading large amounts of application code

SQL 권한 관리의 제약

SQL 데이터베이스 시스템에서 터플 수준에서의 권한 관리는 불가능하다. 다만 갱신 연산인 경우 속성에 대한 권한 관리는 가능하다. 그 결과, 이름, 성적 등이 기록되어 있는 학생 테이블에 대하여 특정 학생이 본인 성적만을 접근하게 하는 기능을 DBMS가 제공하지 않는다.

데이터베이스 응용은 웹 환경에서 개발이 주로 이루어진다. 이 경우, 데이터베이스 시스템을 접근하는 응용 프로그램이 가지는 데이터베이스 시스템 총 사용자 아이디가 하나 일 수도 있다. 이 경우에는 데이터베이스 시스템 권한 관리를 사용하지 않고 응용 프로그램에서 사용자 관리 및 권한 관리를 수행하게 된다. 응용 프로그램에서는 여러 형태의 데이터 접근 제어가 가능하므로, 예를 들면 특정 학생이 본인 성적만을 접근하게 하는 기능 구현이 가능하다. 데이터 접근 제어를 응용 프로그램에서 구현하는 방식의 장단점은 상기와 같다.

6.5 순환 질의

Recursion in SQL

- SQL:1999 permits to define a recursive view
- prereq(courseID, prereqID)
  - "prereqID" course is a prerequisite of "courseID" course
- We want to find which courses are a prerequisite, whether directly or indirectly, for a specific course
  - recPrereq(x,y) meaning that course y is prerequisite of course x, or prerequisite of prerequisite of course x, and so on
- Logically expressed as below
  $(\forall x)(\forall y)\ (recPrereq(x,y) \leftarrow prereq(x,y))$
  $(\forall x)(\forall y)(\forall z)\ (recPrereq(x,y) \leftarrow recPrereq(x,z) \wedge prereq(z,y))$

SQL에서의 순환

SQL:1999 표준은 순환 뷰를 지원한다. 순환 뷰는 연역 데이터베이스(deductive databases) 분야에서 활발히 연구된 주제이며, 이 중 일부분이 SQL 표준에 정의되어 있다.

prereq(x,y)는 과목 x를 수강하기 위하여 미리 수강하여야 하는 선수 과목이 y임을 의미한다. prereq 테이블을 활용하여 x를 수강하기 위한 선수과목을 모두 구할 수 있는 recPrereq 순환 뷰를 정의할 수 있다.

recPrereq 테이블을 수학 논리식으로 표현하면 상기와 같다. 두 번째 논리식에서 변수 형식을 보면 몸통 식에 변수 z가 두 테이블을 매개하고 있는데 이는 조인 연산을 의미한다. 즉, recPrereq 테이블과 prereq 테이블을 조인하여 recPrereq 테이블을 구한다. 첫 번째 논리식은 recPrereq 테이블의 초기값을 주는 효과를 가진다.

Iterative Program

- Without recursive views, a non-recursive iterative program should be written by users
  - Need to perform only a fixed number of joins of prereq with itself
    - This can give only a fixed number of levels of prerequisites
  - This program should be exited in a finite number of iterations
    - Exit condition should be figured out by users

반복 프로그램

순환 뷰가 지원되지 않으면, 사용자는 순환 뷰의 의미를 구현하는 SQL 프로그램을 개발하여야 한다. 프로그램은 기본적으로 iterative loop을 사용하여 특정 연산을 반복적으로 수행하며 반복이 종료되는 조건을 매번 점검하는 것이다.

Computation Example

courseID	prereqID
EE-201	EE-101
EE-301	EE-201
EE-401	EE-301
CS-201	CS-101
CS-202	CS-101
CS-350	CS-301
CS-301	CS-201
CS-401	CS-301
CS-401	CS-302

# of iterations	prereqID of CS-401
0	-
1	CS-301, CS-302
2	CS-301, CS-302, CS-201
3	CS-301, CS-302, CS-201, CS-101
4	CS-301, CS-302, CS-201, CS-101

- Need to perform only a fixed number of iterations
- The exit condition is when there is no more new tuples added

계산 예제

상기는 순환 뷰를 구하는 계산 예제이다. CS-401 과목의 선수과목을 구하는데, 점차적으로 선수과목을 구하게 되며, 더 이상 새로운 선수과목이 생성되지 않으면 반복 연산을 종료한다. 중요한 사항은 iterative loop은 새로운 터플이 발견되지 않으면 종료할 수 있고, 종료시점에는 모든 값을 구한다는 것이다. 즉, 순환 질의는 특정한 조건이 만족하면 반복 문장을 유한번 반복하여 원하는 답을 구할 수 있다.

Transitive Closure

- Computing transitive closure using iteration adds successive tuples to recPrereq
  - Each step of the iterative process constructs an extended version of prePrereq from its recursive definition
  - The final result is called the fixed point of the recursive view definition
- Recursive views are required to be monotonic. That is, if we add tuples to prereq the view recPrereq contains all of the tuples it contained before, plus possibly more
  - When no more new tuples are added, stop the computation!

Transitive Closure

transitive closure를 계산하는 방식은 순환을 사용하여 recPrereq 뷰에 새로운 터플을 첨가하는 것이다. 순환은 더 이상 새로운 터플이 첨가되지 않은 시점까지 계속된다.

이러한 성질이 성립하려면 순환 뷰가 단순증가 성질을 가지고 있어야 한다. 단순증가 성질을 가지고 있지 않는 순환 뷰를 상기와 같은 방식으로 계산할 수 없다. 단순증가 성질을 가지지 않은 순환 뷰는 종료시점을 설정 할 수 없기 때문에 순환 뷰의 fixed point를 구할 수 없다. 예를 들어, 아래와 같이 정의되는 순환 뷰 RR의 fixed point는 구할 수가 없다.

$$(\forall x)(\forall y)\ (RR(x,y) \leftarrow R(x,y))$$
$$(\forall x)(\forall y)(\forall z)\ (RR(x,y) \leftarrow \neg RR(x,z)\ \wedge\ R(z,y))$$

Recursive View Example

- With recursive recPrereq(courseID, prereqID) as (
      (select courseID, prereqID
      from prereq)
  union
      (select recPrereq.courseID, prereq.prereqID
      from recPrereq, prereq
      where recPrereq.prereqID = prereq.courseID)
)
  select *
  from recPrereq;
- This recursive view, recPrereq, is called the transitive closure of the prereq relation

순환 뷰 예제

상기 SQL 예제는 순환 뷰 recPrereq에 대한 예제이다. recPrereq 순환뷰는 2개 속성을 가지며, 두 select 문장의 합(union)으로 정의된다. 주의하여야 할 것은 변수의 위치이며, 앞에서 나온 수학논리 표현으로 정의한 변수의 위치와 동일함을 알 수 있다.

상기와 같이 정의된 순환 뷰 recPrereq를 prereq 테이블의 transitive closure라고 한다. 순환 뷰가 정의되면 사용자는 비순환 뷰와 마찬가지로 질의를 할 수 있다.

Recursive Views

- Recursive views make it possible for users to write queries such as transitive closure queries, without forcing users to write an iterative program

순환 뷰

순환 뷰 정의는 사용자에게 순환 뷰를 구하기 위하여 프로그램 개발을 하지 않게 한다. 다만 앞 페이지에 나온 것과 같이 선언하고 질의를 하면 된다.

제6장 연습문제

6.1

Using the relations of the second running schema (bank schema), write SQL expressions to define the following views. Also determine if the view is updatable. Justify your answer.

(a) A view containing the account numbers and customer names for all accounts at the 'Sangdo-dong' branch.

(b) A view containing the names and addresses of all customers who have an account with the bank, but do not have a loan.

(c) A view containing the name and average account balance of every customer of 'Sangdo-dong' branch.

6.2

SQL allows a foreign key dependency to refer to the same relations, as in the following example:

```
Create table myManager (
        employeeName    char(20) not null,
        managerName     char(20) not null,
        primary key employeeName,
        foreign key (managerName) references myManager on delete cascade);
```

Explain exactly what would happen when a tuple in "myManager" is deleted?

6.3

Consider the relational schema

part(<u>partID</u>, name, cost)

subpart(<u>partID</u>, <u>subpartID</u>, count)

A tuple (p1, p2, 3) in the "subpart" relation denotes that the part with partID p2 is a direct subpart of part with partID p1, and p1 has 3 copies of p2. Note that p2 may itself have further subparts. The underlined attributes denote the primary key, respectively. Write a recursive SQL query that outputs the names of all subparts of the part with partID P-100.

6.4

Consider the relational schema

manages(eName, mName)

where eName denotes an employee and mName denotes a manager name. Define a relation

employeeDepth(eName, mName, depth)

where "depth" indicates how many levels of intermediate managers are there between the employee and the manager. Employees who are directly under a manager would have a depth of 0.

6.5

Suppose user A, who has all authorization on a relation R, grants select on relation R to public with grant option. Suppose user B then grants select on R to A. Does this cause a cycle in the authorization graph?

제 7 장

오라클 실습 Ⅱ

Subtopics

- Oracle SQLs
- Exercise Ⅱ

7.1 오라클 SQL

LOB data types

- LOB data types BLOB, CLOB, NCLOB, BFILE enable to store and manipulate large blocks of unstructured data (such as text, graphic images, video clips, sound waveforms)
  - up to 128 terabytes
  - participate fully in transactions (except BFILE)
  - NCLOB to store Unicode national character set data
- BFILE
  - to store unstructured binary data in operation-system files outside the database
  - BFILE is read only (no modification), support only random (not sequential) reads, do not participate in transactions

LOB 데이터 타입

LOB 타입은 대용량 데이터를 저장/관리하기 위하여 사용하며, 구체적으로는 BLOB, CLOB, NCLOB, BFILE이 있다. BFILE을 제외한 다른 데이터 타입은 트랜잭션 성질(즉, ACID 성질)이 지원되어, 트랜잭션 commit/ rollback에 의한 UNDO/REDO 기능을 DBMS가 자체적으로 수행한다.

BFILE는 운영체제의 파일 시스템을 이용하여 저장/관리하는 데이터 타입으로 트랜잭션 성질이 지원되지 않으며, 데이터 변경이 불가능하며 읽기 연산만 지원한다.

오라클 DBMS는 RAW 또는 LONG RAW 데이터 타입을 backward compatibility을 위하여 지원한다. 예전의 LONG RAW 속성은 LOB 데이터 타입으로 변환하여 사용하면 좋다.

Set operators

- union/intersect/minus are Oracle reserved words
- 'union all' works well as expected
- No support of 'intersect all' and 'minus all'

집합 연산

PostgreSQL, Teradata 등은 표준 SQL에서 명시한 대로 all 연산자를 지원하지만, 오라클 시스템은 'union all' 만 지원한다. 오라클에서 'intersect all'과 'minis all'을 다른 방식으로 하는 방법 등이 인터넷상에 있으니 참조하기 바란다.

> **dual table**
>
> - Select sysdate from mytable;
>   vs
>   select sysdate from dual;

dual 테이블

오라클 DBMS는 데이터 처리를 위하여 다양한 함수를 제공한다. 함수 기능에 따라 분류하면 숫자 처리 함수, 문자 처리 함수, 날짜 처리 함수, 데이터 변환 처리 함수, 일반 함수 등이 있다. 본 교재에는 함수에 대하여 자세한 사용법을 설명하기 보다, 사례 중심으로 살펴본다. 자세한 함수 사용법 및 설명은 오라클 메뉴얼 등을 참고하길 바란다.

dual 테이블은 속성이 하나(dummy varchar2(1))이며 터플이 하나(즉, 터플 값이 'x')인 sys 소유의 테이블이며, 상기와 같은 예제에 사용하기 편리하다. Select 문장에는 반드시 from 절이 있어야 하는데, 만약 dual 대신에 다른 테이블을 사용하면 어떤 결과가 나오는지 실습해 보기로 하자.

> **Functions for characters (1/2)**
>
> - Functions to convert the case for character strings

Function	Result
Lower('SQL Course')	sql course
Upper('SQL Course')	SQL COURSE
Initcap('SQL Course')	Sql Course

> - Select sID, name, deptName
>   from student
>   where lower(name) = 'kim';
>   /* to make no distinction on letter case */

문자 처리 함수 (1/2)

스트링 타입 값의 대소문자 변환 함수 예제이다. 데이터베이스에 저장되어 있는 값에 대하여 대소문자 구분 없이 검색하고자 할 때 유용하다.

Functions for character (2/2)

- Select length('this lab is cool') from dual;
  - returns 16
- Select concat('Oracle', 'SQL') from dual;
  - returns 'OracleSQL'
- Select instr('MILLER', 'L', 1, 2), instr('MILLER', 'x', 1, 2) from dual;
  - returns 4, 0
- Select replace('jack and jue', 'j', 'bl') from dual;
  - returns 'black and blue'
- select substr('900303-1234567', 8, 1) from dual;
  - returns 1

문자 처리 함수 (2/2)

Instr 함수는 문자열에서 특정 문자가 나타나는 위치를 반환한다. 찾고자 하는 문자가 여러 개 있는 경우, 몇 번째로 나오는 문자를 검색할 지 지정할 수 있다. Instr('MILLER', 'L', 1, 2)는 'MILLER'에서 'L' 문자를 찾는데, 1번째 위치부터 검색을 하고 2번째 나오는 'L'위치를 반환하며, 결과는 4이다. 찾고자 하는 문자가 없는 경우 0을 반환한다.

Replace 함수는 특정 문자열을 치환할 때 사용한다. 예제에서 'jack and jue' 문자열에서 'j'를 'bl'로 치환하여 'black and blue'를 반환된다.

Substr 함수는 문자열에서 일부분의 문자열을 추출할 때 사용하는데, 상기 예제는 '900303-1234567' 문자열에서 8번째 위치부터 한(1) 글자를 추출하므로 '1'을 반환한다.

그 외 함수로는 LPAD/RPAD/LTRIM/RTRIM/TRIM 등이 있다.

Functions for numeric types

- ROUND / TRUNC / MOD / CEIL / FLOOR / SIGN / ABS
- Select round(456.789, 2), round(456.789, -1), round(456.789) from dual;
  - returns 456.79, 460, 457 respectively
- Select trunc(456.789, 2), trunc(456.789, -1), trunc(456.789) from dual;
  - returns 456.78, 450, 456 respectively
- Select sign(100), sign(-100), sign(0) from dual;
  - returns 1, -1, 0

숫자형 처리 함수

Round 함수는 지정한 자릿수 이하에서 반올림한 결과를 반환하는 데, 함수 인자 n은 반올림하여 출력하기 위한 자릿수를 의미하다. 인자 n이 음수이면 정수 부분에서 반올림을 하며, 예를 들어 -1이면 정수부 첫 자리를 반올림한 결과이다. 인자가 없으면 default 값은 0이므로 반올림하여 정수 부분만 출력된다.

Trunc 함수도 유사하게 적용되며, 다만 반올림이 아니고 절삭한 결과를 반환한다.

Sign 함수는 주어진 값이 양수인지 음수인지 또는 0인지를 판단한다.

상기 함수 외에도 COS, EXP (e=2.71...의 n승을 반환), LOG, POWER (m의 n승을 반환), SIN, TAN 등을 제공한다.

Functions for date types

- Select sysdate, sysdate+1, sysdate-1 from dual;
  - returns today, tomorrow, yesterday in 'YY/MM/DD' format
- Select hiredate, sysdate-hiredate from emp;
- Select hiredate, round(hiredate, 'month') from emp;
- Select sysdate, hiredate, months_between(sysdate, hiredate) from emp;

날자형 처리 함수

sysdate는 현재 날짜를 반환하며, 기본 형식은 'YY/MM/DD' 이다. date 데이터 형에 더하기, 빼기 연산을 하면 날자(day)값에 가감을 한다.

date형에 가감 연산이 가능하며, sysdate-hiredate 표현은 현재 날짜에서 입사 날자(hiredate)를 뺀 값 즉 근무일자를 구하는 예제이다.

round함수를 date형 값에 적용하면 주어진 날짜를 특정 기준으로 반올림한 날짜를 반환한다. 상기 예는 16일을 기준으로 반올림하여 달(month)을 생성한다. 예를 들어, 아래와 같은 결과치가 반환될 수 있다.

98/12/17 99/01/01

98/02/20 98/03/01

98/04/02 98/04/01

months_between 함수는 날짜와 날짜 사이의 날수를 달(month)수 기준으로 반환하며, 소수점 이하 값도 나오는데 이는 한달이 되지 않은 달을 의미한다. 아래와 같은 결과가 가능하다.

09/01/25 80/12/27 337.281158

Functions for data conversion

- Select sysdate, to_char(sysdate, 'YYYY-MM-DD'), to_char(sysdate, 'YY-MM-DD DAY') from dual;
  - returns 19/04/29 2019-04-29 19-04-29 월요일
- Select to_char(123456), to_char(123456, '000000000'), to_char(123456, '999,999,999') from dual;
  - returns 123456 000123456 123,456
- Select to_number('20000', '99999') - to_number('10000', '99999') from dual;
  - returns 10000

형 변환 함수

TO_CHAR 함수는 날짜나 숫자를 문자형으로 변환하기 위해서 사용하는데, 'YYYY-MM-DD'는 형식을 표현한다. 'MM' 형식은 달을 숫자로 표현하고, 'DD' 형식은 날짜를 숫자로 표현하고, 'YY' 형식은 년도를 2자로 표현하고, 'MON' 형식은 달을 알파벳으로 표현하고, 'DAY'는 요일을 표현하며, 'DY'는 요일을 약어로 표현한다.

TO_CHAR 함수가 숫자를 문자형으로 변환할 때 형식(format)에서 '0' 및 '9'는 자릿수를 나타내나, '0'은 자릿수가 맞지 않으면 0으로 채우지만, '9'는 자리수가 맞지 않아도 채우지 않는다. 또한 형식에서 콤마가 존재하면 결과 숫자에 콤마가 사용되어 표시된다.

TO_NUMBER는 숫자형으로 데이터를 변환하는 데, 상기 예제에서는 문자열 '20000'과 '10000'를 숫자형으로 변환하여 뺄셈을 하므로 그 결과는 10,000이다.

View

```
• Create [or replace] [force | noforce] view view_name
  as subquery
  [with check option]
  [with read only];
```

Updatable view with check option

```
• Create view myview1 as
  select * from professor where deptName='SW'
  with check option;

  Insert into myview1 values (100, 'prof1', 'SW', 1000);
  /* works well */

  Insert into myview1 values (101, 'prof2', 'Media', 1000);
  /* not inserted */

  Update myview1
  set deptName = 'Media'
  where pID = 100;        /* not updated */
```

뷰

Create or replace view view_name 형식을 사용하면 기존에 존재하는 view_name 정의를 수정하기 수월하다. Force 옵션을 사용하면, 베이스 테이블 존재 여부와 상관없이 뷰를 생성할 수 있다. 기본값은 noforce이다. 'with read only' 옵션을 사용하면, 뷰에 대하여 검색만 가능하고 뷰를 통한 베이스 테이블 변경은 불가능하다.

사용자가 뷰 생성 권한이 없으면, DBA가 아래 문장을 수행하여 필요한 권한을 받도록 한다.

```
Grant create view to C##hodori
```

뷰 with check option

With check option은 updatable view에 대하여 뷰 질의 정의에 부합하지 않은 터플 입력 및 변경을 방지하는 역할을 한다. 상기 예제에서 SW 학과 교수 정보만을 제공하는 myview1을 'with check option'으로 정의되어 있는데, 이 경우 'SW' 학과 교수인 prof1 터플은 입력이 되나 'Media' 학과 교수인 prof2 터플은 입력되지 않는다. 또한 이미 입력이 된 prof1 터플의 deptName을 변경하는 갱신문도 오류가 발생한다.

Materialized Views

- Certain DBMSs allow view relations be to physically stored and provides methods to update stored views
  - Called materialized view
- "Fast response to queries" is possible
  - Consider a materialized view that has an aggregate column, say totalOfProfessorSalary
  - Without the materialized view, we would have search all the table to compute salaries whenever answering queries
- How to update materialized views
  - Whenever base tables are updated
  - Periodically
  - Upon user requests
- SQL standards do not define a standard way of specifying that a view is materialized

실체화된 뷰

상용 데이터베이스 중에는 뷰에 실제 터플이 존재하게 하는 기능이 있으며, 터플을 가지는 뷰를 실체화된 뷰라고 한다. 실체화된 뷰 사용 목적은 빠른 질의문 응답이며, 뷰에 대한 질의문 변환 과정 없이 뷰가 가지고 있는 터플을 이용하여 질의문 처리를 하므로 응답시간이 기존 뷰보다 빠르다. 문제는 시간이 흐름에 따라 뷰가 가지는 터플이 최신 정보를 반영하지 않게 되는 것이다. 데이터베이스 시스템은 사용자에게 실체화된 뷰 갱신 옵션을 제공하며, 주기적으로 또는 베이스 테이블에 변화가 있을 때 또는 사용자로부터 명시적인 요구가 있을 때 등이다.

SQL 표준은 실체화된 뷰에 대한 표준 사양을 제공하고 있지 않다.

Materialized View Example

- Create materialized view view-name
  build [immediate | deferred]
  refresh [fast | complete | force]
  on [commit | demand]
  [[enable | disable] query rewrite]
  [on prebuilt table]
  as select ...;
- Create materialized view myMaterializedView
  build immediate
  refresh force
  on demand
  as select deptName, sum(salary)
  from professor group by deptName;

실체화된 뷰 예제

상기 예제는 Oracle 시스템이다. build 절은 materialized view에 대한 초기 인스턴스를 구하는 시점을 정의하며, immediate는 즉시 뷰에 대한 인스턴스를 구하고, deferred는 처음 refresh 시점에 구한다.

실체화된 뷰에 대한 refresh 방식은 세 가지가 있는데, complete는 테이블을 초기화하고 다시 인스턴스를 구하며, fast는 materialized view log (미리 정의하여야 함) 정보를 이용하여 변경된 부문만을 이용하여 refresh한다. Force는 우선 fast를 시도하고 수행하지 못하면 complete를 수행하게 한다.

refresh를 하는 시점은 다음과 같이 결정된다. on commit는 관련 테이블에 대한 commit연산이 있으면 refresh를 하고, on demand는 사용자 요청 또는 주기적인 task에 의하여 refresh한다.

"query rewrite" 절은 query optimizer에게 질의어 재생성을 할 때 본 실체화된 뷰가 고려되어야 하는가를 결정한다. "on prebuilt table"는 기존에 이미 존재하는 테이블 세그먼트를 사용하게 한다.

Recursive queries

- With recu(x,y) as (
  (select c, p from course)
  union all
  (select x, p
  from recu, course c
  where lower(y)=lower(c)))
  select * from recu
  order by x;

- ...
  select y from recu
  where x = 'DB II';

c	p
data structure	C language
Java	C language
algorithm	C language
OS	data structure
file processing	data structure
architecture	logic circuit
automata theory	algorithm
DB I	file processing
DB II	DB I
Big Data	DB II

순환 질의

오라클 시스템은 순환 질의를 지원하는데, 구문 관점에서의 특이점은 With 키워드 다음에 recursive가 없어야 하고, union은 반드시 union all로 하여야 한다.

상기 course(c, p)에 대하여 순환 질의문을 작성한 예제이다. 속성 c는 course(과목), p는 prerequisite(선수과목)를 의미한다. 첫 번째 문장은 과목 및 선수과목의 모든 쌍(pair)를 구하고, 두 번째 문장은 'DB II' 과목을 수강하기 위한 모든 선수 과목을 구한다. 상기 인스턴스에 적용하면, 두 번째 질의는 'DB I', 'file processing', 'data structure', 'C language'를 결과로 반환한다.

상기 순환 질의문 중에 lower 함수를 사용하는 이유는 과목명의 대소문자 구분없이 조인 연산을 하기 위함이고, 'order by x' 는 과목명 순서로 결과를 보기 위함이다.

System privilege vs. object privilege

- A system privilege is the right to perform a particular action, or to perform an action on any schema objects of a particular type
  - There are over 60 distinct system privileges
- A schema object privilege ("object privilege") is a privilege or right to perform a particular action on a specific object (table, view, sequence, procedure, function, or package)
  - Some schema objects (such as clusters, indexes, triggers, and database links) do not have associated object privileges; their use is controlled with system privileges. For example, to alter a cluster, a user must own the cluster or have the ALTER ANY CLUSTER system privilege.

시스템 권한 및 객체 권한

오라클 시스템은 권한을 크게 두 가지 종류(즉, 시스템 권한 및 객체 권한)로 구분한다. 주요 시스템 권한 예제이다.

admin, alter any index, alter any procedure, alter any table, create any table, create any view, create any synonym, create any sequence, drop any table, drop any view, execute any procedure, insert any table, select any table, select any sequence, update any table, etc.

객체 권한은 반드시 권한 및 적용되는 타입이 함께 명시되어야 하는데, 아래는 주요 객체 권한의 예제이다.

권한	객체 타입
Delete	Table
Execute	PL/SQL package, procedure, function
Index	Table or materialized view
Insert	Table or synonym
References	Table or materialized view
Select	Table, sequence, view, materialized view, synonym
Update	Table

With admin option

- Show user; /* system (DBA) */
- Grant create session to user1 with admin option;
- Conn user1/password1;
- Show user; /* user1 */
- Grant create session to user2;
  - Now user2 has the privilege
- Conn user2/password2;
- Show user; /* user2 */
- Grant create session to user3;
  - not executed due to lack of privilege !!!

With admin option

시스템 권한 부여시에 사용할 수 있다.

상기 예제에서 DBA로 부터 with admin option으로 권한(create session 권한)을 받은 user1은 다른 사용자에게 해당 권한을 부여할 수 있지만, user2는 with admin option 없이 권한을 부여 받았으므로 다른 사용자에게 해당 권한을 부여할 수 없다.

With grant option

- Show user; /* system (DBA) */
- Grant select on scott.emp to user1 with grant option
- Conn user1/password1;
- Show user; /* user1 */
- Grant select on scott.emp to user2;
  - Now user2 has the privilege
- Conn user2/password2;
- Show user; /* user2 */
- Select * from scott.emp; /* to see all instances */
- Grant select on scott.emp to user3;
  - not executed due to lack of privilege !!!

With grant option

객체 권한 부여시에 사용할 수 있다.

상기 예제에서 사용자 scott이 소유한 emp 테이블에 대한 검색(select) 권한을 with grant option으로 user1에게 부여하였고, user1는 이를 with grant option 없이 user2에게 부여하였다. user2는 scott.emp 테이블을 검색할 수 있으나 해당 권한을 타인에게 부여할 수 없다.

```
Synonym

• Create [public] synonym syn_name for schema.object;
  – 'public' means everybody can use it
  – Otherwise (private) the creator only use it
• (user1) Grant select on student to user2;
  (user2) Select * from user1.student;
      // returns all tuples
  (sys) Grant create synonym to user2;
  (user2) Create synonym myStudent for user1.student:
  (user2) Select * from myStudent;
      // synonym 'myStudent' works^^
```

동의어

일반적으로 타 사용자의 객체를 접근하기 위해서는 '스키마.객체' 형식으로 지정하여야 하고, 이 때 스키마가 지정되지 않으면 자신 스키마에서 객체를 찾게 된다. '스키마.객체' 형식 명시가 불편할 수 있으므로, 이 때 동의어를 사용하여 객체 접근도 단순하게 하고 또한 보안 문제도 해결할 수 있다.

Public 동의어의 대표적인 사례가 dual로서 sys 계정 소유의 테이블이다. 다른 사용자가 접근하려면 'sys.dual'로 표시하여야 하나, public synonym으로 되어 있어 스키마 명시없이 'dual'로만 사용이 가능하다.

상기 슬라이드에서, user1이 user2에게 student 테이블에 대한 select 권한을 부여하면, user2는 student 테이블에 접근할 수 있다. 이 경우 user2가 동의서 생성 권한을 가지고 있으면 동의어를 생성하여 스키마 명시 없이 user1 소유 테이블 접근이 가능하다.

```
Oracle trigger syntax

• Create [or replace] trigger <trigger name>
  [before | after | instead of]
  [insert | update | delete  ... ] on <object name>
  [for each row]
  [when <condition for trigger to get execute>]
  declare
      <declaration part>
  begin
      <execution part>
  exception
      <exception handling part>
  end;
  /
```

트리거 구문

오라클 트리거 구문이다. 표준 trigger과 기본적으로 유사하나 구체적인 구문 차이점은 예제를 참조하기로 한다.

트리거 본문은 PL/SQL 형식으로 작성하며, declare 절(clause) 및 exception 절은 선택사항이다. begin-end 사이에 실행하고자 하는 문장을 기술하며, 또 다른 블록을 하위 블록으로 둘 수 있다. 트리거를 실행하기 위해서는 마지막 문장이 반드시 "/"이다. 트리거를 수행한 결과를 출력하기 위해서는 반드시 "Set serveroutput on"를 먼저 실행하여야 한다.

뷰 경우와 마찬가지로, "Create or replace"가 사용하면 기존 트리거 수정이 용이하다.

```
Trigger example 1

• Create or replace trigger trig1 after update of salary on
  myprofessor
  for each row
  when (new.salary is not null)
  begin
      DBMS_OUTPUT.PUT_LINE('Value before update: ' ||
  :old.salary);
      DBMS_OUTPUT.PUT_LINE('Value after update: ' ||
  :new.salary);
  end;
  /
```

트리거 예제 1

상기 트리거는 myprofessor 테이블의 salary 속성에 갱신이 발생된 후에 트리거가 수행되며, 새로운 salary 속성의 값이 null이 아니면 begin-end 블록을 수행한다. 블록 내용은 갱신 전후 값을 화면에 출력하는 것이다. DBMS_OUTPUT는 화면에 값을 출력하는 package이며, 오라클 시스템이 기본적으로 제공한다.

new 및 old는 갱신 전후 터플을 표시하는데, begin-end 블록에서는 반드시 semicolon과 함께 사용하여야 하고, when clause에서는 semi-colon 없이 사용하여야 한다. 이벤트가 insert 인 경우에는 old가 존재하지 않으며, delete인 경우에는 new가 존재하지 않는다.

```
Trigger example 2

• Create or replace trigger trig2 after update of salary on
  employee1
  referencing new as n old as o
  for each row
  when (n.dnumber is not null)
  begin
      update department1
      set totalsalary = totalsalary + :n.salary - :o.salary
      where dno = :n.dnumber;
  end;
  /
```

트리거 예제 2

old/new 대신에 상기와 같이 referencing 절을 사용할 수 있다. 아래 스키마 및 인스턴스를 적용하여 트리거를 실행하면, employee1의 salary 속성 값이 갱신되면 deparment1.totalsalary 속성 값을 자동적으로 갱신한다.

```
Create table employee1 (name      varchar2(10),
                        salary    int,
                        dnumber   int);
Create table department1 (dno         int,
                          totalsalary int);
Insert into employee1 values ('Lee', 100, 1);
Insert into employee1 values ('Kim', 200, 1);
Insert into employee1 values ('Park', 500, 2);
Insert into department1 values (1, 300);
Insert into department1 values (2, 500);
Update employee1 set salary = salary + 10 where name
                          ='Lee';
```

7.2 실습하기

Second Exercise

- Create and populate a sample database
- Make each of the below
  - A trigger (with "referencing" and "when")
  - An updatable view
  - A view with check option
- Run at least 10 SQL statements including
  - nested subqueries (use some/any/all)
  - correlated subqueries
  - ranking queries
  - SQLs that show the effect of the trigger, view, view with check option
- What to submit
  - an SQL script file + output file

두번째 실습

두 번째 Oracle 실습 숙제 내용이다. 첫 번째 숙제에서 사용하였던 스키마 및 인스턴스를 확장 보안하여 상기 실습에 적합하도록 데이터베이스를 생성한다.

제 8 장

응용 개발

Subtopics

- Embedded SQL
- ODBC, JDBC et. al.
- Application Architectures

구성 요소

본 장은 3 가지 소주제로 구성된다. 1절과 2절은 SQL 프로그래밍에 관한 내용이며, 내장 SQL과 ODBC/JDBC는 가장 널리 사용되는 SQL 프로그래밍 개발 방식이다. 마지막 절은 데이터베이스 응용 주요 구조에 관하여 시대별로 살펴본다. 또한 웹 환경에서 데이터베이스 응용 개발 시에 고려하여야 하는 기술적 사안도 살펴본다.

8.1 내장(embedded) SQL

We need to program database applications!

- We need to access SQL from a programming language (database applications)
- Two ways to do this
  - Static approaches: SQLs in application code
    - Embedded SQL: ESQL/C, ESQL/C++ et. al.
    - SQLJ
  - Dynamic approaches: uses SQL API
    - SQL CLI (call level interface), ODBC, JDBC

데이터베이스 응용 개발

데이터베이스 시스템 접근 방법 중에서 direct SQL 방식은 사용자가 화면상에서 SQL 문장을 입력하면 그 결과를 화면에 보이게 하는 단순한 형태이며, 상용 데이터베이스 시스템은 direct SQL 인터페이스를 당연히 제공한다.

데이터베이스 응용 환경에서는 direct SQL 방식보다는 일반 프로그램 내에서 데이터베이스 시스템을 접근하는 형식이 널리 사용된다. 응용 프로그램은 SQL 문장을 데이터베이스 시스템에게 보내고, 데이터베이스 시스템은 SQL 문장을 받아 처리하고 필요하면 그 결과를 사용자 프로그램에게 반환하는 형식이다.

프로그램에서 데이터베이스 시스템을 접근 방식은 상기와 같이 두 가지 형태가 있다.

Embedded SQL (1/2)

- The SQL standard defines embeddings of SQL in a variety of programming languages such as C, C++, Java, Cobol, Pascal, PL/1, Fortran (called host language)
- An embedded SQL program must be processed by a preprocess prior to compilation
  - The preprocessor replaces embedded SQLs into API calls, and the resulting program is compiled by the host-language compiler
- Many different versions for different vendors
  - Oracle Pro*C
  - Sybase Embedded SQL
  - DB2 Embedded SQL (for COBOL)
  - And many more

내장 SQL (1/2)

내장 SQL 프로그램은 호스트 언어 중간 중간에 SQL 문장을 직접 삽입하는 형식인데, 이러한 방식은 전처리(pre-processing) 과정을 꼭 거쳐야 한다. 내장 SQL 방식은 IBM에서 1970년대에 개발한 관계형 데이터베이스 시스템의 시제품 System R에서부터 지원하는 방식이다.

전처리기는 내장 SQL 문장을 해당 언어 구문에 맞추어 함수 호출 형식으로 변환하며, 이 과정에서 SQL 문장에 대한 구문 검사, 권한 검사, 질의 최적화 등의 작업도 진행 할 수 있다. 전처리 과정이 끝나면 해당 프로그램 언어 컴파일러가 이해할 수 있는 형태로 변환된다.

Embedded SQL (2/2)

- The exact syntax for embedded SQL varies
  - EXEC SQL <embedded SQL statement>;
  - EXEC SQL <embedded SQL statement> END_EXEC
  - #SQL { .... }; /* Java */
- Example commands
  - Connecting to a database:
    EXEC SQL CONNECT ...;
  - Declaring variables:
    EXEC SQL BEGIN DECLARE SECTION ...
    EXEC SQL END DECLARE SECTION;
  - Statements:
    EXEC SQL statement

내장 SQL (2/2)

EXEC SQL BEGIN DECLARE SECTION ... EXEC SQL END DECLARE SECTION

호스트 프로그램과 데이터베이스 시스템 간에 데이터 할당을 위한 변수를 선언하는 곳이다. 선언된 변수는 프로그램에서 사용할 때 반드시 콜론(:)을 접두사 형식으로 선행하여야 한다.

Cursors (1/2)

- Main issue is how to resolve the impedance mismatch in the ways the two languages manipulate data
  - SQL relations are (multi-) sets of records, with no a priori bound on the number of records
  - No such data structures exist in many languages such as C
- Even for languages with sets, we may not want entire query result in memory at one time!
  - C++ has STL, Java has multiset
- SQL supports cursors to handle the impedance mismatch
  - The cursor provides a mechanism for stepping through a collection and picking off the row one by one

커서 (1/2)

데이터베이스 시스템 접근 시에 고려하여야 하는 사항은 두 언어 간에 발생하는 불일치를 해결하는 것이다. SQL 언어는 관계를 입력으로 받아 관계를 결과물로 반환하지만, 일반 프로그램 언어의 변수 및 상수에는 집합(또는 멀티셋) 타입을 지원하지 않는다. 예를 들면, select 문장의 결과로 나온 관계를 일반 프로그래밍 언어 변수가 직접 받을 수가 없다. 두 언어 간에 자료 처리 방식 차이로 인한 불일치(이를 impedance mismatch라고 함)을 해결하여야 하며, 데이터베이스 시스템은 이러한 불일치 해소를 위하여 cursor 기능을 제공한다.

C++ STL(standard template library)는 C++에서 제공하는 표준 라이브러리이며, container 타입으로 set, multiset 타입을 제공한다.

Cursors (2/2)

- Find the ID and name of students who have completed more than the variable :creditAmount.
  - EXEC SQL declare myCursor cursor for
    select sID, name from student where totalCredit > :creditAmount;
  - EXEC SQL open myCursor;
    /* The open statement causes the query to be evaluated */
- The fetch statement causes the values of one tuple in the query result to be placed on host language variables.
  - EXEC SQL fetch myCursor into :si, :sn;
  - Repeated calls to fetch get successive tuples in the query result
- A variable called SQLSTATE in the SQL communication area (SQLCA) gets set to '02000' to indicate no more data is available
- The close statement causes to delete the temporary relation
  - EXEC SQL close myCursor;
- Details vary with language

커서 (2/2)

커서가 선언(declare)되고, 커서 open시에 데이터베이스 시스템에 해당 질의를 실행하여 그 결과를 임시 테이블에 저장한다. fetch는 임시 테이블에서 터플을 하나씩 검색하여 호스트 프로그램 변수에 터플단위로 값을 전달한다.

SQL 문장을 실행하면 SQLCA 영역에 있는 SQLSTATE 변수에 실행 성공 여부가 저장되는데, '00000'는 성공적인 실행을 의미하며, '02000'는 더 이상 검색되는 터플이 없다는 의미이다.

커서는 declare/open/fetch/close 과정을 거치게 되는데, 실제 질의문이 수행되는 시점은 커서 open 때이다. 커서 open 시에 질의문의 결과가 결정되며, fetch는 이 결과를 터플 단위로 접근하는 기능을 제공한다.

Cursor Example 1

```
• #include <stdio.h>
  EXEC SQL define FNAME_LEN 15;
  EXEC SQL define LNAME_LEN 15;
  main() {
  EXEC SQL BEGIN DECLARE SECTION;
          char fname[ FNAME_LEN + 1 ];
          char lname[ LNAME_LEN + 1 ];
  EXEC SQL END DECLARE SECTION;
  EXEC SQL connect to 'myServer';

  EXEC SQL DECLARE demoCursor cursor for
          select firstName, lastName
          from customer
          where :lname < 'C';
  EXEC SQL open demoCursor;
  for (;;) {
          EXEC SQL fetch demoCursor into :fname, :lname;
          if (strncmp(SQLSTATE, "00000", 5) != 0) break;
          printf("%s %s₩n", fname, lname);
  }
  if (strncmp(SQLSTATE, "02", 2) != 0)    // 02000 means "no more tuples"
          printf("SQLSTATE after fetch is %s₩n", SQLSTATE);  // shouldn't be printed
  EXEC SQL close demoCursor;
  EXEC SQL disconnect current;
  }
```

커서 예제 1

상기 프로그램은 커서를 이용하여 데이터를 접근하는 예제이다. customer 테이블에서 firstName, lastName 속성을 검색하여 지역 변수 fname, lname에 값을 저장하고 있다. SQLSTATE 값이 '00000'이 아니면 for 루프가 종료된다. 지역변수 fname, lname을 사용할 때 변수 명에 콜론(colon)을 접두(prefix)하고 있음을 주목하자.

```
int strncmp(char *string1, char *string2, int n)
- compares first n characters of string1 and string2
- returns a value:  0 (if string1=string2)
                    positive (if string1 > string2)
                    negative (if string1 < string2)
```

Cursor Example 2

```
• char SQLSTATE[6];
  EXEC SQL Begin declare section
       char c_eName[20];
       short c_minRating;
       float c_age;
  EXEC SQL End declare section;
  c_minRating = random();
  EXEC SQL Declare eInfo cursor for
       Select eName, age
       from myEmployee
       where rating > :c_minRating          // placeholder
       order by eName;
  EXEC SQL Open eInfo;
  do {
       EXEC SQL Fetch eInfo into :c_eName, :c_age;
       printf("%s is %d years old₩n", c_eName, c_age);
  } while (SQLSTATE != '02000');
  EXEC SQL Close eInfo;
```

커서 예제 2

커서 사용의 다른 예제이다. 상기 eInfo 커서 선언 시에 공유변수(shared variable) c_minRating를 사용하여 SQL 문장을 완성하였다. c_minRating 변수는 placeholder 역할을 하며 커서 선언 시에 값이 결정된다. 이러한 placeholder는 동일 질의문을 변수 값을 변화시키면서 반복적으로 수행할 때 편리성을 제공한다.

c_minRating 변수 값을 random() 함수를 호출하여 설정하였다.

상기 프로그램은 myEmployee 테이블에서 rating 조건을 만족하는 eName, age를 출력한다.

Updates Through Cursors

- Can update tuples fetched by cursor by declaring that the cursor is for update
  - Declare myCursorUpdate cursor for
    select *
    from professor
    where deptName = 'CS'
    for update;
- To update tuple at the current location of cursor
  - Update professor
    set salary = salary + 100
    where current of myCursorUpdate;

커서를 통한 데이터 갱신

커서를 이용하여 데이터 갱신이 가능하며, 갱신을 위한 커서는 커서 선언 시에 갱신 커서임을 명시하여야 한다.

Dynamic SQL

- For some applications, it is much convenient to construct SQL dynamically (i.e. at run time) and then to bind and execute them dynamically
- Steps in dynamic SQL
  - Generate SQL statements dynamically (at run time)
  - Compile (prepare) the statements dynamically
  - Execute the newly compiled statements

동적 SQL

SQL 문장은 정적 SQL과 동적 SQL로 구분이 가능하며, 동적 SQL이란 프로그램 실행 시간에 SQL 문장이 생성되는 SQL이다. 동적 SQL은 SQL 문장이 프로그램에 명시적으로 저장되어 있지 않고 사용자가 동적으로 SQL 문장을 생성하며 입력한다.

프로그램 실행 시간 이전에 SQL 문장이 명시되는 정적 SQL은 데이터베이스 시스템이 전처리 단계(또는 컴파일 단계)에서 SQL 문장에 대한 구문 검사, 권한 검사, 질의 실행 코드 생성 등의 작업이 가능하나, 동적 SQL에 대해서는 이러한 작업이 원천적으로 불가능하다.

동적 SQL은 질의어 수행 성능은 정적 SQL보다 다소 뒤처지지만, 사용자에게 질의문 작성에 대한 융통성(flexibility)을 제공한다.

동적 SQL 수행은 prepare와 execute 단계가 있으며, execute immediate 문장은 prepare와 execute를 동시에 수행한다.

Dynamic SQL Example

- stcopy("select name from professor where salary > ?", myText);   /* can have placeholders */
  EXEC SQL prepare my1 from :myText;
  mySalary = 1000;
  EXEC SQL execute my1 using :mySalary;
- stcopy("select name from professor where pID='234', myText2);
  EXEC SQL execute immediate from myText2;
  /* cannot have any placeholders */

동적 SQL 예제

상기 예제에서는 stcopy를 이용하여 동적 SQL 생성하였다. 사용자로부터 SQL 문장을 직접 프로그램 수행 시에 받아야 하나, 상기 프로그램에서는 이러한 과정을 stcopy로 대치하였다.

prepare는 SQL 문장에 대한 compile 단계이며, 변수(placeholder) 이용이 가능하다. my1 동적 SQL에서 select 문장의 물음표 기호(?)는 my1 prepare단계에서 실제 값으로 대치되는 placeholder를 의미한다.

execute immediate 문장은 prepare와 execute 단계를 일괄적으로 수행하며, 변수 사용은 불가능하다.

```
void stcopy(*from, *to):
– copies a null-terminated string from one location
  to another location.
```

8.2 ODBC, JDBC

ODBC, JDBC

- API (application-program interface) for a program to interact with a database server
- Application makes calls to
  - Connect with the database server
  - Send SQL commands to the database server
  - Fetch tuples of result one-by-one into program variables
- ODBC (Open Database Connectivity) works with C, C++, C#, and Visual Basic
  - Other API's such as ADO.NET sit on top of ODBC
- JDBC (Java Database Connectivity) works with Java

ODBC, JDBC

동적 방식의 ODBC, JDBC는 응용 프로그램에서 데이터베이스 시스템에 연결하여 데이터베이스 연산을 요청하고 이에 대한 결과를 받는 방식을 제공하는 API로서 널리 사용된다.

ODBC

- Open DataBase Connectivity (ODBC) standard
  - Standard for application program to communicate with a database server
  - Application program interface (API) to
    - open a connection with a database
    - send queries and updates
    - get back results
- Each database system supporting ODBC provides a "driver" library that must be linked with the client program
- When client program makes an ODBC API call, the code in the library communicates with the server to carry out the requested action, and fetch results

ODBC

ODBC는 90년대에 Microsoft사(1992년에 ODBC 1.0을 발표)가 발표한 이후에 지속적으로 사용되고 있는 데이터베이스 시스템을 위한 표준 API이다.

ODBC version 3.0이 1995년도 발표되었고, 가장 최신 버전은 version 3.8(2009년 발표)이다.

응용 프로그램은 ODBC 라이브러리와 링크하여 함께 컴파일하여야 한다.

ODBC 2.0 Connect Example

- ODBC program first allocates an SQL environment, then allocates a database connection handle, then opens database connection using SQLConnect()
- int ODBCexample() {

```
RETCODE     error;
HENV        env;    /* environment handle */
HDBC        conn;   /* connection handle */
SQLAllocEnv(&env);
SQLAllocConnect(env, &conn);
SQLConnect(conn, "db.ssu.ac.kr", SQL_NTS, "myUserID", SQL_NTS,
"myPassword", SQL_NTS);

... Do actual work ...

SQLDisconnect(conn);
SQLFreeConnect(conn);
SQLFreeEnv(env);
}
```

ODBC 2.0 연결 예제

RETCODE, HENV, HDBC 타입을 이용하여 서버 연결 과정 예제이다. environment handle을 할당하고, 이를 이용하여 connection handle를 할당 받은 후에, 데이터베이스 서버와 연결한다. 또한 함수 수행 결과 여부를 알려주는 return status를 저장하기 위하여 error code를 선언한다.

SQLConnect 함수의 주요 매개 변수는 다음과 같다.

- connection handle
- the server to which to connect
- user identifier
- password

SQL_NTS는 선행 매개 변수가 null로 끝나는 스트링(null-terminated string)임을 의미한다.

ODBC 사용에 관한 자세한 사항은 ODBC 매뉴얼을 참조하여야 하며, 본 책에서는 응용 프로그램이 ODBC API를 이용하여 데이터를 검색하는 주요 과정을 예제 중심으로 살펴본다.

ODBC 3.0 Connect Example

```
SQLHENV env;
SQLHDBC dbc;
SQLHSTMT stmt;
SQLAllocHandle(SQL_HANDLE_ENV, SQL_NULL_HANDLE,
&env);      /* allocate environment handle first */
SQLAllocHandle(SQL_HANDLE_DBC, env, &dbc);
            /* connect to the data source */
SQLAllocHandle(SQL_HANDLE_ENV, dbc, &stmt);

/* do something with the statement handle e.g. issue sql */

SQLFreeHandle(SQL_HANDLE_STMT, stmt); /* disconnect */
SQLFreeHandle(SQL_HANDLE_DBC, dbc);
SQLFreeHandle(SQL_HANDLE_ENV, env);
```

ODBC 3.0 연결 예제

ODBC 3.0 version에서는 응용 프로그램이 데이터베이스 서버를 연결하려면 세 가지 변수 영역을 할당하여야 한다.

- environment handle
- connection handle
- statement handle

ODBC Data Access

- Program sends SQL commands to the database by using SQLExecDirect()
- Result tuples are fetched using SQLFetch()
- SQLBindCol() binds C language variables to attributes of the query result
  - When a tuple is fetched, its attribute values are automatically stored in corresponding C variables

■ ODBC 데이터 접근

ODBC는 기본적으로 동적 SQL 접근 방식을 제공한다.

SQLExecDirect() 함수를 이용하여 SQL 문장을 수행한 후에, SQLBindCol() 함수를 이용하여 결과 속성 값을 로컬 변수와 연결한 후에 SQLFetch() 함수를 이용하여 터플 단위로 데이터를 받아온다.

Data Access Example

```
• char deptName[80];
  float salary;
  int lenOut1, lenOut2;
  HSTMT stmt;
  char * sqlquery = "select deptName, sum(salary)
                     from professor
                     group by deptName";
  SQLAllocStmt(conn, &stmt);

  error = SQLExecDirect(stmt, sqlquery, SQL_NTS);   // dynamic SQL
  if (error == SQL_SUCCESS) {
        SQLBindCol(stmt, 1, SQL_C_CHAR, deptName, 80, &lenOut1);
        SQLBindCol(stmt, 2, SQL_C_FLOAT, &salary, 0, &lenOut2);
        while (SQLFetch(stmt) == SQL_SUCCESS) {
              printf (" %s %g₩n", deptName, salary);
        }
  }
  SQLFreeStmt(stmt, SQL_DROP);
```

■ 데이터 접근 예제

상기 프로그램은 ODBC를 이용하여 데이터베이스를 검색하는 예제이다.

SQLBindCol() 함수의 매개 변수 설명이다.

- ODBC statement variable
- Attribute position in query result
- The type conversion from SQL to C
- The address of the variable
- For variable-length types like character arrays, the maximum length of the variable
- For fixed-length types like integer or float, the maximum length field is ignored
- Location to store actual length when a tuple is fetched

상기 예제의 SQLBindCol() 함수 매개 변수 중에서 deptName, &salary가 주소 값임을 주목하자.

ODBC Dynamic SQL

- Prepared statements
  - Dynamic SQL statements can be prepared (compiled)
  - Can have placeholders
    - For example, insert into account values(?,?,?);
  - Repeatedly executed with actual values for the placeholders
- Call SQLPrepare() to prepare a statement
- Need to bind parameters
  - SQLBindParameter()
  - SQLNumResultCols()
  - SQLDescribeCol(), SQLColAttribute(), et. al.
- Call SQLExecute() to execute the statement
- Call SQLExecDirect() to execute a statement immediately
- To avoid SQL injection security risk, do not create SQL strings directly using user input; instead use prepared statements to bind user inputs

ODBC 동적 SQL

SQL injection이란 데이터 침입 및 해킹을 목적으로 SQL 코드를 악의적으로 삽입하는 기술로서, 사용자로부터 SQL 문장 일부를 동적으로 입력받아 수행하는 응용에서 발생할 수 있다. 예를 들어

```
SQLstatement = "SELECT * FROM users WHERE name
='" + userName + " '; "
```

와 같이 userName을 사용자로부터 받아 수행하는 동적 SQL 문장이 있다고 가정하자. (+ 기호는 string concatenation을 의미한다) 사용자가 userName을 입력하는 대신 아래와 같이 입력을 하게 되면,

```
' or '1'='1
```

상기 SQLstatement는 아래와 같이 변형이 되어 데이터베이스에 저장되어 있는 모든 사용자 정보가 누출된다.

```
SELECT * FROM users WHERE name = '' or '1'='1';
```

다른 예제로

```
SQLstatement : = "SELECT * FROM userinfo WHERE id
                = " + a_variable + ";"
```

에서 사용자가

```
1;DROP TABLE users
```

을 입력하면 users 관계가 삭제되는 현상도 발생한다. (이를 방지하지 위하여 SQL 문장 끝에 semicolon 기호를 지원하지 않는 데이터베이스 시스템이 등장하였다)

SQL injection은 데이터베이스 시스템의 데이터 보호 기능을 공격하는 방식 중의 하나이다. 이 경우 prepare 기능을 사용하여 SQL 문장을 미리 컴파일 작업을 하면 SQL injection 공격을 일정 수준 피할 수 있다(데이터 타입 및 값 유효성 검사 등이 가능해 지므로).

ODBC Metadata

- To find all the relations in the database, or to find the names and types of columns of a query result or a relation in the database
- SQLTables(), SQLColumns(), SQLTablePrivileges(), SQLStatistics(), SQLSpecialColumns(), SQLProcedures(), SQLProcedureColumns(), SQLPrimaryKeys(), SQLForeignKeys(), SQLColumnPrivileges(), et. al
  - SQLTables(stmt_handle,
    null, 0, /* no specific catalog */
    null, 0, /* no specific schema */
    null, 0, /* no specific table */
    null, 0); /* no specific type – table or view */

ODBC 메타 데이터

ODBC는 메타 데이터에 대한 접근 기능을 제공하며, 데이터베이스에 저장되어 있는 관계 및 속성 등에 대한 질의가 가능하다. 상기 함수는 대표적인 메타 데이터 관련 함수 명이며, 각 함수의 기능은 함수 명에서 유추가 가능하다.

예를 들어 SQLTables() 함수는 데이터베이스에 대한 메타 데이터를 조회한다. 데이터베이스에 존재하는 테이블은 특정 schema에 속하게 되고, schema는 특정 catalog애 속하게 된다. 데이터베이스에 존재하는 개체(테이블, 뷰, 무결성 제약 등등)들이 모여서 schema가 되고, 몇 개의 schema가 모여서 catalog를 구성한다.

ODBC Transactions

- By default, each SQL statement is treated as a separate transaction that is committed automatically
- Can turn off automatic commit on a connection
  - SQLSetConnectOption(conn, SQL_AUTOCOMMIT, 0)
  - Transactions must then be committed or rolled back explicitly by
    - SQLTransact(conn, SQL_COMMIT) or
    - SQLTransact(conn, SQL_ROLLBACK)

ODBC 트랜잭션

트랜잭션의 기본 값은 각 SQL 문장을 트랜잭션으로 취급하여, 각 SQL 문장 수행이 완료되면 트랜잭션이 commit된 것으로 처리한다. 이러한 방식은 AutoCommit이라고 한다.

AutoCommit이 off된 상태에서는 여러 개의 SQL 문장으로 트랜잭션을 구성할 수 있으며, 이 경우에는 SQLTransact() 함수로 트랜잭션을 종료하여야 한다.

ODBC Conformance Levels

- Conformance levels specify subsets of the functionality defined by the standard
  - Core
  - Level 1 requires support for metadata querying
  - Level 2 requires ability to send and retrieve arrays of parameter values and more detailed catalog information
- SQL Call Level Interface (CLI) standard similar to ODBC interface, but with some minor differences

ODBC 레벨

ODBC는 3가지 구현 레벨을 정의하고 있다.

ISO 표준안으로 제정된 Standard CLI(1995) 및 SQL/CLI (1999)는 ODBC을 기반으로 개발되었다. de facto 표준이 de jure 표준에 영향을 미치는 사례이기도 하다.

JDBC

- JDBC is a Java API for communicating with database systems supporting SQL
- JDBC supports a variety of features for querying and updating data, and for retrieving query results
- JDBC also supports metadata retrieval, such as querying about relations present in the database and the names and types of relation attributes
- Steps for communicating with the database
  - Open a connection
  - Create a "statement" object
  - Execute queries using the statement object to send queries and fetch results
  - Exception mechanism to handle errors

JDBC

JDBC는 자바 언어에서 데이터베이스 서버를 연결하게 하는 API로서 1997년 Sun Microsystems(후에 Oracle로 합병됨)가 발표하였다. Java 언어 인기로 인하여 JDBC는 널리 사용되고 있으며, 가장 최신 버전은 JDBC 4.2이다. 자세한 사용 설명 및 예제는 생략하기로 한다.

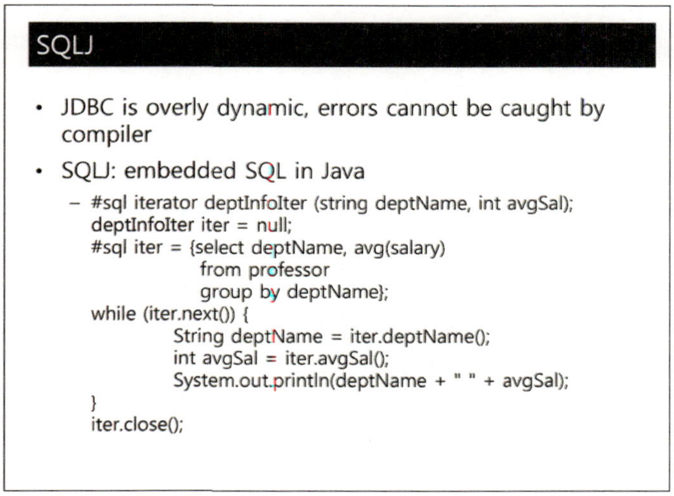

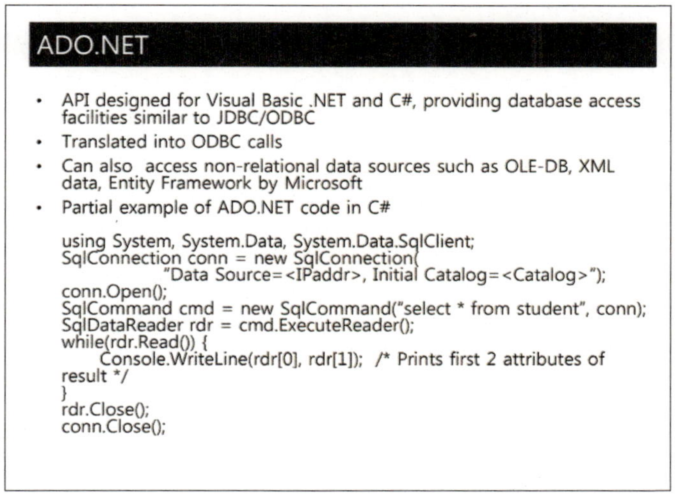

SQLJ

The Java embedding of SQL (SQLJ)는 자바 언어에서 내장 SQL 기능을 제공한다. 상기 프로그램은 SQLJ의 사용 예제를 보인다. "EXEC SQL" 대신에 #SQL 표현을 사용한다.

JDBC는 데이터베이스 연결을 위한 API를 제공하지만, SQLJ은 언어 확장 방식이므로 SQLJ 프로그램 컴파일 이전에 반드시 전처리 과정을 거쳐야 한다.

SQLJ는 90년대 후반에 IBM, Oracle, Compaq, Informix, Sybase, Sun Microsystems 등의 공동 노력으로 개발 및 표준화가 진행되었으나, 현재 기준으로는 대부분의 상용 시스템이 지원하지 않는 사장된(fade out) 기술이다.

ADO.NET

ADO.NET는 Microsoft .NET Framework의 기본 라이브러리로 제공된다. ADO.NET은 관계형 데이터베이스 시스템뿐만 아니라, SQL 언어를 지원하지 않는 비관계형 시스템에 대한 접근도 가능하다.

MS사가 개발한 OLE-DB(Object Linking and Embedding Database)는 단일 방식으로 여러 가지 데이터 소스를 접근하게 하는 API이다. Entity Framework은 Microsoft .NET Framework의 구성요소로서 ADO.NET을 위한 객체-관계 사상(object-relational mapping)을 제공한다.

Static vs. Dynamic Approaches

- Embedded SQL and SQLJ are static
  - Text of queries is specified in program code
- Database APIs also exist
  - Every DBMS provides a vendor-specific API
  - Standard APIs also exist: JDBC, ODBC
  - Supposedly DBMS-neutral
    - A drive traps calls and translates them into DBMS-specific code
- APIs more flexible, powerful, harder to use (but slower)

정적 방식 대 동적 방식

SQL 프로그래밍을 하는 두 가지 방식을 비교하였다.

내장 SQL는 전처리 과정이 필요하며, 전처리 과정에서 구문검사, 권한 검사, 실행 계획 수립 등이 가능하며 그 결과 데이터베이스 연산이 신속하게 수행할 수 있는 장점이 있으나 실행 코드 작성 시에 두 단계를 거쳐야 하는 번거로움이 있다.

Mainframe 시대에는 내장 SQL방식이 유행하였고, ODBC/JDBC가 발표된 이후에는 SQL API 방식이 널리 사용되는 경향이 있다.

8.3 응용 구조

Application Programs

- Most database users do not directly use a query language (such as SQL) to do something about databases
- An application program acts as the intermediary between users and the database
- Applications can be split into front-end, middle layer, and backend
- Front-end deals with user interface
  - Forms, graphical user interfaces
  - Many interfaces are now Web-based

응용 프로그램

대부분의 데이터베이스 사용자는 SQL 언어를 직접 사용하여 데이터베이스를 접근하지 않고, 데이터베이스 응용 프로그램을 이용하여 데이터베이스 시스템을 접근한다. 예를 들어 은행 창구에서 고객을 상대하는 은행원이 SQL 언어를 직접 사용하여 은행 데이터베이스를 접근하지 않으며, 다만 제공되는 프로그램을 이용하여 업무를 수행한다.

데이터베이스 응용 프로그램은 사용자 인터페이스를 담당하는 front-end, 데이터베이스 시스템과의 연동을 담당하는 back-end, 비즈니스 로직(business logic)을 구현하는 middle layer로 구분이 가능하다.

Application Architecture Evolution

- Three distinct era's of application architecture
  - Mainframe era (60s, 70s)
  - Client/server era (80s, 90s)
  - Web era (mid 1990s onwards)

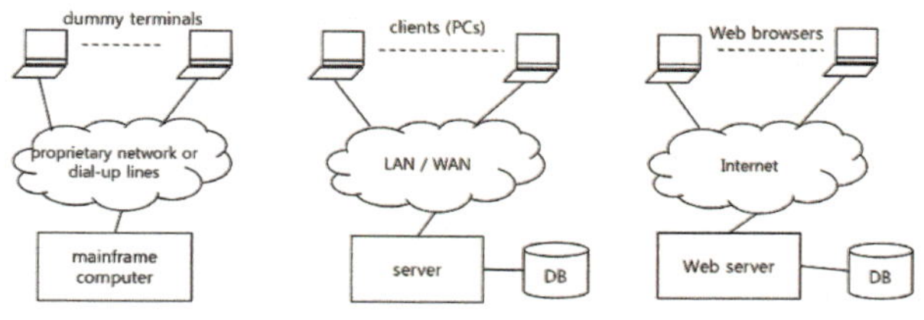

(a) Mainframe Era (b) Client/server Era (c) Web era

응용 구조 진화

데이터베이스 응용 구조는 아래와 같이 3단계로 구분을 할 수 있다. 80년대 이전에는 대용량(mainframe) 컴퓨터에 다량의 터미널이 동시에 접속하는 형식이다. 이 시기의 터미널은 자체적으로 컴퓨팅 능력(computing power)을 가지지 못하고 단순히 문자 데이터를 입력 받고 출력하는 더미 터미널(dummy terminal)이며, 모든 데이터 처리는 중앙 서버에서 이루어졌다.

80년대 중반부터 개인용 컴퓨터 기술이 발전되고 보급되면서, 단말기가 일정 수순의 컴퓨팅 능력을 가지게 되었고, 그 결과 클라이언트가 응용 프로그램의 일부 기능을 담당하고 중앙집중식으로 관리되는 서버 데이터를 접근하는 클라이언트/서버 구조가 널리 사용되었다. 이전의 단순한 더미 터미널(thin client)과는 달리 클라이언트 단말기에서도 응용 프로그램 일부 기능을 담당(fat client)하게 되었다. 클라이언트/서버 구조에서는 클라이언트에 특정 프로그램이 장착되어야 하고, 이를 정기적으로 관리 및 업그레이드(upgrade)해 주어야 한다.

90년대 중반 웹 기술이 탄생하였고, 현대 사회에서 웹 브라우저는 가장 대표적인 사용자 인터페이스가 되었다. 따라서 데이터베이스 응용의 가장 대표적인 사용자 인터페이스도 웹 브라우저이다.

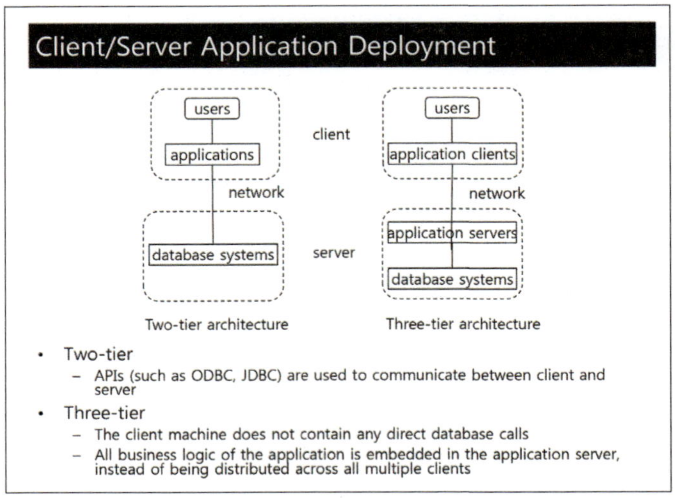

CS 응용 배치

개인 컴퓨터 기술 발달이 된 이후부터 클라이언트/서버 모델은 매력적인 컴퓨팅 환경 모델이다. 클라이언트/서버 모델에서 중요한 이슈는 응용 프로그램을 배치하는 전략이며, two-tier 구조 및 three-tier 구조가 있다.

Two-tier 구조에서는 응용 프로그램이 클라이언트에 존재하며 서버는 데이터베이스만 관리하며, 클라이언트는 ODBC/JDBC 등을 이용하여 데이터베이스를 접근한다. 응용 프로그램이 클라이언트에만 존재하므로 응용 프로그램이 변경되는 경우 많은 클라이언트에 존재하는 응용 프로그램을 변경하여야 한다.

Three-tier 구조는 응용 프로그램이 클라이언트와 서버에 분배되어 존재하며 서버에 존재하는 응용 프로그램은 응용에 고유한 비지니스 로직(business logic)을 담당한다. 비지니스 로직에 변경이 있는 경우 서버에 존재하는 응용 프로그램만 수정 보완하면 되므로, Three-tier 구조가 자원 배치 및 관리 측면에서 또한 시스템 보안 측면에서 우수하다. Three-tier 구조가 대규모 응용 환경이나 웹 환경에서 적합하다.

The Web appeared mid 90s !!!

- The Web is a distributed information system based on hypertext
- Key components of the Web
  - HyperText Markup Language (HTML)
  - HyperText Transfer Protocol (HTTP)
  - Uniform Resource Locator (URL)
- Web browsers have become the universal standard user interface to databases
  - Enable large numbers of users to access databases from anywhere
  - Avoid the need for downloading/installing specialized code while providing a good graphical user interface
  - JavaScript, Flash (Adobe) and other scripting languages run in browser, but are downloaded transparently

웹은 1990년대 중반에 출현한다.

웹(world wide web)은 브라우저(browser)가 발표된 1990년 중반부터 널리 사용되기 시작하였고, 세상을 변화시킨 기술로 인식되고 있다. 웹의 구성 요소는 웹 문서를 작성하는 언어인 HTML, 웹 환경에서 사용되는 통신 규약인 HTTP, 자원 위치를 명시하는 URL 등이며, 이에 대한 자세한 설명은 여기에서는 생략한다.

현대 사회에서 웹 브라우저는 데이터베이스를 접근하는 기본적인 도구이다. 웹 브라우저 기술의 가장 큰 장점은 클라이언트 프로그램의 분배 및 관리가 용이하다는 것이다. 웹 환경에서는 최종 사용자의 인지 없이 개인 브라우저에서 실행되는 프로그램을 용이하게 관리할 수 있다.

Web Servers

- A Web server can easily serve as a front end to a variety of information services
- The document name in a URL may identify an executable program that runs in servers
  - When an HTTP server receives a request for such a document, it executes the program, and sends back the HTML document that is generated.
- To install a new service on the Web, one simply needs to create and install an executable that provides that service
- Common Gateway Interface (CGI) is a standard interface between web and application server

웹 서버

HTML 언어의 한계성을 극복하기 위하여 대부분의 브라우저는 JavaScript, Flash(Adobe)와 같은 스크립트 언어를 지원한다. 필요한 소프트웨어는 사용자 인지없이 (transparently) 다운로드되고 실행할 수 있다.

웹 환경에서 웹 브라우저는 사용자 인터페이스를 담당하지만, 웹 서버는 데이터베이스 로직을 구현하는 응용 프로그램을 구현 또는 구동하여야 한다. 서버 사이트에서 응용을 개발하게 하는 다양한 기술이 존재하며, 예를 들면 Java servlet, Java Server Page (JSP), Active Server Page (ASP), 스크립트 언어(PHP, Perl, Python 등) 등이다.

웹 서버와 응용 프로그램 간의 통신은 CGI 표준을 사용한다.

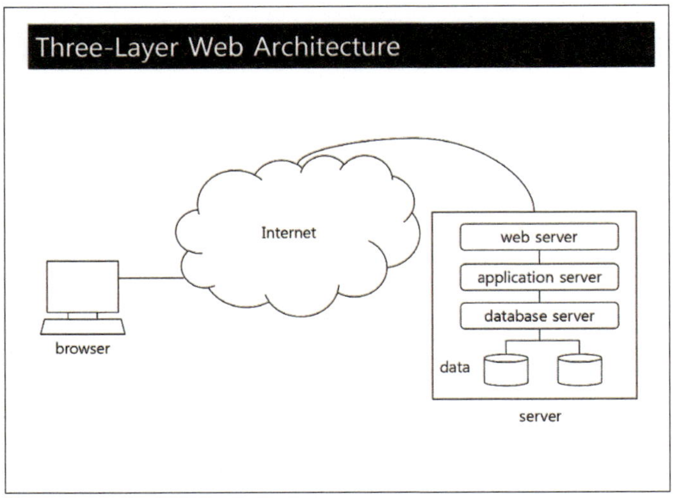

3층 웹 구조

상기 그림은 웹 서버, 응용 서버, 데이터베이스 서버로 구성되는 3층 구조를 보인다. 프로세스 구동 및 연동 간의 오버헤드로 인하여 널리 사용되지 않는다.

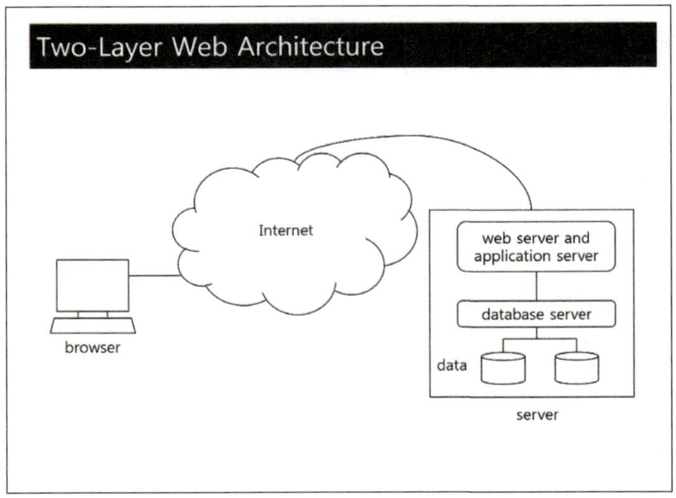

2층 웹 구조

일반적으로 2층 웹 구조가 널리 사용된다. 데이터베이스 서버는 독립적으로 운영이 되고, 웹 서버와 응용 서버가 결합된 서버 형태로 운영이 된다. 웹 서버가 비즈니스 로직을 담당하는 응용 프로그램 기능을 함께 수행하는 형태이다.

Cookies (1/2)

- The HTTP protocol is connectionless
  - Once the server replies to a request, the server closes the connection with the client (so forgets everything then)
  - Motivation: reduces load on server
    - Operating systems have tight limits on number of open connections on a machine
  - In contrast, Unix logins and JDBC/ODBC connections stay connected until the client disconnects, retaining user authentication and other information
- Information services need session information
  - For example, user authentication should be done only once per session
  - Use a cookie

쿠키 (1/2)

HTTP 프로토콜은 통신 연결이 유지되지 않는 connectionless 통신을 하며, 데이터베이스 환경에서 클라이언트가 서버와 연결을 하는 경우에는 서버와의 연결이 일정시간 동안 유지되기를 원한다.

클라이언트가 서버와의 연결이 유지되어야, 클라이언트는 서버에 보낸 SQL 문장에 대한 결과도 손쉽게 받을 수가 있으며, 받은 결과를 사용자에게 보이고 이에 대한 사용자의 응답에 따라 다른 SQL 문장을 서버로 손쉽게 보낼 수 있다.

웹 환경에서 이러한 데이터베이스 요구사항을 해결하는 것이 쿠키이다.

Cookies (2/2)

- A cookie is a small piece of text
  - Sent by server to browser
    - Sent on first interaction to identify session
  - Sent by browser to the server that created the cookie on further interactions
  - Server saves information about cookies it issued, and can use it when serving a request
    - To store authentication information, user preferences, etc.
- Cookies can be stored permanently or for a limited time

쿠키 (2/2)

쿠키에 대한 간단한 설명이다. 쿠키는 사용자 브라우저에 저장이 되며, 서버에 HTML 문서를 요청할 때 쿠키도 함께 서버에 전달된다. 독자 컴퓨터를 살펴보면 많은 쿠키가 저장되어 있음을 알 수 있을 것이다.

Inputs in HTML

- HTML provides formatting, hypertext link, and image display features including tables, stylesheets, etc.
- HTML provides input features
  - Select from a set of options
    - Pop-up menus, radio buttons, check lists
  - Enter values: text boxes
  - Filled-in-inputs are sent back to the server, which do something with inputs

HTML 입력

HTML 입력에 대한 간단한 설명이다.

Table/Form Example (1/2)

```
<html>
<body>
<table border="1">
<tr> <th>ID</th>  <th>Name</th> <th>Department</th> </tr>
<tr> <td>123</td> <td>Lee</td>  <td>CS</td> </tr>
<tr> <td>234</td> <td>Park</td> <td>CS</td> </tr>
<tr> <td>345</td> <td>Kim</td>  <td>Media</td> </tr>
</table>
<form action="myQuery" method="get">
Search for:
<select name="personType">
    <option value="student" selected>Student </option>
    <option value="professor"> Professor </option> </select> <br>
Name: <input type=text size=20 name="name">
<input type=submit value="Find">
</form> </body> </html>
```

Table/Form 예제 (1/2)

table을 구성하는 태그 중에서 <tr> 태그는 “table row”를 의미하며, <th> 태그는 “table header”를 의미하며, <td> 태그는 “table data”를 의미한다. table 속성 border는 테이블을 구성하는 셀(cell) 경계 표시 여부를 결정한다.

form HTML 명세에서 action 속성은 form 데이터를 받았을 때 데이터를 보낼 URL을 지정한다. method 속성은 입력 데이터를 서버로 보낼 방식을 지정하는데, get과 post 방식이 있다. get method는 입력 받은 데이터를 URL에 첨부하여 데이터를 보내며, post method는 HTTP 프로토콜 데이터 교환 방식을 사용하며 그 결과 URL에 입력 데이터가 보이질 않는다. 상기 예제에서 사용자로 받은 데이터는 personType과 name이다.

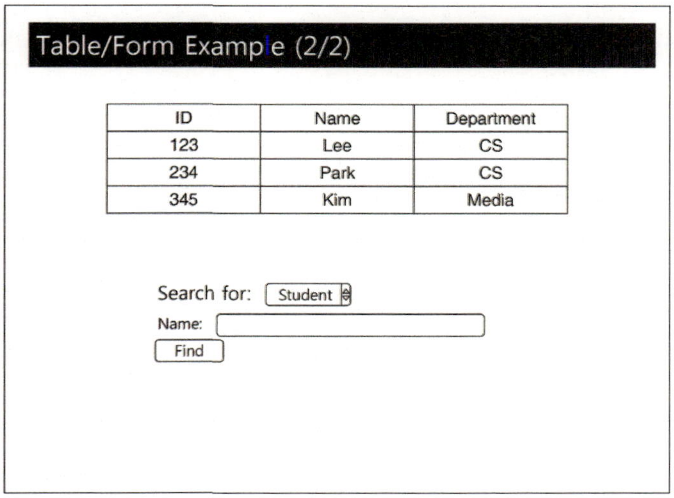

ID	Name	Department
123	Lee	CS
234	Park	CS
345	Kim	Media

Table/Form 예제 (2/2)

상기 그림은 앞 슬라이드의 예제 프로그램에 나온 HTML에 의한 테이블과 폼을 보인다.

제8장 연습문제

8.1

Why servlets give better performance than CGI programs, even though Java programs generally run slower than C/C++ programs?

8.2

List some benefits and drawbacks of connectionless protocols over the protocols that maintain connections.

8.3

Locate and list (at least five) cookies stored at your computer. You can see the internal of cookies with help of regular text editors.

8.4

There are millions of ODBC/JDBC codes on the internet (World Wide Web) you can easily search. Get an ODBC (or JDBC) code snippet on the Web, and analysis it. The code should be at least one-page long.

제 9 장

SQL 확장

Subtopics

- Procedural extension to SQL
- Functions and Procedures from SQL:1999
- PL/SQL

구성 요소

본 장은 SQL 언어의 절차적 확장에 관하여 설명한다. 1절은 SQL 확장에 관하여 전반적으로 언급하며 특히 시스템 보안 관점에서 유의할 사항을 살펴본다. 2절은 표준 SQL: 1999에서 정의한 SQL 확장 안을 예제 중심으로 살펴보고, 3절은 오라클 데이터베이스 시스템이 제공하는 PL/SQL의 주요 기능 및 사용법을 살펴본다.

9.1 SQL 절차적 확장

SQL Procedural Extensions

- The SQL standard provides a module language, SQL/PSM (SQL/Persistent Stored Modules)
  - Extensions to SQL
  - SQL:1999 (SQL:2003) also supports a rich set of imperative constructs, including loops, if-then-else, assignment, etc.
- SQL:1999 supports functions and procedures
  - Functions/procedures can be written in SQL itself, or in an external programming language
  - Functions are particularly useful with specialized data types such as images and geometric objects
    - Example: functions to check if polygons overlap, or to compare images for similarity

SQL 절차적 확장

SQL 표준은 SQL에 절차적인 확장을 지원하며 이를 SQL/PSM이라고 한다. 사용자는 SQL/PSM을 이용하여 데이터베이스의 임의 연산을 수행하는 프로시저(또는 함수)를 개발할 수 있다.

사용자는 SQL/PSM 또는 외부 프로그래밍 언어를 이용하여 함수와 프로시저를 개발한다. 함수 및 프로시저는 특수한 데이터 타입을 처리할 때 유효하다. 예를 들어, 이미지 데이터 타입에 대한 중첩 판정 연산 기능, 이미지 유사성 계산 기능 등이 있다. 이러한 연산을 저장 함수 형태로 개발하고 다른 사용자들은 이를 단순히 호출하여 사용할 수 있다.

Commercial systems support SQL extensions!

- Many commercial database systems have proprietary procedural extensions to SQL that differ from SQL:1999 (SQL:2003)
  - PL/SQL (Oracle)
  - TransactSQL (SQLServer)
  - SQL PL (procedural language) (DB2)

상용 데이터베이스 시스템은 SQL 확장을 지원한다.

상용 데이터베이스 시스템은 자체적으로 SQL 확장을 지원하며, 정확한 사용법은 표준안과 일부 차이가 있다.

본 책에서는 SQL 표준안에 의거하여 설명한다.

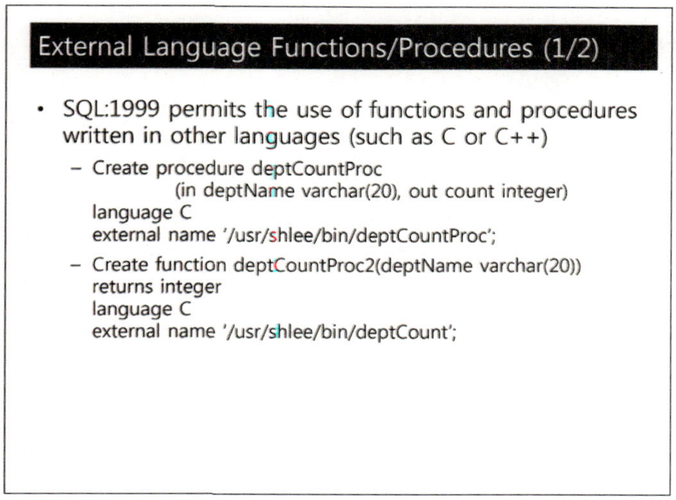

외부 언어 함수/프로시저 (1/2)

SQL 표준은 함수나 프로시저를 외부 언어를 사용하여 개발 할 수 있게 하였다. 상기 그림은 외부 언어를 사용하는 함수(프로시저) 예제이다. external name에 명시되는 것은 C 프로그램의 목적 코드이다.

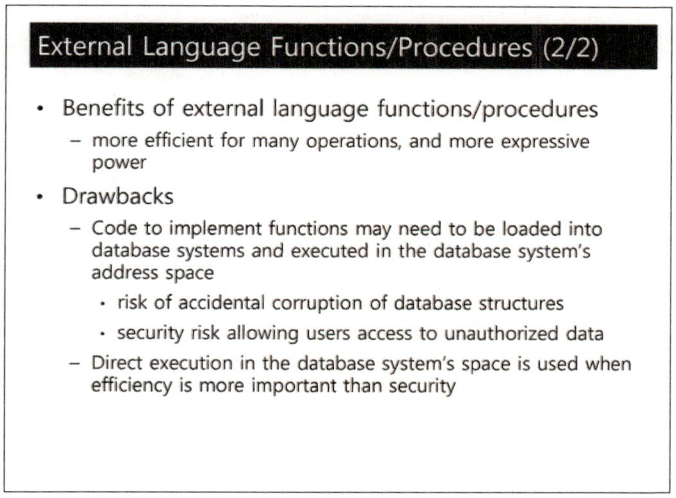

외부 언어 함수/프로시저 (2/2)

외부 언어를 사용하여 함수 및 프로시저를 개발하는 경우의 장단점을 고려해보자.

외부 언어로 함수/프로시저를 개발하는 경우에는 데이터베이스 시스템 보안에 문제가 발생할 수 있다. 사용자가 작성한 프로그램은 데이터베이스 메모리 공간에서 실행되는데, 이 경우 사용자 프로그램의 오류가 있으면 데이터베이스 시스템의 오류가 되어 심각한 문제가 야기될 수 있다. 즉, 외부언어를 사용하는 함수는 효율적으로 실행되어 시스템 전체적으로 성능향상은 기대할 수 있지만, 시스템 보안 문제가 발생할 수 있다.

Security Issue

- To deal with security problems
  - Use sandbox techniques
    - that is use a safe language (Java, C#) that cannot be used to access/damage other parts of the database code
  - Or run external language functions/procedures in a separate process with no access to the database process' memory
    - Parameters and results communicated via inter-process communication
  - Both have performance overheads
- Many database systems support both above approaches as well as direct executing in database system address space

보안 이슈

보안 이슈를 해결하는 방식으로 자바나 C# 언어와 같은 안전한 언어로 외부 함수(프로시저)를 작성하는 방법이 있다. 코드를 데이터베이스 질의 실행 프로세스 자체 내에 있는 샌드박스(sandbox)에서 실행을 하는 것이다. 샌드박스는 자바나 C# 코드가 자신이 가지고 있는 메모리 영역으로 접근하는 것은 허용하지만 질의 실행 프로세스의 메모리를 읽거나 경신하는 것과 혹은 파일 시스템에 접근하는 것을 허용하지 않는다. (C 같은 언어는 샌드박스에서 실행하는 것이 불가능하다)

Oracle과 DB2는 데이터베이스 프로세스 부분으로 자바 함수를 실행하는 것을 허용한다. SQL Server는 데이터베이스 프로세스 내에서 실행하기 위하여 공통언어실행(Common Language Runtime, CLR)으로 컴파일 하는 것을 허용한다.

보안 이슈를 해결하는 다른 방식은 독립된 프로세스로 사용자 함수(또는 프로시저)를 실행하고 그 결과를 IPC (interprocess communication)를 이용하여 주고받는 방식이다. IPC 방식에는 공유메모리(shared memory), 메시지(message), 파이프(pipe), 신호(signal) 등이 있다.

Stored procedures (1/2)

- Stored Procedures
  - Store program modules in the database and execute them using the "call" statement
  - Permit external applications to operate on the database without knowing about internal details
  - Managed as a database object by DBMS
- Advantages
  - Encapsulating business logic
  - Avoid network traffic
  - Delegating access-rights
  - Possible protection from SQL injection attacks

저장 프로시저 (1/2)

저장 프로시저는 데이터베이스 시스템이 제공하는 보편화된 기능으로, 개발자는 데이터베이스 비즈니스 로직 연산을 SQL 확장 방식(즉, SQL/PSM)으로 저장 프로시저를 개발하고, 일반 사용자는 필요 시에 이를 호출하여 수행할 수 있다.

저장 프로시저는 데이터베이스 시스템 서버에서 데이터베이스 객체(즉, 테이블, 뷰, sequence, index, synonym 등과 같이)로 관리된다.

저장 프로시저의 주요 장점은 상기와 같다. 호출문장실행만으로 다수개의 SQL 문장 묶음이 서버에서 실행되므로 네트워크 부하는 현저히 감소할 수 있다. 또한 저장 프로시저 사용(호출) 권한과 해당 저장 프로시저가 접근하는 데이터 권한은 분리되어 관리되므로, 사용자의 접근 권한이 없는 데이터를 접근하는 저장 프로시저 사용권한을 사용자에게 부여하여, 해당 사용자는 미권한 데이터 접근도 가능하다.

Stored procedures (2/2)

DBMS	Implementation language
Oracle	PL/SQL, Java
MS SQL Server	Transact-SQL, various .NET Framework languages
IBM DB2	SQL PL, Java
CUBRID	Java
SAP HANA	SQLScript, R
Sybase ASE	Transact-SQL

저장 프로시저 (2/2)

저장 프로시저 개발이 가능한 언어는 DBMS에 따라 다르다. 상기 표는 주요 DBMS의 저장 함수 개발 언어를 보인다.

9.2 SQL:1999 함수 및 프러시저

SQL Function Example

- Create a function that, given a department name, returns the number of professors in that department
  - Create function profC(deptName varchar(20)) returns integer

```
begin
        Declare pCount integer;
        Select count(*) into pCount
        from professor
        where professor.deptName = profC.deptName;
        Return pCount;
end;
```

- Find the department name and budget of all departments with more than 5 professors
  - Select deptName, budget

```
from department
where profC(deptName) > 5;
```

SQL 함수 예제

입력으로 주어지는 학과(이름)의 교수 수를 반환하는 함수와 이를 호출하는 예제이다. 함수 내에서 필요한 변수를 선언하여 사용하여야 하며, select 문장의 출력 값을 지역 변수 pCount에 저장하였다. where 절에서 deptName 속성을 구분하기 위하여 profC.deptName과 같이 함수 명을 사용하고 있음을 주목하자. 함수 profC가 상기와 같이 정의되면 다른 장소에서 이를 호출할 수 있다.

Table Functions

- SQL:2003 functions can return a relation as a result
- Return all professors belonging to a given department
  - Create function myProf(deptName varchar(20))

```
returns table(   pID char(5),
                 name varchar(20),
                 deptName varchar(20),
                 salary numeric(10,2))
return table(    select pID, name, deptName, salary
                 from professor
                 where professor.deptName =
                 myProf.deptName);
```

- Select * from table(myProf('CS'));

테이블 함수

SQL:2003 표준은 테이블을 함수 결과로 반환할 수 있는 테이블 함수(table function)을 지원한다. returns는 함수 선언 해드(head)에 나와는 키워드이고, return는 함수 몸체(body)에 나오는 키워드이다. 상기 예제에서 인자로 받은 속성을 참조하기 위하여 함수 명을 속성 명과 함께 명시하고 있다.

테이블 함수를 호출 시에 table 키워드를 사용하고 있음을 주목하자.

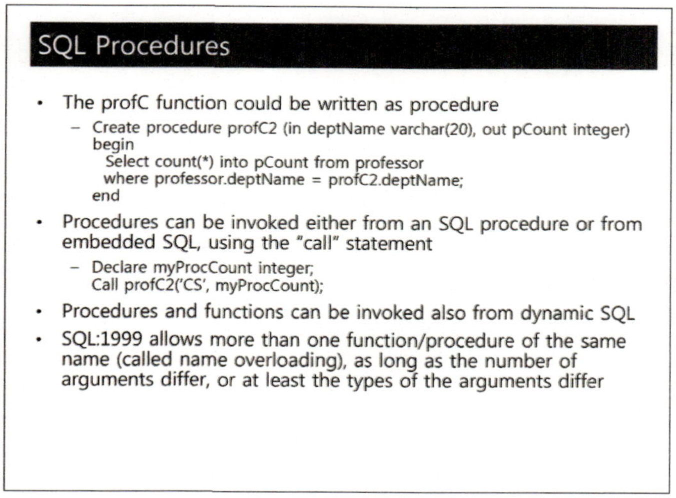

SQL 프로시저

SQL 프로시저는 SQL 함수와는 다르게 인자에 대하여 입력 및 출력을 명시한다. 출력 인자가 2개 이상인 경우에는 SQL 프로시저를 사용하여야 한다.

프로시저 이름은 인자 개수가 상이하거나 또는 인자 중의 하나라도 타입이 상이하면, 서로 다른 프로시저(또는 함수) 이름으로 사용될 수 있다.

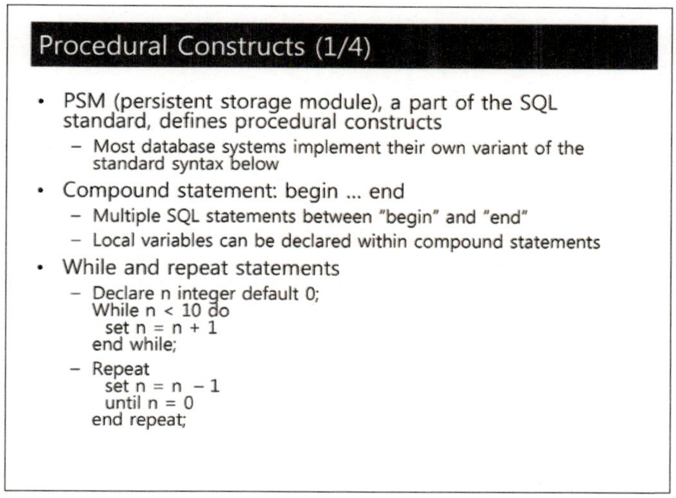

절차 생성자 (1/4)

PSM는 SQL의 절차적 요소 확장에 관한 표준을 정의한다. 대부분 상용 데이터베이스 시스템은 자체적인 문법을 정의하여 이러한 기능을 제공하므로, 여기서 보이는 예제가 직접적으로 지원되지 않을 수 있다.

본 절에서는 상세한 문법을 설명하기 보다는 예제 중심으로 주요 기능을 살펴본다. SQL 절차 생성자는 프로그래밍 언어에서 지원하는 절차 생성자와 유사하다.

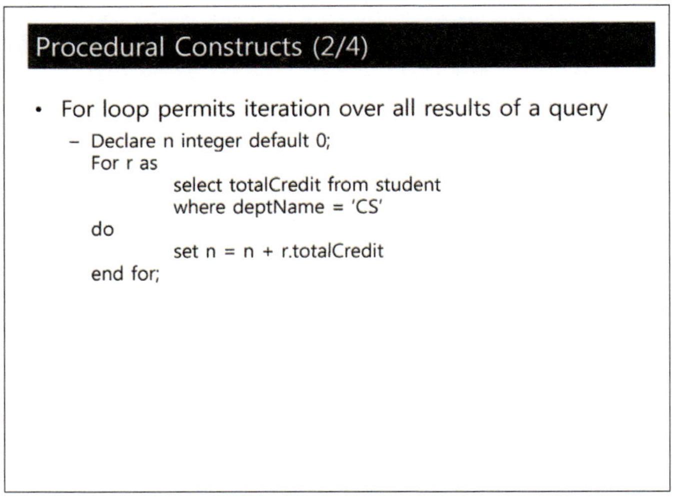

절차 생성자 (2/4)

for 루프에 대한 예제이다. 상기 예제에서 for 루프를 수행하면, 변수 n은 CS 학과에 속하는 학생들의 totalCredit 속성 총합을 가진다.

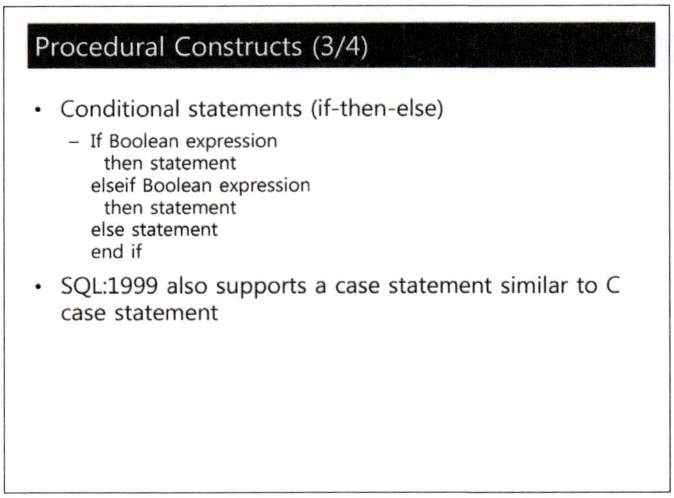

절차 생성자 (3/4)

조건식에 대한 설명이다.

Procedural Constructs (4/4)

- Signaling of exception conditions, and declaring handlers for exceptions
  - Declare noMoreSeats condition;
    Declare exit handler for noMoreSeats;
    begin
    ...
    signal noMoreSeats; // signaling noMoreSeats
    ...
    end
  - The handler here is "exit", causing the begin/end to be exited
  - Other actions (for example, continue) possible on exception

절차 생성자 (4/4)

예외 처리자에 대한 설명이다.

상기 예제는 exit 처리자에 대한 예제이며, 다른 처리자(예를 들면, continue)에 대한 예제도 가능하다.

Function Exercise

- Design a function that registers student after ensuring classroom capacity is not exceeded
  - Input: sID, cID, semester, year
  - On success, insert (sID, cID, semester, year) into "takes" and return 0
  - On failure (capacity is exceeded), return -1
  - "room" has the capacity information (capacity attribute)
  - "teaches" has classroom information for the class cID

함수 연습

정원 내에서 학생을 과목에 수강 신청하는 연산을 수행하는 함수를 작성해 보자.

```
Create function MyRegisterStudent(mySID char(5),
  myCID char(5), mySemester char(10), myYear numeric(4,0))
returns integer
begin
  Declare currEnrolment int;
  Select count(*) into currEnrolment from takes
              where cID=myCID and semester=
              mySemester and year=myYyear;
  Declare limit int;
  Select capacity into limit from room, teaches
              where classroom=roomID and
              cID=myCID and semester=mySemester
              and year=myYear;
  if (currEnrolment < limit)
  begin
              Insert into takes values (mySid,
              myCID, mySemester, myYear, null);
              Return(0);
  end
  Return (-1);
end
```

9.3 PL/SQL

PL/SQL program

- PL/SQL programs are divided into blocks
- [Declare

```
[Declare
    declaration _ statements]
Begin
    executable _ statements
[Exception
    exception _ handling _ statements]
End;
```

Declaration

```
width       integer;
height      integer := 2;        // to initialize
name        varchar2(30)
sName       student.name%type;
dName       student.deptName%type;
myStudent        student%rowtype;
```

- column_name%type
  - To use the same type as a specified column in a table
- table_name%rowtype
  - To use the same row type as the table

PL/SQL 프로그램

선언블록은 블록에서 사용되는 변수 또는 상수를 선언하며, 생략 가능하다.

예외블록은 PL/SQL 문장 실행 도중에 발행하는 에러를 해결하는 문장으로 구성된다. 예외 블록은 생략 가능하다.

각 문장은 semi-colon(;)으로 끝나며, 프로그램의 마지막은 END 키워드로 끝난다.

선언부

Conditional logic

- If condition1 then

```
If condition1 then
      statement1
elseif condition2 then
      statement2
else
      statement3
endif;
```

■ 조건 로직

Simple loop

- Runs until you explicitly end the loop
  - Use either an EXIT or EXIT WHEN statement
- Loop

```
Loop
      statements
end loop;
```

- Example
  - counter := 0

```
counter := 0
loop
  counter := counter + 1;
  exit when counter = 5;
end loop;
```

■ 간단한 루프

간단한 루프는 원칙적으로 무한히 반복 작업을 하나, 사용자는 exit 또는 exit when를 사용하여 루프 연산을 중지하여야 한다.

상기 예제는 counter 변수가 1부터 5까지 5회 반복한다.

WHILE loops

- runs until a specified condition occurs
- While condition loop
```
    statements
end loop;
```
- Example
```
    counter := 0;
    while counter < 6 loop
        counter := counter + 1;
    end loop;
```

WHILE 루프

FOR loops

- For loop_var in [reverse] low_bound..upper_bound
```
loop
        statements
end loop;
```
  - The loop variable is initialized to low_bound and increases by 1 each time through the loop
  - With reverse, the variable is initialized to upper_bound and decreases by 1
- Example
  - For count2 in 1..5 loop
```
DBMS_OUTPUT.PUT_LINE(count2);
end loop;
```

for 루프

for 루프는 미리 정해진 횟수만큼 반복하는 경우에 사용한다.

상기 예제는 1부터 5까지를 출력한다.

Exceptions

cursor_already_open	ORA-06511	
Invalid_curser	ORA-01001	
dup_val_on_index	ORA-00001	duplicate values on unique index
login_denied	ORA-01017	user name/password mismatch
zero_divide	ORA-01476	
rowtype_mismatch	ORA-06504	
subscipt_outside_limit	ORA-06532	index outside the legal range
too_many_rows	ORA_01422	Select into statement returns more then one row
no_data_found	ORA-01403	Select into statement returns no rows

예외 처리

프로그램 실행 중에 의도하지 않은 문제가 발생하면(즉, 에러가 발생하면) 프로그램은 비정상적으로 종료한다. PL/SQL에서 지원하는 에러는 오라클 시스템이 발생시키는 시스템 예외와 사용자에 의하여 발생시키는 사용자 정의 예외이다.

상기는 시스템에서 미리 정의된 주요 예외에 대한 설명이다.

Exception example

```
• Begin
      insert into student(sID, name) values ('100', 'Lee);
      dbms_output.put_line (1 / 0);
  exception
     when zero_divide then
      dbms_output.put_line ('division by zero');
     when dup_val_on_index then
      dbms_output.put_line ('duplicate value on index');
     when others then
      dbms_output.put_line ('an exception occurred');
  end;
```

예외 예제

상기 예제는 0으로 나누는 연산을 하며, 이 경우 에러를 발생한다. 예외 블록에서 이를 catch하여 'division by zero'를 화면에 display하고 해당 프로그램은 정상 종료한다. 만약 상기 예제에서 예외 블록이 없으면 프로그램은 에러를 발생하면서 비정상 종료한다.

또한 insert 문장 결과 student.sID에 중복값이 나오면 dup_val_on_index 에러가 발생하고 예외 블록이 이를 처리한다.

예외 처리 조건 중에 키워드 others는 모든 에러를 처리하는 핸들러(handler)이며, 예외 처리 블록에서 다른 구체적인 에러 뒤에 항상 명시하여야 한다. 만약 others 예외 명시가 예외 처리 블록 가장 처음에 나오면 다른 구체적인 에러는 적용되지 않는 결과를 초래한다.

User-defined exceptions

```
• Declare
      invalid_deptno exception;
  Begin
      Update dept
            set dname='engineer'
            where deptno = '123':
      If SQL%NOTFOUND then
         raise invalid_deptno;
      end if;
      dbms_output.put_line('update was successful');
  Exception
      when invalid_deptno then
            dbms_output.put_line('No such deptno');
      when others then
            dbms_output.put_line('An error occurs');
  end;
  /
```

사용자 정의 예외

시스템이 정의한 예외 외에 사용자가 예외를 정의하고 이에 대한 처리 방안을 명시할 수 있다. 사용자가 생각하는 특정 상황이 발생하면 이에 대한 예외를 발생시키는 방식인데, 여기서 중요한 것은 사용자 정의 예외는 시스템은 예외로 처리하지 않고 정상적인 실행 상태로 인식하는 것이다.

사용자 정의 예외는 정의 블록에서 우선 선언되어야 하고, 실행 블록에서는 raise 문을 이용하여 예외를 발생하게 하고, 예외처리 블록에서 이를 처리하여야 한다.

상기 예제에서 update 시에 123 deptno가 없는 경우, 시스템 관점에서는 에러가 아니므로 정상적으로 수행하게 되며, 다만 사용자는 이에 대한 에러를 발생하게 하고 이에 대한 handler를 정의하였다.

Cursor example (1/2)

```
• Declare
      sName student.name%type;
      dName student.deptName%type;
      Cursor myCursor is
            Select name, deptName
            from student  where GPA >= 4.0
            order by GPA desc;
  Begin
      open myCursor;
      Loop
            Fetch myCursor into sName, dName;
            Exit when myCursor%NOTFOUND;
            dbms_output.put_line('student = ' ||
                  sName || 'dept = ' || dName);
      end loop;
  End;
  /
```

커서 예제 (1/2)

select 문장이 하나 이상의 터플을 반환하는 경우, 사용자는 커서를 사용하여야 한다. 커서를 사용하는 5가지 단계이다.

1. Select 문장이 반환하는 속성을 저장하는 변수를 선언한다.
2. 커서를 선언한다.
3. 커서를 오픈한다.
4. 커서로부터 터플을 fetch한다.
5. 커서를 닫는다.

상기 예제는 학점이 4.0 이상인 학생을 학점 내림차순으로 검색한다. 선언블록에서 커서가 선언되어 있다.

Cursor example (2/2)

```
• Declare
      Curosr myCursor2 is
            Select name, deptName
            from student where GPA >= 4.0
            order by GPA desc;
  Begin
    For myRow in myCursor2 loop
      dbms_output.put_line('student = ' ||
      myRow.name || 'dept = ' || myRow.deptName);
    end loop;
  end;
  /
```

커서 예제 (2/2)

상기 예제는 for 루프와 커서를 함께 사용하는 예제이다.

For 루프와 함께 커서를 사용하면 커서 오픈 및 닫기 연산을 명시적으로 할 필요가 없으며, 시스템이 자동적으로 해 준다. 또한 for 루프에서 fetch 연산을 자동적으로 해 준다. 그 결과 코드가 아주 간소해진다.

Procedures

```
• Create [or replace] procedure proc_name
  [(parameter_name [IN | OUT | IN OUT] type [, ...])]
  {IS  | AS}
  begin
      procedure_body
  end proc_name;
• Call proc_name(argument1, ...);
```

프로시저

Curly bracket는 반드시 두 개중의 하나는 존재하여야 한다는 의미이다.

{IS | AS}와 begin 사이에 프로시저에서 임시적으로 사용하는 변수를 선언하여야 하며, declare 키워드는 사용하지 않는다. 또한 예외 처리에 대한 명세는 end proc_ name 바로 전에 한다.

Procedure example

```
• Create or replace procedure myProc (
      pID in product.id%type, p_factor in number
  ) as
      p_count integer;
  begin
      select count(*) into p_count
      from product where id = pID;
      If p_count = 1 then
            Update product set price = price * p_factor
            where id = pID;
            commit;
      end if;
  exception
      when others then rollback;
  end myProc;
  /
```

프로시저 예제

Product는 테이블명이며, product.id, product.price는 속성명이다.

상기 프로시저는 주어진 pID로 상품을 검색한 후 pID로 검색되는 상품 개수가 하나이면 해당 물건의 가격을 주어진 p_facto만큼 곱하는 연산을 하고 마지막으로 commit를 수행한다. 만약 연산 과정에서 에러가 발생하면 rollback 연산을 수행한다.

Functions

```
• Create [or replace] function function_name
  [(parameter_name [IN | OUT | IN OUT] type [, ...])]
  return type
  {IS  | AS}
  begin
      function_body
  end function_name;
```

함수

Function examples

- Create or replace function circle_area (
      p_radius in number
) return number as
      v_pi number := 3.1415926;
      v_area number
  begin
      v_area := v_pi * power(p_radius, 2);
      return v_area;
  end circle_area;
  /
- Select circle_area(2)
  from dual;

함수 예제

시스템이 제공하는 built-in 함수를 호출하는 방식으로 사용자가 정의한 함수를 호출한다.

상기 호출 예제의 결과는 아래와 같다.

```
Circle_area(2)
------------
12.5663704
```

Package

- You can group procedures and functions into packages, which allow to encapsulate related functionality into one self-contained unit
- Packages are typically of two components - a specification and a body
- The procedures and functions listed in the specification are available to the outside world
- Primary goal is to hide internal structure and program complexity from naïve users

팩키지

서로 관련이 되는 함수 및 프로시저를 묶어서 팩키지를 생성할 수 있다. 팩키지 선언은 specification 및 body 부분으로 구성이 되며, specification 부분은 관련 함수 및 프로시저 이름과 매개 변수를 명시하고, body 부분은 해당 함수 및 프로시저의 실제 코드를 명시한다.

팩키지에 명시된 함수 및 프로시저를 호출은 '팩키지명.함수명' 또는 '팩키지명.프로시저명' 형태이다.

팩키지를 이용하여 개발자는 데이터베이스 내부 구조 및 프로그램 복잡성을 외부에게 공개하지 않고, 일반 사용자에게 유용한 데이터베이스 연산 기능을 제공할 수 있다.

제 10 장

개체-관계성 데이터 모델

Subtopics

- Entity and Relationship
- E-R Diagram
- Reduction to Relation Schemas
- Database Design Issues
- Extended E-R Features
- Notations

구성 요소

ER 데이터 모델은 데이터베이스 설계 시에 가장 많이 사용되는 방법으로 이를 지원하는 상용 제품도 다수 출시되어 있다. ER 데이터 모델은 1976년 P. Chen에 의하여 제안이 된 이후에, 사양 및 기능이 개선되었고 객체지향 요소를 지원하기 위하여 기능이 확장되었다. 본 장은 상기와 같은 소주제로 구성되어 있으며, 실습 예제를 이용하여 이해도를 높이려고 하였다.

10.1 개체 및 관계성

Entity-Relationship Data Model

- Originally proposed by P. Chen (1976)
- A database can be modeled as a collection of entities and relationships among entities
- Modeling primitives in ER model
  - Entity (entity set)
    - property: attribute
  - Relationship (relationship set)
    - property: attribute
  - The property supported in ER model is only an attribute!

ER 데이터 모델링

ER 데이터 모델은 데이터베이스를 개체와 관계로 모델링을 한다. ER 데이터 모델의 모델링 원소는 개체와 관계이며, 두 개 모두가 특성으로 속성만을 가진다.

참고적으로 객체 관계형 데이터 모델은 modeling primitive로는 객체(object)만이 존재하며, 객체가 가질 수 있는 특성으로서 속성(attribute), 관계성(relationship), 메소드(method)를 가진다. 클래스(class)는 동일한 특성을 가지는 객체 모임을 의미한다.

Entity, Entity Set

- An entity is an object that exists and is distinguishable from other objects
  - Anything can be an entity
  - Example: person, company, event, student, course, ...
- Entities have attributes
  - Example: people have names and addresses
- An entity set (entity type) is a set of entities with the same properties
  - student entity set, professor entity set, ...

개체(entity), 개체 타입

개체는 구별이 가능한 객체를 의미하며, 어떤 객체도 개체가 될 수 있다. 개체는 구체적인 사물, 개념적인 사물, 눈에 보이는 사물, 눈에 안 보이는 사물 등 데이터베이스에 저장/관리하고자 하는 어떤 것(객체)도 개체가 될 수 있다.

개체가 결정되면 개체는 속성을 가지게 된다. 속성은 개체의 특성을 나타내는 역할을 한다. 개체 중에서 같은 속성을 가지는 개체의 모임을 개체 타입(또는 개체 집합)이라고 한다.

개체와 객체의 차이점은 용어가 처음으로 도입된 개념에 차이가 있다고 생각할 수 있다. 개체는 ER 데이터 모델에서 사용한 용어이고, 객체는 객체지향 패러다임에서 사용한 용어이다. 역사적으로는 개체 용어가 객체 용어 이전부터 사용되었다.

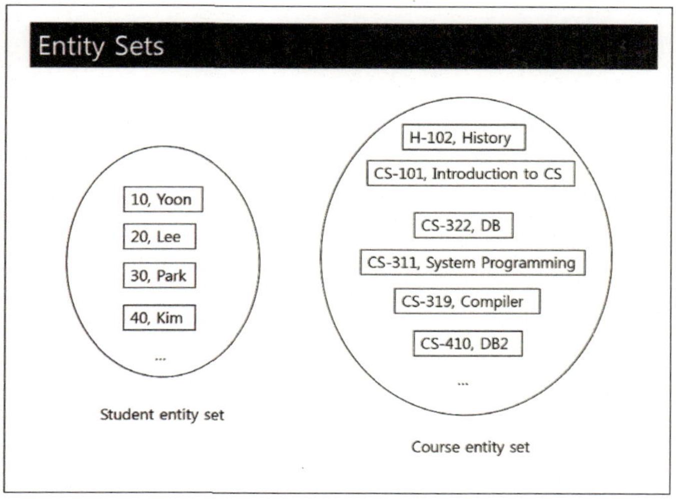

개체 집합

상기 그림은 개체 집합을 보인다. student 개체 집합에는 속성이 동일한 다수개의 student 개체(속성은 동일하지만 속성 값은 다르다)가 있고, course 개체 집합에도 다수개의 course 개체가 있다.

Relationship, Relationship Set

- Entities in an entity set are related with entities of (another) entity
  - A student s1 can take a course c2 where the relationship means to take courses
  - A student s1 has an advisor p2 where the relationship means to advise
- A relationship is an association among several entities, each taken from an entity set
- A relationship set is a set of relationships with the same attributes
  - {(e1, e2, ... en) | e1 ∈ E1, e2 ∈ E2, ..., en ∈ En} where (e1, e2, ..., en) is a relationship

관계성, 관계성 집합

개체집합 내의 개체는 다른 개체집합의 개체와 연관성이 있을 수 있다. 연관성이란 서로 관련이 있는 것인데, 그 의미는 무수하다. 학생과 과목 개체 간에는 "수강하다" 의미가 있을 수 있다.

상기에 나와 있는 바와 같이, 관계성은 수학적으로 표현하면 각 개체 집합에 속하는 개체의 나열이다. 관계성 중에서 같은 속성을 가지는 관계성을 관계성 집합(또는 관계성 타입)이라고 한다.

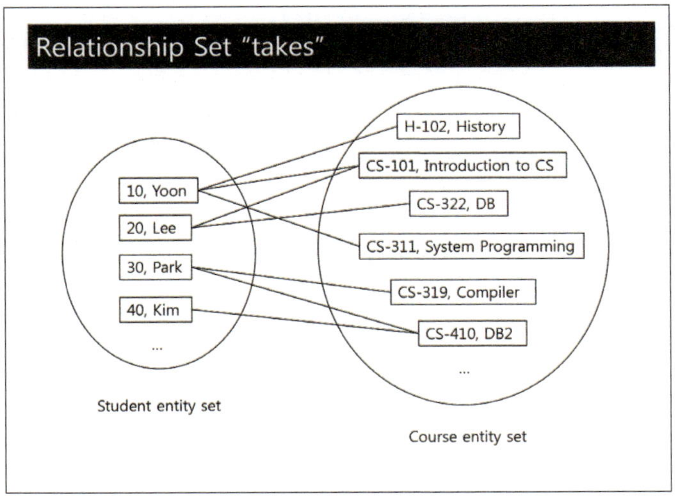

관계성 집합 takes

관계성 집합 takes의 예제이다. Student 개체 집합에 속한 개체가 Course 개체 집합에 속한 개체와 연관이 있음을 보여준다. <10, Yoon> Student 개체는 Course 개체 <H-102, History>, <CS-101, Introduction to CS>, <CS-311, System Programming>과 연관이 있음을 알 수 있고, 여기서 의미는 "수강하다"이다.

동일 개체 집합 간에 한 개 이상의 관계성 집합이 존재할 수 있다. 상기 예제에서도 Student 개체 집합과 Course 개체 집합 간에 "수강하다" 관계성 집합 외에도 다른 의미(예를 들면, 과목 조교를 하다 등)를 가지는 관계성 집합이 존재할 수 있다.

Attributes of Relationship Set (1/2)

- A relationship set can have attributes, just like an entity set does
  - For instance, the "takes" relationship set between entity sets "student" and "course" may have the attribute date (semester and year) which represents when the student is taking the course

관계성 집합 속성 (1/2)

관계성 집합은 개체 집합과 마찬가지로 속성을 가질 수 있다. takes 관계성 집합은 예를 들어 수강 학기 및 연도를 속성으로 가질 수 있다.

Attributes of Relationship Set (2/2)

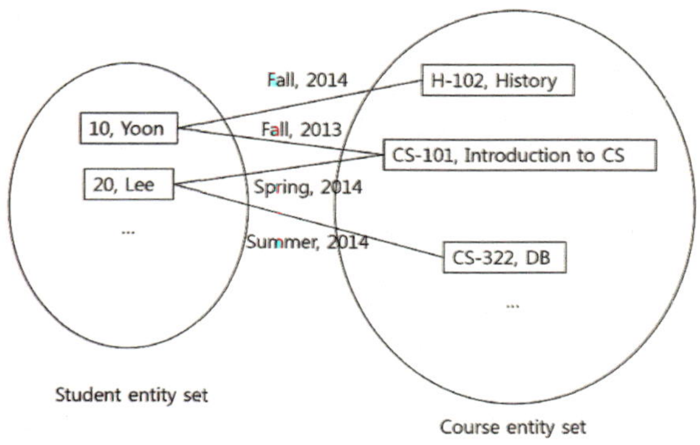

관계성 집합 속성 (2/2)

관계성 집합이 속성을 가지는 예제이며, 관계성이 해당 속성 값을 가진다.

Degree of a Relationship Set

- Binary relationship involves two entity sets
- Most relationship sets in a database system are binary
- Relationships between more than two entity sets are rare.
  - ternary/quaternary/quinary relationship

관계성 집합 차수

관계성 집합 차수는 관련되는 개체의 개수를 의미한다. 이진(binary) 관계성 집합이 가장 흔하며, 3진(ternary) 관계성 집합도 존재한다. 이론적으로는 4진(quaternary), 5진(quinary) 등의 차수도 가능하다.

Attributes

- An entity is represented by a set of attributes, that is descriptive properties possessed by all members
  - professor = (professorID, name, departmentName, salary)
  - course = (courseID, title, departmentName, credit)
- A relationship is also represented by a set of attributes
  - takes = (semester, year)
- Attribute Types
  - Simple vs. composite attributes
  - Single-valued vs. multivalued attributes
  - Derived attributes
    - Can be computed from other attributes
    - Example: age, given dateOfBirth

속성

속성은 개체 또는 관계성이 가지는 특성으로서, 서술적인 사항이다.

속성은 몇 가지로 구분이 가능하다. 단순 속성(simple attribute)과 복합 속성(composite attribute)으로 구분할 수도 있고, 단일 값 속성과 다수 값 속성으로도 구분할 수 있다. 유도된 속성은 다른 속성을 이용하여 속성 값을 구할 수 있는 속성이다. 주어진 생년월일 속성을 이용하여 나이를 구할 수 있으므로, 나이는 유도된 속성이다.

Composite Attribute Example

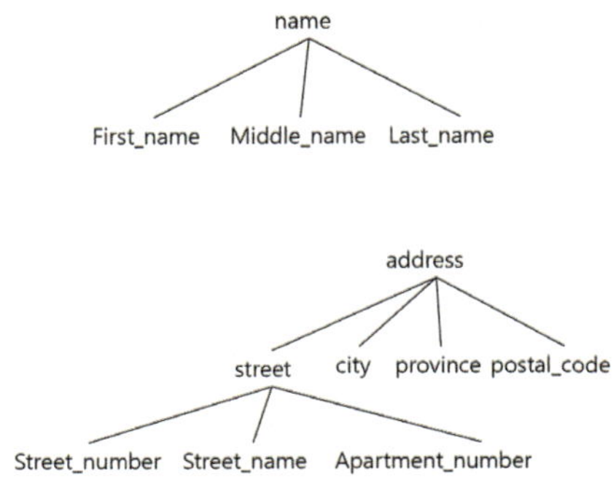

복합 속성 예제

복합 속성 예제이며, 복합 속성 이름은 이름, 중간이름, 성으로 구성이 된다.

복합 속성 주소는 거리, 도시, 도, 우편번호로 구성이 되며, 거리는 다시 거리번호, 거리명, 아파트번호로 구성이 되는 복합 속성이다.

Cardinality Constraints (1/2)

- Express the number of entities to which another entity can be associated via a relationship set
  - Most useful in describing binary relationship sets
- For a binary relationship set, the cardinality constraint must be:
  - One to one
  - One to many
  - Many to one
  - Many to many

Cardinality Constraints (2/2)

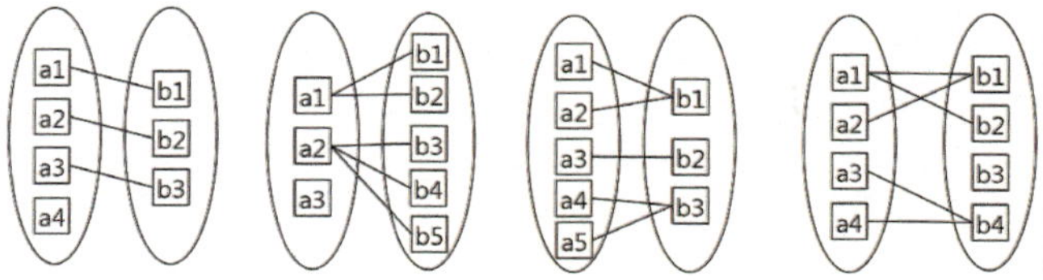

One to one | One to many | Many to one | Many to many

카디날리티 제약 (1/2)

사상 카디날리티 제약은 이진 관계성 집합에서 유용하며, 상기와 같이 4가지가 있다.

카디날리티 제약 (2/2)

이진 관계성 집합에서 적용 가능한 4가지 카디날리티 제약 예제를 보인다.

Keys

- A superkey of an entity set is a set of attributes whose values uniquely determine each entity
- A candidate key of an entity set is a minimal super key
  - "courseID" is candidate key of "course"
  - "professorID" is candidate key of "professor"
- Although several candidate keys may exist, one of the candidate keys is selected to be the primary key

키

ER 모델 개체에 대한 키 정의를 설명하는 슬라이드이다. 개체에 대한 슈퍼 키, 후보 키, 주 키에 대한 개념은 테이블에 대한 슈퍼 키, 후보 키, 주 키 개념과 완전히 동일하다.

Keys for Relationship Sets

- The combination of primary keys of the participating entity sets forms a superkey of a relationship set
  - (studentID, courseID) is the superkey of "takes"
  - This means a pair of entity sets can have at most one relationship in a particular relationship set
- Need to consider the cardinality/participation constraints of the relationship set when to decide candidate keys/primary key

관계성 집합 키

관계성 집합의 슈퍼 키는 관련되는 개체 집합의 주 키를 합성하면 된다. 이는 개체 간의 관계는 반드시 하나임을 의미한다. student 개체 집합과 course 개체 집합 간의 takes 관계성 집합을 고려하자. student 개체 s_i는 course 개체 c_j와 연관이 될 수 있는데, 이 경우 개체 s_i와 개체 c_j 사이에는 관계성이 하나만 존재하며, 다수 개의 관계성은 존재하지 않는다.

슈퍼 키에서 후보 키 및 주 키를 선정할 때에는 카디날리티 제약 및 참여 제약을 고려한다.

10.2 ER 다이어그램

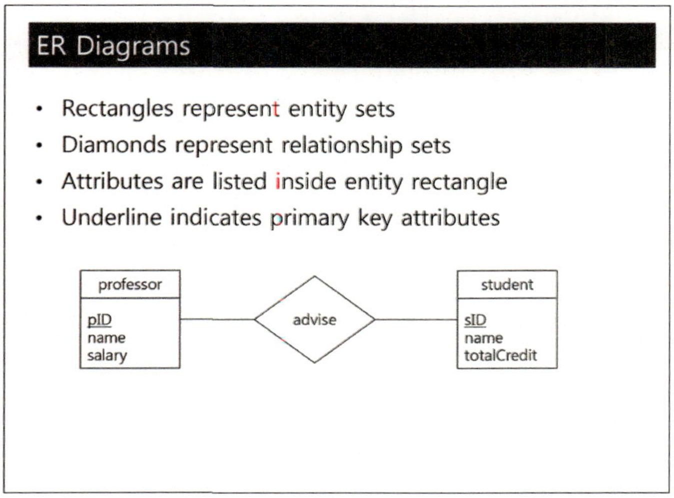

ER 다이어그램

ER 다이어그램은 ER 모델의 결과물이다. 데이터베이스 설계자는 사용자 요구 사항을 분석하여 데이터 모델링을 하며, 그 결과로 ER 다이어그램을 생산한다.

ER 다이어그램은 표기법이 다수 존재하여 의미적으로 동일한 다이어그램도 다른 모습으로 보이기도 한다. 본 장의 마지막에서 ER 다이어그램의 다양한 표기법을 살펴본다.

사각형은 개체 집합을, 마름모형은 관계성 집합을, 밑줄은 주 키 속성을 의미한다. 속성은 사각형 안에 나열한다.

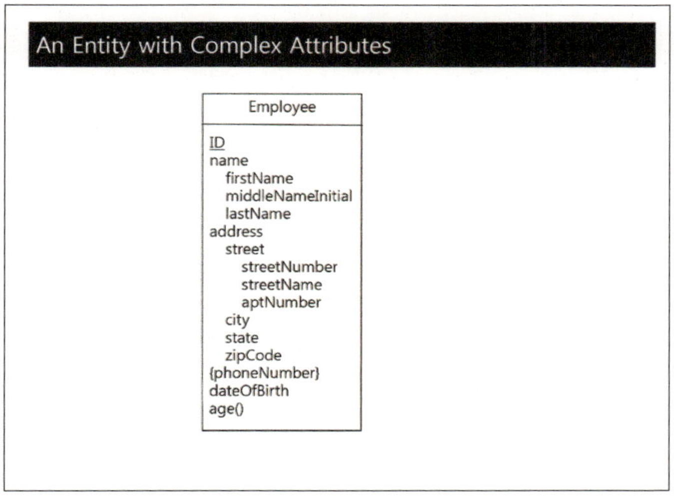

복합 속성을 가진 개체

상기 그림은 복합 속성을 가진 Employee 개체를 보인다. name는 firstName, middleInitial, lastName을 가진 복합 속성이며, phoneNumber는 하나 이상의 값을 가진 다수값 속성이며, age는 유도된 속성(dateOfBirth 속성으로부터)이다.

address는 street, city, state, zipCode를 가진 복합 속성이며, street는 streetNumber, streetName, aptNumber를 가진 복합 속성이다. 복합 속성 내에 복합 속성이 있는 경우이다.

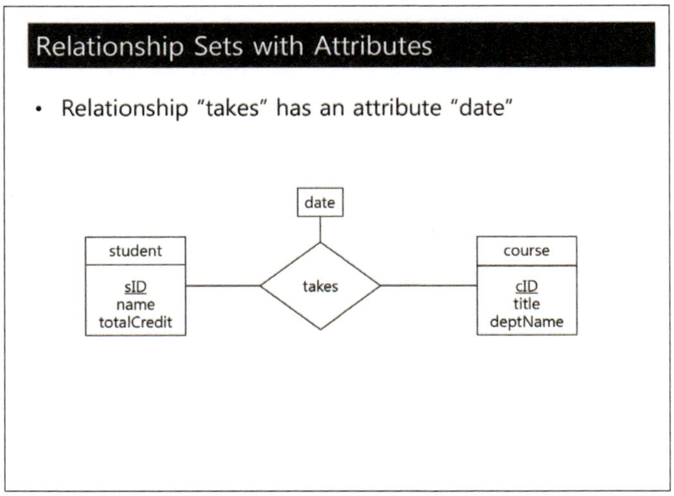

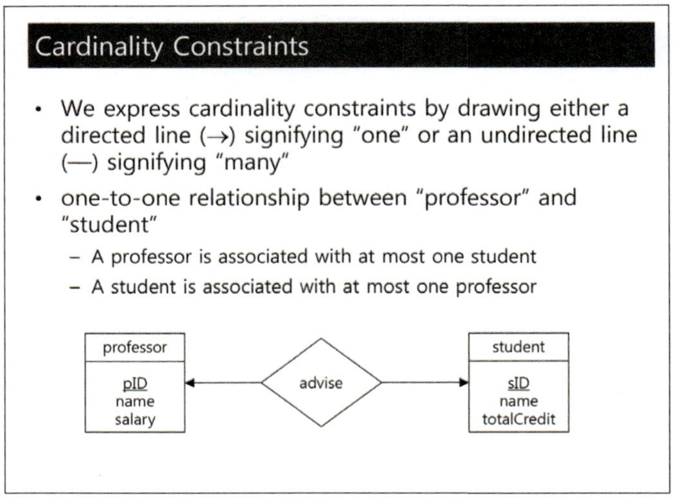

속성을 가진 관계성 집합

date 속성을 가진 관계성 집합 takes 예제이다.

카디날리티 제약

카디날리티 제약은 화살표가 "일(one)"을 의미하며, 화살표가 없으면 "다(many)"를 의미한다.

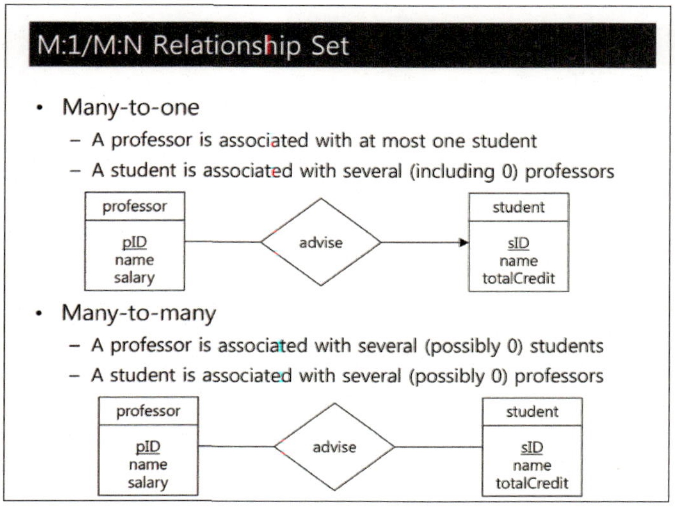

다대일/다대다 관계성 집합

통상 대학교에서는 교수 1인이 다수명의 학생을 상담하며 학생 1인은 교수 1인에게만 상담을 받으므로, advise 관계성 집합은 1:N(student 개체가 N) 제약을 가진다.

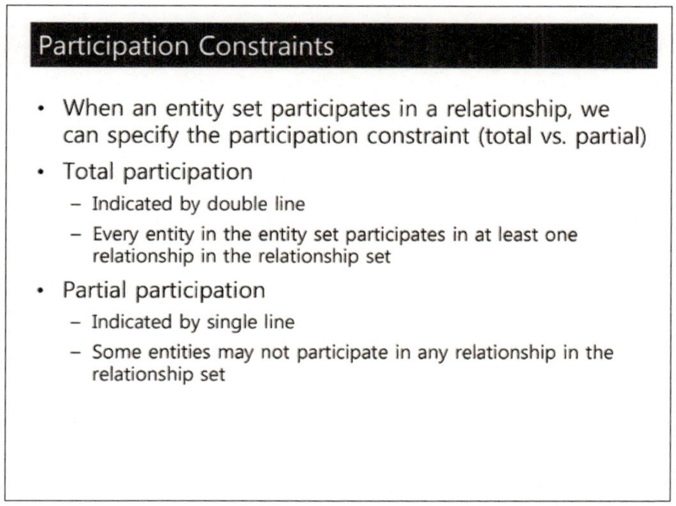

참여 제약

관계성 집합에 대한 또 다른 제약은 참여 제약이다. 부분(partial) 참여 및 전체(total) 참여가 있으며, 단일선은 부분 참여, 이중선은 전체 참여를 의미한다.

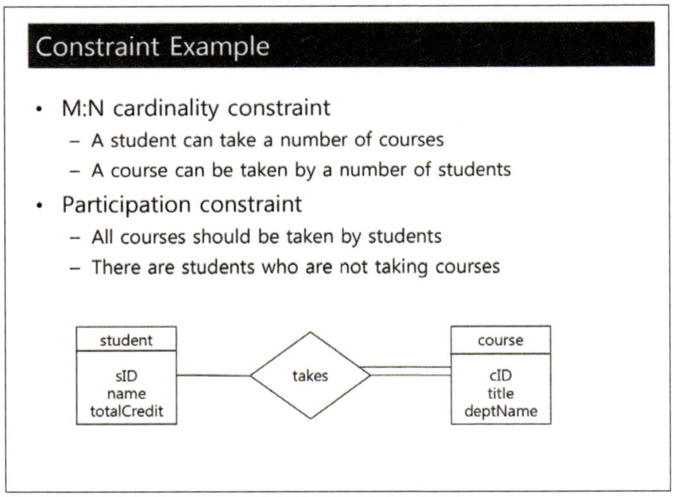

제약 예제

상기 takes 관계성 집합을 고려하자. 학생 1명은 다수개의 과목을 수강하고, 과목 하나에는 다수명의 학생이 수강하므로 다대다 카디날리티 제약이다.

student 개체는 부분 참여이므로 학생 중에는 수업을 수강하지 않는 학생도 있으며, course는 전체 참여이므로 모든 과목은 학생이 수강하고 있다. 즉, 학생이 수강하지 않는 과목은 없다.

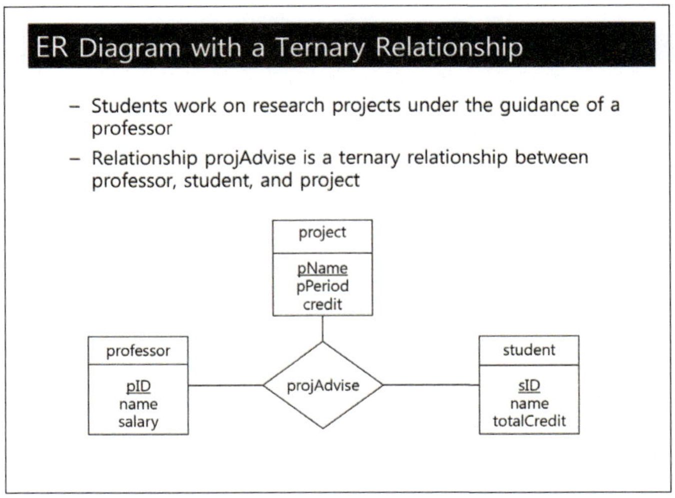

3진 관계성 ER 다이어그램

상기는 3진 관계성 ER 다이어그램이다.

상기 예제에서 학생, 교수, 과제 개체가 함께 연관되므로 3진 관계성 집합이 사용된다. 만약 학생과 교수 간의 관계가 과제와 관련이 없고, 교수와 과제 간의 관계가 학생과 관련이 없고, 과제와 학생 간의 관계가 교수와 관련이 없으면, 세 개의 이진 관계성 집합으로 표현이 될 것이다.

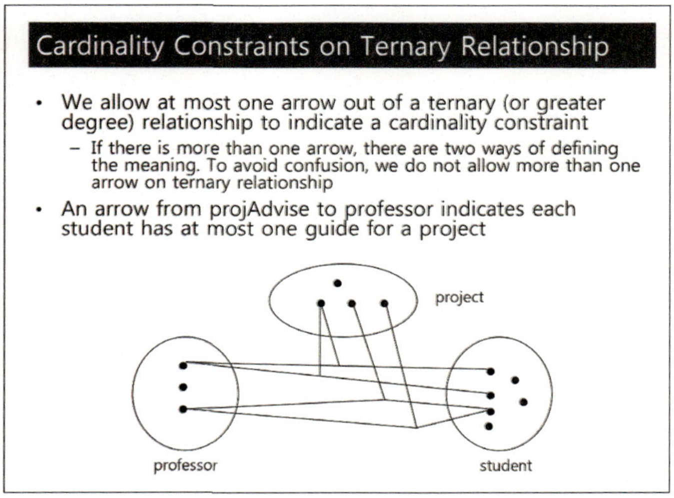

3진 관계성 집합 카디날리티 제약

3진 관계성 집합에서 카디날리티 제약은 표기가 가능하며, 다만 일(one)에 대응이 되는 개체 집합을 최대 하나만 허용한다.

상기 그림에 나오는 projAdvise 관계성 집합에 오직 professor 개체에만 일(one)에 대응된다고 하자. 이 경우 professor 한 명이 다수의 student를 지도하고 또한 다수의 project를 지도하고 있으며, project 개체 하나에 대응되는 student 개체는 다수 명이고 또한 student 개체 한 명에 대응되는 project 개체 또한 다수 개이다. 그러나 project 하나에 관련되는 professor도 한 명이고 student 한 명에 관련되는 professor도 한 명이다.

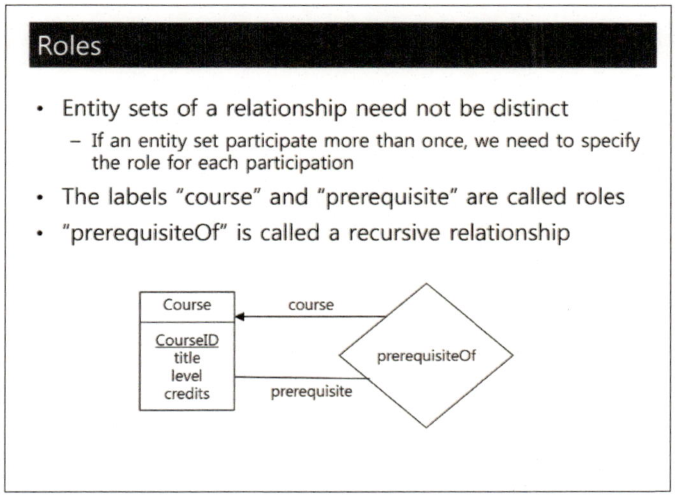

롤

개체 집합이 관계성 집합에 참여를 할 때 반드시 한번만 참여하지 않아도 된다. 동일 개체 집합이 두 번 이상 관계성 집합에 참여를 하는 경우에는 참여에 대한 의미(meaning)를 구분하기 위하여 롤 표시를 하여야 한다.

상기 다이어그램에서 과목 개체 집합은 prerequisiteOf 관계성 집합에 2회 참여하는데, 한번은 과목으로 다른 한번은 선수 과목으로 참여하고 있다. 과목 참여는 일(one)에 대응이 되며, 선수 과목 참여는 다(many)에 대응이 되므로, 한 과목에 선수 과목이 다수가 있음을 의미한다.

또한 모든 참여가 부분 참여이므로 모든 과목에 선수 과목이 있지 않으며, 모든 과목이 선수 과목으로 참여하지도 않는다.

Role Example

- Are the cardinality constraint and participation constraint appropriate?

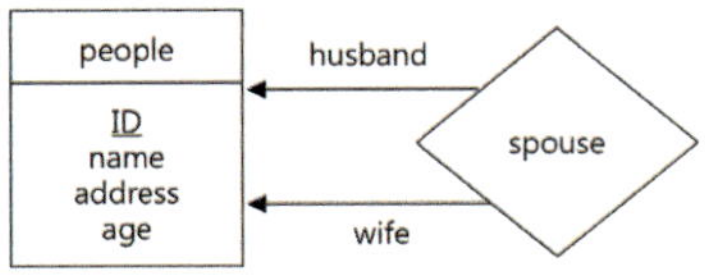

Weak Entity Sets

- An entity set that does not have a primary key
- The existence of a weak entity set depends on the existence of an identifying entity set
  - It must relate to the identifying entity set via a total, one-to-many relationship set from the identifying entity set to the weak entity set
- Represent an identifying relationship as a double diamond, and a weak entity set as double rectangular

롤 예제

상기 다이어그램을 고려하자. people 개체는 spouse 관계성에 1:1 제약으로 부분참여를 하고 있다. people 개체 중에는 배우자가 없는 사람도 있으며, 배우자가 있으면 배우자는 한 명이다(일부일처제). 상기 다이어그램은 배우자 관계를 적합하게 보여준다.

약한 개체 집합

지금까지 본 개체는 모두가 자체적으로 주 키를 가지고 있다 (강한(strong) 개체라고 한다). 주 키가 없는 개체 집합을 약한 개체 집합이라고 한다.

약한 개체 존재는 이를 구분하는 강한 개체(구분하는 개체(identifying entity)라고 함)에 의존적이어서 약한 개체는 강한 개체 존재 없이 존재할 수 없다. 또한 이들 간에 존재하는 관계성(구분하는 관계성(identifying relationship)라고 함) 구성은 반드시 약한 개체는 전체 참여이어야 하고, 구분하는 개체가 일에 대응되고 약한 개체가 다(many)에 대응이 된다.

Keys of Weak Entity Sets

- The discriminator (or partial key) of a weak entity set is the set of attributes that distinguishes among all the entities of a weak entity set
  - We underline the discriminator of a weak entity set with a dashed line
- The primary key of a weak entity set = the primary key of the strong entity set + the partial key of the weak entity set

▪ 약한 개체 집합의 키

약한 개체 집합 내에서는 부분 키가 존재할 수 있으며, 약한 개체 집합의 주 키는 구분하는 개체의 주 키와 부분 키의 결합(concatenation)이다.

Weak Entity Sets Example

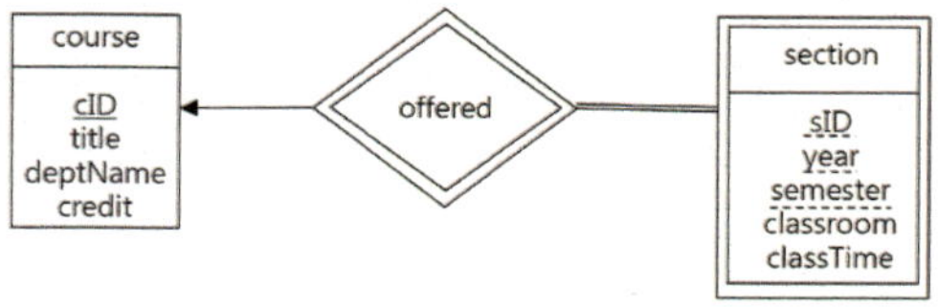

- Primary key for "section": (cID, sID, year, semester)
- The primary key of the strong entity set is not explicitly stored with the weak entity set
  - If "cID" were explicitly stored, "section" could be made a strong entity, but then the relationship between "section" and "course" would be duplicated

▪ 약한 개체 집합 예제

대학교에서 과목(course) 개체는 과목명, 학점 등의 속성을 가지고 있으며, 학생들이 수강하고 교수들이 강의하는 것은 분반(section) 개체이다. 과목에 대한 분반은 동일 학년과 동일 학기에 대하여 다수개가 개설이 되므로, 분반 번호, 연도, 학기는 과목 하나 안에서는 유일하나 분반 전체에서는 유일하지 않다. 이 경우 분반은 주 키를 가지지 못하는 약한 개체이다.

분반 개체는 과목 개체 존재에 의존적이어서 과목 개체에 연관이 없는 분반 개체는 존재할 수가 없다. 이는 참여제약 관점에서는 전체참여 제약이다. 카디날리티 제약은 과목 개체 하나에 분반 개체 다수가 존재하므로 1:N이다.

만약 과목 cID를 분반의 속성으로 설정하게 되면, 분반 개체가 강한 개체가 되며, 과목과 분반 간의 관계성은 불필요하게 된다.

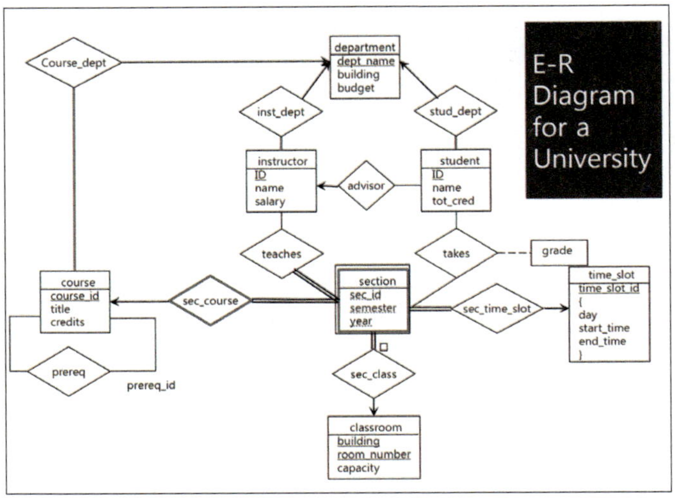

대학교에 대한 ER 다이어그램 예제

상기 그림은 아래 교재에서 인용한 것이다.

- A. Silberschatz, H. Korth and S. Sudarshan, Database System Concepts (6th edition), McGraw Hill, 2011.

대학교 데이터베이스를 구축하기 위하여 작성한 ER 다이어그램으로 각 개체, 관계성의 의미를 살펴보도록 하자.

- 과목은 반드시 한 학과에서 개설되어야 하며, 두 개 학과 이상이 공통으로 과목 개설을 할 수 없다.
- 분반(section)은 다수명의 강사가 강의할 수 있다.
- time_slot 개체는 요일, 시작시간, 종료시간 속성을 가지고 있는데, 하나의 시간대에 다수개의 분반이 배정되며 모든 시간대에 분반이 배정되지 않을 수도 있다.
- 학생 중에서는 상담(advise)을 받지 않은 학생도 있다.

Exercise (1/3)

- Draw an ER diagram for the company below. Make assumptions on constraints if necessary. The company keeps track of a company's employees, departments, projects, and so on.
- The company is organized into departments. Each department has a unique name, a unique number, and a particular employee who manages the department, We keep track of the start data when that employee began managing the department. A department may have several locations.

연습문제 (1/3)

상기 연습문제는 아래 교재에서 인용하였다.

- R. Elmasri and S.B. Navathe, Database Systems: Models, Languages, Design, and Application Programming (6th edition), Pearson, 2011.

상기 예제는 ER model의 여러 기능을 연습할 수 있는 좋은 예제이며, 독자는 뒤에 나와있는 모범답안을 보기 전에 ER diagram을 나름대로 작성해 보기를 추천한다. 저자는 과거 몇 년동안 학생들과 본 예제를 가지고 연습문제를 함께 논의하곤 했는데 학생들의 다양한 관점 및 방법이 있음에 놀라기도 하였다.

사용자 요구사항 분석에 의하여 생성되는 ER Diagram은 정답이 하나만 존재하는 것이 아니고, 다수개의 좋은 답안이 존재할 수 있다.

Exercise (2/3)

- A department controls a number of projects, each of which has a unique name, a unique number, and a single location.
- We store each employee's name, social security number, address, salary, gender, and birthdate. An employee is assigned to one department but may work on several projects, which are not necessarily controlled by the same department. We keep track of the number of hours per week that an employee works on each project. We also keep track of the direct supervisor of each employee
- We want to keep track of the dependents of each employee for insurance purposes. We keep each dependent's name, gender, birthdate, and relationship to the employee

연습문제 (2/3)

Dependents 속성으로는 이름, 성별, 생년월일, 관계(부, 모, 배우자, 아들, 딸 등등)이 있는데, 주 키를 할 수 있는 속성이 없으므로 weak entity type이 된다. 만약 dependent가 주 키가 될 수 있는 주민번호(SSN)를 속성으로 가지면 strong entity type이 된다.

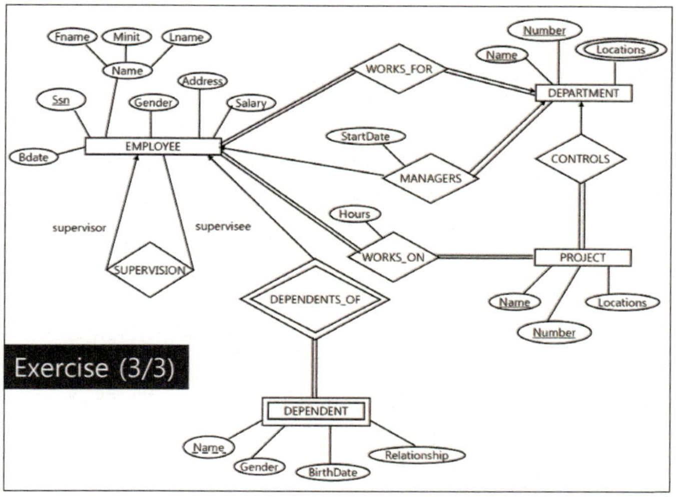

연습문제 (3/3)

상기 그림에서 사용한 표기법은 앞에서 사용한 것과 일부 다른 부분이 있으나, 전체적으로는 큰 어려움 없이 이해할 수 있다(표기법은 후에 자세하게 설명함). ER diagram에 대한 표기법은 다수 개가 존재하며, 그 모두가 표기법의 단순한 차이이며 의미적으로는 동일한 것을 표현한다. 상기 그림에서 타원은 속성을 표현하며, Name 속성은 Fname, Minit, Lname으로 구성되는 composite attribute를 의미하며, 두 개의 타원으로 표현된 Location 속성은 multi-valued attribute를 의미하고, DEPENDENT weak entity type의 Name(점선 밑줄이 있음) 속성은 partial key를 표현한다.

entity type과 relationship type 연결 실선에서 화살표는 cardinality constraint를 표현하며, double line의 경우 화살표는 double line 전체적으로 그려져야 하나 PowerPoint의 한계성으로 인하여 한 개 line에만 화살표가 표기되어 있으니 독자는 참고하길 바랍니다.

10.3 관계형 스키마로 변환

Entity Sets, Relationship Sets

- A database which conforms to an E-R diagram can be represented by a collection of schemas
- For each entity set and relationship set there is a unique schema that is assigned the name of the corresponding entity set or relationship set
- Each schema has a number of columns (generally corresponding to attributes), which have unique names

개체 집합, 관계성 집합

설계자가 사용자 요구 사항을 반영하는 ER 다이어그램을 작성하면, 다음 단계는 이를 관계형 스키마로 변환하는 것이다. 데이터베이스 설계의 목적은 좋은 관계형 스키마를 구하는 것이다.

개체 집합과 관계성 집합은 각각 테이블로 속성과 함께 변환된다. 기본 원칙은 개체 집합과 관계성 집합은 테이블 한 개씩으로 변환된다. 기본적으로 개체 속성은 테이블 속성으로 변환되나, 개체 속성 타입에 따라 변환이 상이할 수 있다.

Strong/Weak Entity Sets

- A strong entity set becomes to a relation with the same attributes
- A weak entity set becomes a relation that includes the primary key of the identifying strong entity set
- The schema corresponding to a relationship set linking a weak entity set to its identifying strong entity set is redundant (Why ???)

강한/약한 개체 집합

강한 개체는 관계로 변환이 되며, 약한 개체도 관계로 변환이 된다. 약한 개체를 구분하는(identifying) 관계성은 테이블로 변환이 되지 않는데, 그 이유는 약한 개체를 변환할 때 강한 개체의 주 키를 이미 포함하기 때문에 구분하는 관계성을 관계로 변환하면 중복이 되기 때문이다.

Weak Entity Set Example

- course(cID, title, deptName, credit)
- section(cID, sID, year, semester, classroom, classTime)
- No table for "offered"

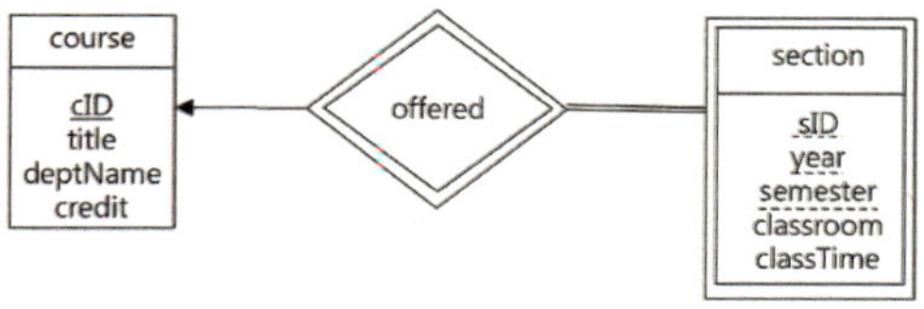

■ 약한 개체 예제

강한 개체와 약한 개체 변환 예제이다. 상기 예제와 같이 변환된 테이블의 주 키도 결정하여야 한다.

M:N Relationship Sets

- A many-to-many relationship set is represented as a schema with attributes for the primary keys of the two participating entity sets, and any descriptive attributes of the relationship set
- Example: Own(pID, vehicleID, registrationDate)

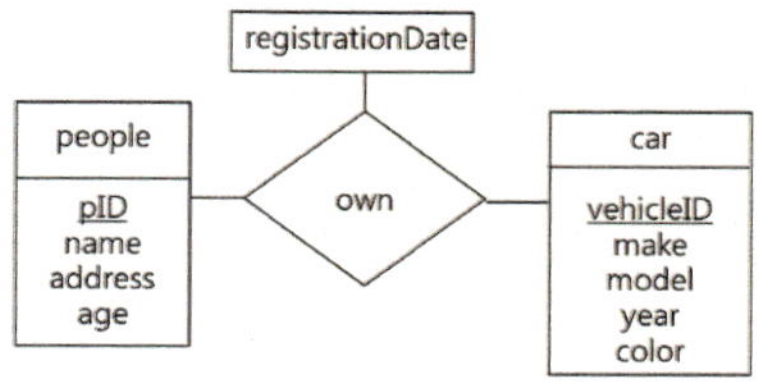

■ 다대다 관계성 집합

다대다 관계성은 반드시 독립적인 테이블로 변환되며, 속성은 관여하는 개체 집합의 주 키를 포함한다.

N:1/1:1 Relationship Sets

- Many-to-one and one-to-many relationship sets that are total on the many-side can be represented by adding an extra attribute to the "many" side, containing the primary key of the "one" side
  - If participation is partial on the "many" side, replacing a schema by an extra attribute in the schema corresponding to the "many" side could result in null values
- For one-to-one relationship sets, either side can be chosen to act as the "many" side

N:1 Relationship Set Example

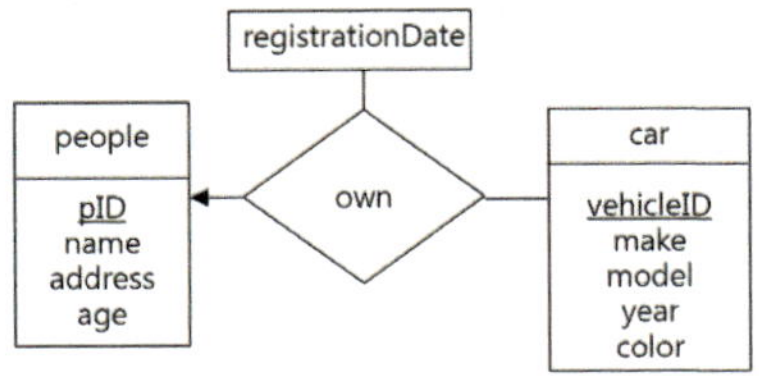

- people(pID, name, address, age)
  own(pID, vehicleID, registrationDate)
  car(vehicleID, make, model, year, color)
- people(pID, name, address, age)
  car(vehicleID, make, model, year, color, registrationDate, pID)

다대일 관계성 집합

다대일 관계성의 경우에는 독립적인 테이블로 변환도 가능하고, 또는 다(many)측 개체로 병합되어 테이블로 변환이 가능하다.

다대일 관계성 집합 예제

상기와 같이 두 가지 방식 모두가 가능하다.

생성된 테이블의 주 키는 밑줄 친 속성이다. 첫 번째 방식에서 own 테이블의 주 키는 vehicleID이다. people 개체에 다수개의 car 개체가 연관이 되므로, car 개체의 주 키만으로도 own 테이블의 주 키가 된다.

두 번째 방식에서 car 개체는 pID를 포함하여야 하며, car 개체의 주 키는 vehicleID이다. 참고적으로 관계성에 참여하지 않는 car 터플의 pID 값은 널 값이 된다.

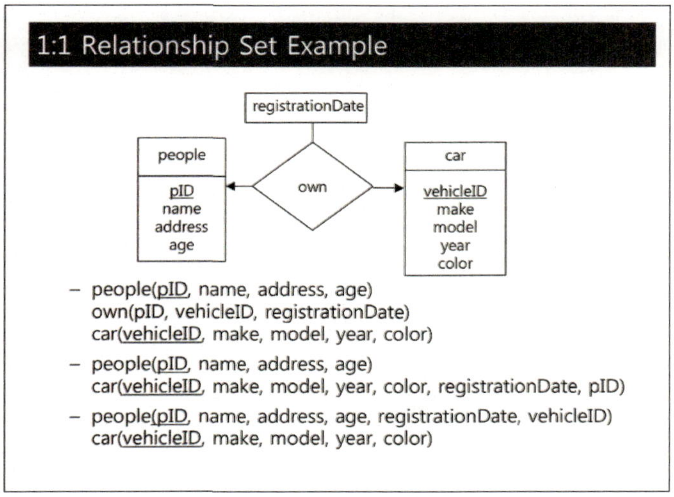

▪ 일대일 관계성 집합 예제

일대일 관계성 집합 예제이다. 상기와 같이 세 가지 방식 모두가 가능하다.

첫 번째 방식에서 own 테이블의 주 키는 pID 또는 vehicleID 이다.

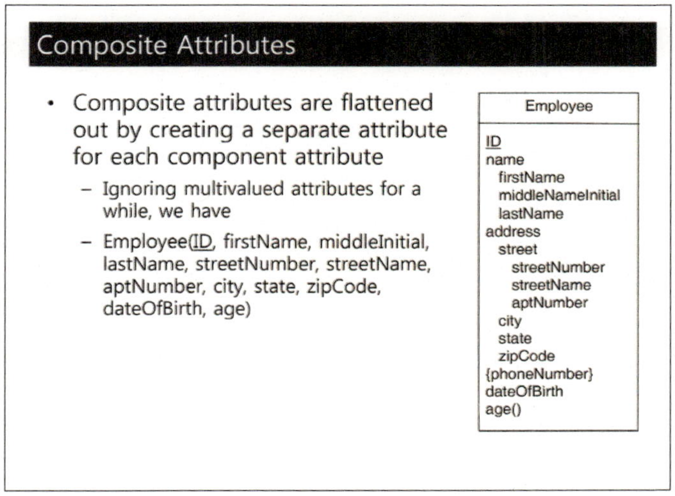

▪ 복합 속성

복합 속성은 flatten out되어 테이블 속성으로 변환이 되어, 복합 속성의 각 구성(component) 속성이 테이블 속성으로 변환이 된다. 상기 예제에서 복합 속성 address는 street, city, state, zipCode로 구성이 되고, street 속성이 또한 streetNumber, streetName, aptNumber로 구성이 되는 복합 속성인데, 이 경우 streetNumber, streetName, aptNumber, city, state, zipCode 속성으로 변환이 된다.

다수값을 가지는 phoneNumber는 결과 테이블 스키마에 포함되지 않으며, 독립 테이블로 변환된다.

유도된 속성 age()는 관계형 스키마에는 명시적으로는 포함된다. 객체지향 데이터 모델 또는 객체 관계형 데이터 모델에서는 유도된 속성은 메소드(method)로 변환할 수 있다.

Multivalued Attributes

- A multivalued attribute of an entity E is represented by a separate schema that includes the primary key of E
- employeePhone(<u>ID, phoneNumber</u>)
  - Each value of the multivalued attribute maps to a separate tuple of the relation on schema
  - An "employee" entity with primary key 22222 and phone numbers 456-7890 and 123-4567 maps to two tuples: (22222, 456-7890) and (22222, 123-4567)

다수값 속성

다수값 속성은 단일 테이블로 변환이 되는데, 관련 개체의 주 키 속성을 포함한다.

관계형 데이터 모델의 기본적인 가정은 모든 값이 원자 값이어야 하는 것이고, 이 원칙으로 인하여 상기와 같은 변환이 이루어지게 된다. 만약 데이터 모델이 속성 값으로 집합 값을 허용하면, 다수값 속성이 독립적인 테이블로 변환이 되지 않고, 다른 단순값 속성과 유사하게 변환이 될 것이다. 객체 관계형 데이터 모델에서는 속성 값으로 집합을 허용한다.

10.4 설계 이슈

E-R Design Decisions

- An attribute vs. an entity set
- An entity set vs. a relationship set
- A ternary relationship vs. a pair of binary relationships
- Strong vs. weak entity set
- The use of specialization/generalization

ER 설계 이슈

소세상(mini world)에 대해 데이터 모델을 하는 경우, 상기에 나열되어 있는 것처럼 결정하여야 하는 사항은 많다. 동일한 정보를 표현하는 방식에 따라 데이터베이스 시스템의 성능이 좌우되기도 한다. 데이터 모델에 대한 명확한 정답은 없으며, 다만 설계 결과에 대한 장단점이 있을 뿐이다.

Entity Sets vs. Attributes

- Both represents equivalent information, but there are pros and cons (no right/wrong answer)
- LHS generates only one table, while RHS gives 2 tables
- Having a separate table for phone allows us to store extra information about phone numbers

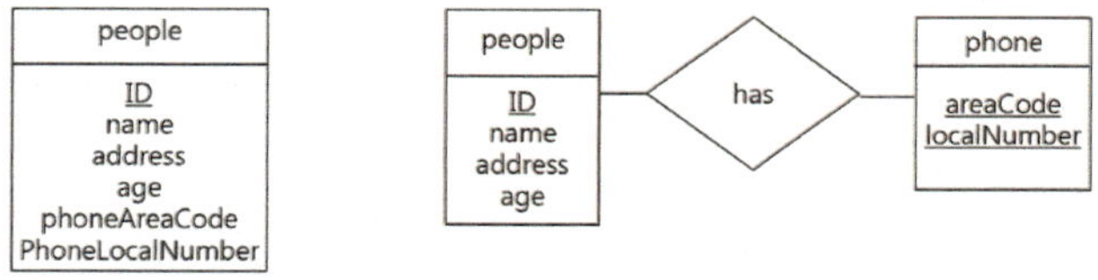

개체 집합 대 속성

데이터베이스에서 표현하고자 사항을 개체로 표현할 것인지 또는 개체 속성으로 표현할 것인지를 결정하여야 한다.

상기 예제에서 전화번호를 독립 개체로 모델링하는 것과 전화번호 정보를 사람 개체의 속성으로 모델링이 가능하다. 오른쪽 ER 다이어그램과 같이 모델링하는 경우 전화번호만을 가지는 테이블이 존재하며, 이는 바람직한 모델이 아니다. 다만 전화번호에 대한 다양한 정보가 함께 저장이 된다면(해당 번호 허가일, 해당 번호 누적 사용 시간 등등) 전화번호에 대한 독립적인 관계 생성을 고려할 수 있다.

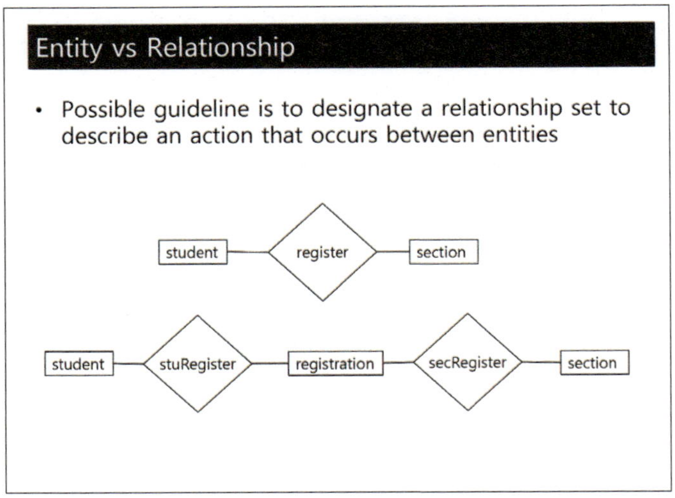

개체 대 관계성

정보를 표현하기 위하여 개체화 또는 관계성화를 결정하여야 한다. 일반적으로 명사(noun)는 개체로 표현이 되며, 명사 간의 동사는 관계성으로 표현된다.

상기 예제에서 "학생이 분반을 수강하다"를 ER 모델링을 하면, 첫 번째 ER 다이어그램이 적합하다.

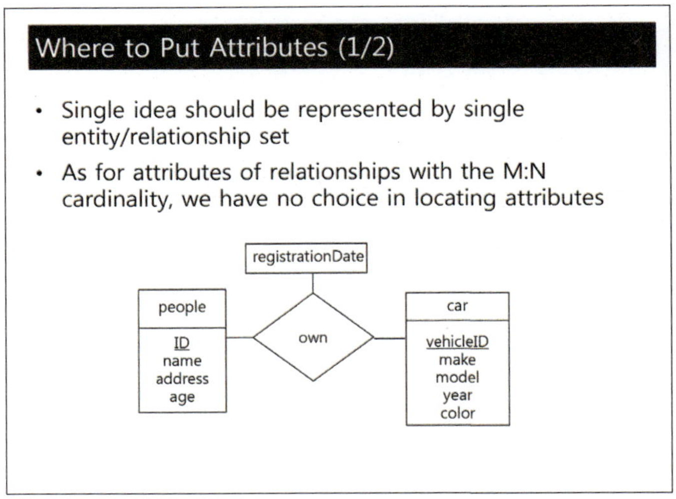

속성 위치 (1/2)

단일 아이디어는 단일 개체 또는 단일 관계성으로 표현하여야 한다.

관계성의 속성 위치는 다대다 카디날리티 제약에서는 관계성에 반드시 위치하여야 한다.

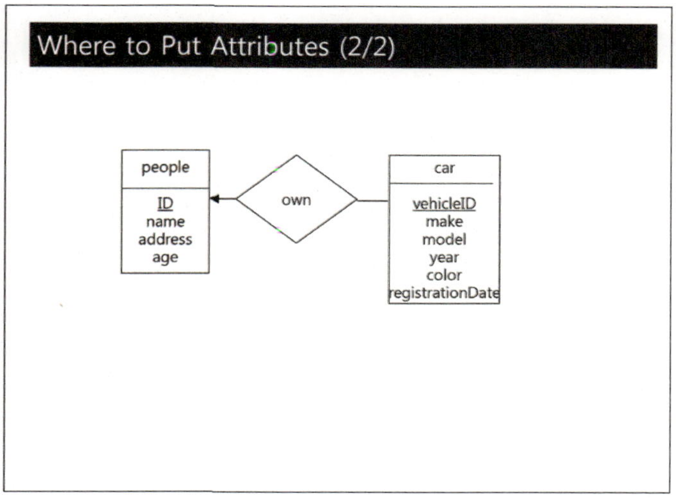

속성 위치 (2/2)

카디날리티 제약이 일대일 경우에는 관계성 속성은 임의의 관련 개체에 위치할 수 있다. 카디날리티 제약이 일대다인 경우에는 관계성 속성은 다(many)쪽 개체에 위치할 수 있다.

상기 ER 다이어그램은 아래 관계로 변환된다.

```
people(ID, name, address, age)
car(vehicleID, make, model, year, color,
registrationDate, pID)
```

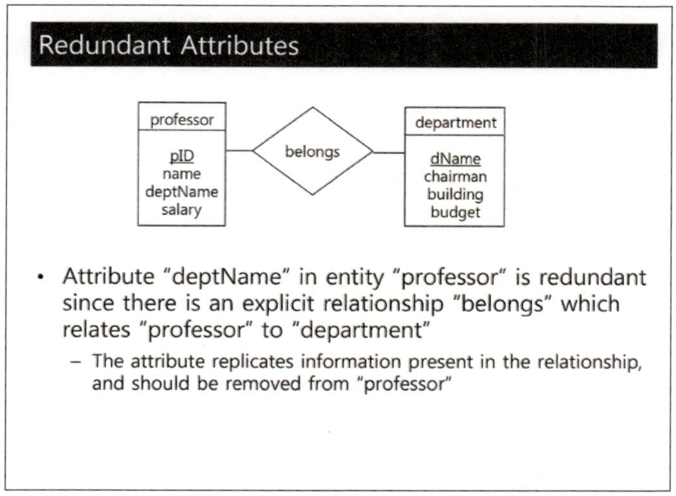

중복 속성

상기 예제에서 professor 개체의 deptName는 중복되는 속성으로 제거되어야 한다. Professor가 속하는 학과 정보가 deptName 속성과 belongs 관계성 집합으로 중복적으로 표현되어 있다. 상기 다이어그램을 관계형 스키마로 변환을 하면 중복성이 더욱 명확해진다.

Binary vs. Non-binary Relationships

- An n-ary relationship set shows more clearly that several entities participate in a single relationship
- It is possible to replace any n-ary (n > 2) relationship set by a number of distinct binary relationship sets

이진 관계성 대 다진 관계성

다진 관계성이 다수 개체 간의 관계를 명확히 표현한다. 다만 다진 관계성을 다수 개의 이진 관계성으로 변환이 가능하지만, 변환 시에 다진 관계성의 모든 정보가 완전히 변환되지 않고 일부 정보가 유실되는 경향이 있다.

Binary vs. Ternary Relationship Set

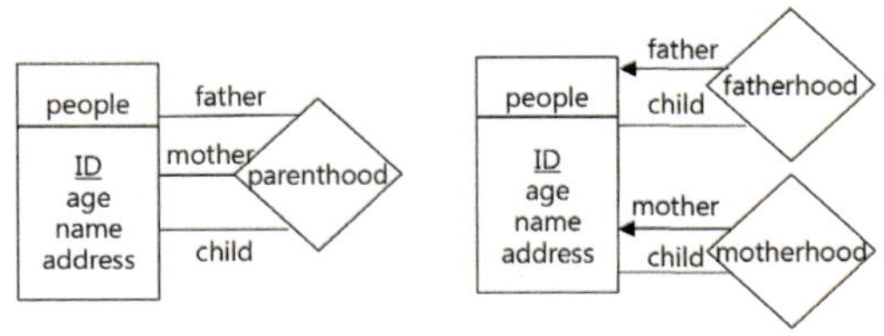

- The parenthood relationship subsumes the fatherhood relationship and the motherhood relationship, but not vice versa
- Using two binary relationships allows partial information to be modelled (e.g., mother side only)

이진 관계성 대 삼진 관계성

회귀적(recursive) 관계성을 사용하여 이진 관계성과 삼진 관계성을 비교한다.

parenthood 관계성은 아버지/어머니/자식에 대한 정보가 정확히 기록되어야 한다. fatherhood 관계성과 motherhood 관계성은 서로 관련이 없는 관계성이므로 예를 들어 아버지 정보만도 기록이 가능하다. 데이터베이스에 아버지/어머니/자식 정보를 반드시 함께 기록하려면 삼진 관계성 parenthood를 사용하여야 하나, 부분 정보만이라도 표현을 하려면 두 개의 이진 관계성을 사용하면 된다.

parenthood 삼진 관계성은 fatherhood 관계성과 motherhood 관계성을 동시에 표현하지만, fatherhood 관계성과 motherhood 관계성이 반드시 parenthood 삼진 관계성을 표현하지는 않는다.

Converting Non-Binary Relationships (1/2)

- In general, any non-binary relationship can be represented using binary relationships by creating an artificial entity set
  - Replace R between entity sets A, B and C by an entity set E, and three relationship sets
    - R_A, relating E and A
    - R_B, relating E and B
    - R_C, relating E and C
  - Create a special identifying attribute for E
  - Add any attributes of R to E
  - For each relationship (a_i, b_i, c_i) in R
    - Create a new entity e_i in the entity set E
    - Add (e_i, a_i) to R_A
    - Add (e_i, b_i) to R_B
    - Add (e_i, c_i) to R_C

다진 관계성 변환 (1/2)

일반적으로 다진 관계형은 다수개의 이진 관계성으로 변환이 가능하다. 새로운 객체 집합을 생성한 후, 다진 관계성 집합에 속하는 관계성에 대응하는 개체 및 관계성을 생성한다.

Converting Non-Binary Relationships (2/2)

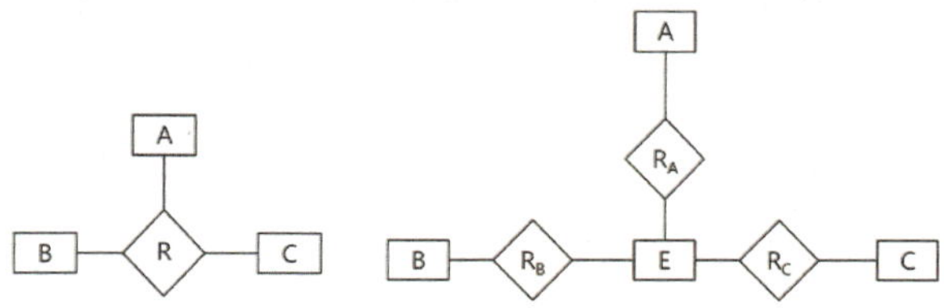

- Also need to translate constraints
  - Translating all constraints may not be possible
  - There may be instances in the translated schema that cannot correspond to any instance of R

다진 관계성 변환 (2/2)

이러한 변환의 문제점은 다진 관계성에 존재하는 제약 사항을 새로운 다이어그램에서 정확하게 표현하지 못하는 것이다.

10.5 확장 ER 모델

Specialization/Generalization

- Top-down design process
  - Designate subgroupings within an entity set that are distinctive from other entities
  - These subgroupings become lower-level entity sets that have attributes or participate in relationships that do not apply to the higher-level entity set
  - Also referred to as superclass/subclass relationship
- A bottom-up design process
  - Combine a number of entity sets that share the same features into a higher-level entity set
- Attribute inheritance: a lower-level entity set inherits all the attributes and relationship participation of the higher-level entity set to which it is linked
- Specialization and generalization are simple inversions of each other
  - The terms specialization and generalization are used interchangeably

특수화/일반화

ER 데이터 모델은 객체지향 모델의 일반화/특수화/상속 기능을 지원한다.

하향식 설계과정에서는 특수화가 가능하고, 상향식 설계 과정에서는 일반화가 가능하다. 특수화와 일반화는 동전 양면과 같이 동일한 현상을 의미하므로 두 개 용어는 서로 호환적으로 사용된다.

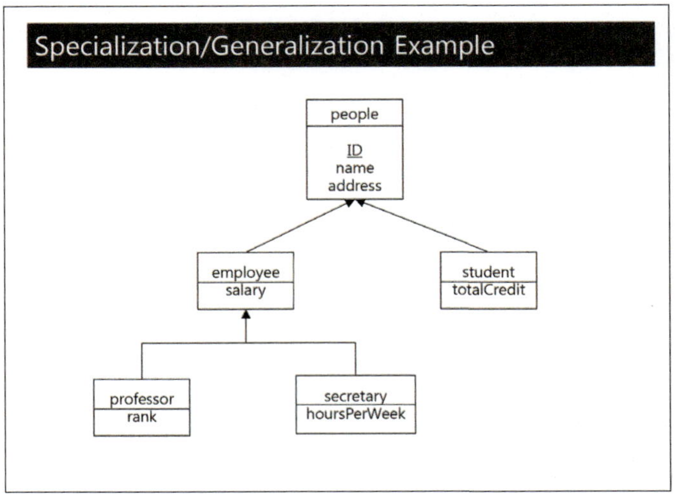

특수화/일반화 예제

상기 다이어그램은 특수화/일반화의 예제이다.

people 개체는 3개 속성을 가지고 있으며, 하위 개체인 employee는 salary 속성만을 가지고 있으나 속성 상속으로 인하여 총 4개 속성을 가진다.

people의 하위 개체 employee, student는 overlapping specialization을 의미하며, employee의 하위 개체 professor, secretary는 disjoint specialization을 의미한다.

Multiple Specialization

- Can have multiple specializations of an entity set based on different features
  - permanent-employee vs. temporary_employee
  - In addition to instructor vs. secretary
- Each particular employee would be
  - A member of one of permanent_employee or temporary_employee
  - And also a member of one of professor, secretary

다중 특수화

상위 개체와 하위 개체 간에 반드시 하나만의 특수화/일반화가 존재하는 것은 아니고, 다수개의 특수화가 가능하다.

Constraints on Specialization/Generalization (1/2)

- Constraint on which entities can be members of a given lower-level entity set
  - Condition-defined
    - Example: all customers over 65 years are members of senior-citizen entity set; senior-citizen ISA person.
  - User-defined
- Constraint on whether or not entities may belong to more than one lower-level entity set within a single generalization
  - Disjoint
    - An entity can belong to only one lower-level entity set
    - Represented in E-R diagram by having multiple lower-level entity sets link to the same triangle
  - Overlapping
    - An entity can belong to more than one lower-level entity set

제약 조건 (1/2)

상위 개체에 속하는 개체가 하위 개체에 속하는 기준에 대하여 조건을 정의할 수도 있으며 또는 사용자가 지정할 수도 있다.

상위 개체가 하위 개체에 속하는 방식에서 제약은 두 가지가 가능하며, disjoint는 상위 개체가 하위 개체 하나에만 속하게 되고, overlapping는 상위 개체가 다수 개의 하위 개체에 속할 수 있다.

Constraints on Specialization/Generalization (2/2)

- Completeness constraint specifies whether or not an entity in the higher-level entity set must belong to at least one of the lower-level entity sets
  - Total: an entity must belong to one of the lower-level entity sets
  - Partial: an entity need not belong to one of the lower-level entity sets
  - Partial is the default

제약 조건 (2/2)

완전 제약 조건은 상기와 같이 전체(total)와 부분(partial)이 있다.

Representing Specialization as Schemas (1/2)

- Method 1
  - Form a schema for the higher-level entity
  - Form a schema for each lower-level entity set, include primary key of higher-level entity set and local attributes

schema	attributes
people	ID, name, address
student	ID, totalCredit
employee	ID, salary

  - Drawback: getting information about an employee requires accessing two relations (one corresponding to the low-level schema and one corresponding to the high-level schema)

특수화 스키마 (1/2)

스키마로 변환 시는 두 가지 방법이 가능하다. 첫 번째 방법은 하위 개체는 하위 개체에만 속하는 속성과 상위 개체의 주 키만으로 스키마를 변환하는 것이다. 이 경우, 하위 관계에 대한 모든 속성을 검색하기 위해서는 하위 관계와 상위 관계 모두를 접근하여야 한다.

Representing Specialization as Schemas (2/2)

- Method 2
  - Form a schema for each entity set with all local and inherited attributes

schema	attributes
people	ID, name, address
student	ID, name, address, totalCredit
employee	ID, name, address, salary

  - If specialization is total, the schema for the generalized entity set (people) not required to store information
    - Can be defined as a "view" containing union of specialization relations
    - But explicit schema may still needed for foreign key constraints
  - Drawback: "name", "address" may be stored redundantly for people who are both students and employees

특수화 스키마 (2/2)

두 번째 방법은 하위 개체는 상속받은 모든 속성과 해당 개체에만 적용되는 속성만으로 스키마를 구성하는 것이다.

특수화가 total 제약을 가지면 상위 개체는 반드시 하위 개체에 속하게 되므로, 상위 개체만을 위한 테이블 생성이 필요하지 않을 수도 있다. 하위 개체를 이용하는 뷰로 상위 개체를 대신할 수 있으나, 뷰 테이블에는 참조 무결성을 설정하지 못하므로 상위 개체에 대한 데이터 제약 사항을 설정할 수 없다.

10.6 표기법

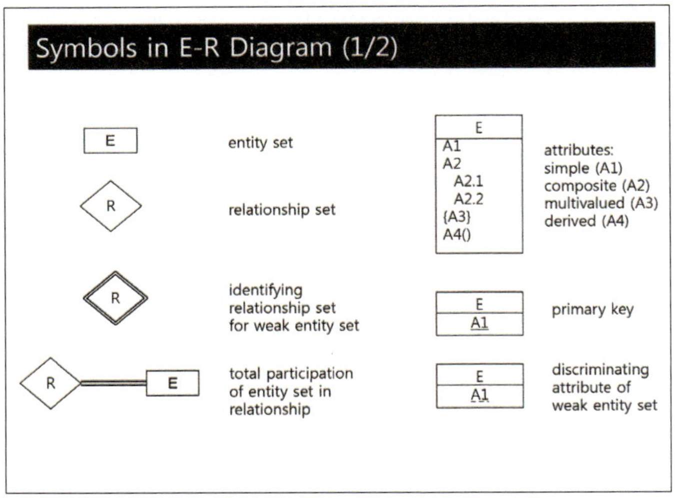

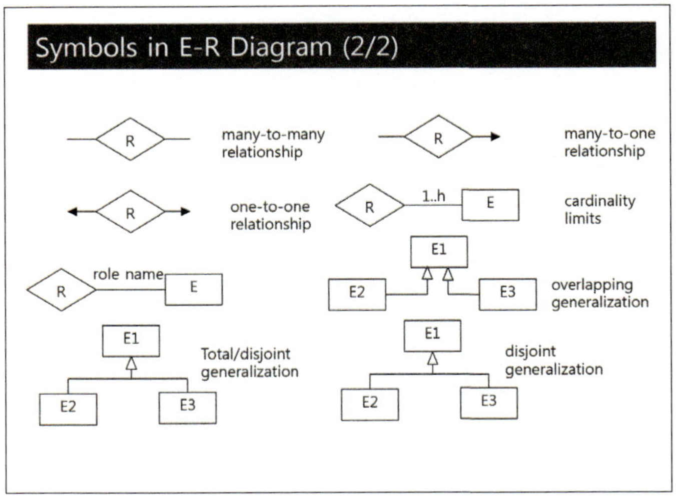

ER 다이어그램 기호 (1/2)

본 절에서는 ER 다이어그램에 대한 기호를 살펴본다. ER 다이어그램 기호는 표기법에서 차이는 있으나 기능은 동일하다. 상기 표기법은 본 교재에서 사용하고 있는 기호이다.

ER 다이어그램 기호 (2/2)

오른쪽 위에서 두 번째 그림은 카디날리티 제약과 참여 제약을 동시에 표현할 수 있는 표기법으로 후에 자세히 살펴보기로 한다.

상기 그림에서 오른쪽 위에서 세 번째 그림은 특수화의 overlapping 조건을 의미하며, 네 번째 그림은 특수화의 disjoint 조건을 의미한다.

왼쪽 가장 밑 그림 예제와 같이 특수화의 total 참여 조건은 명시하여야 한다.

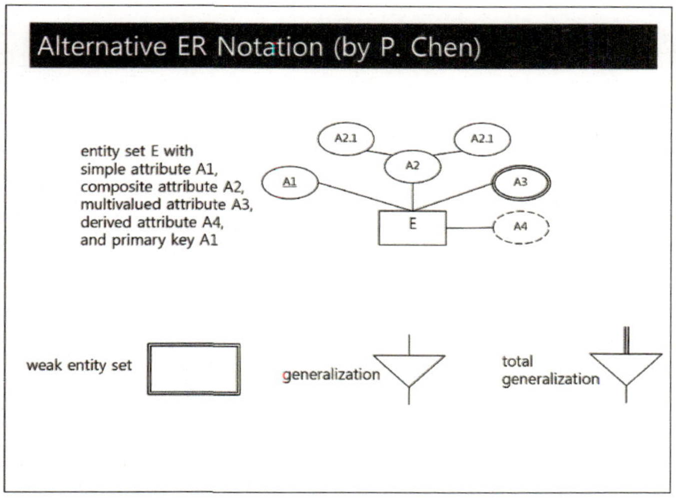

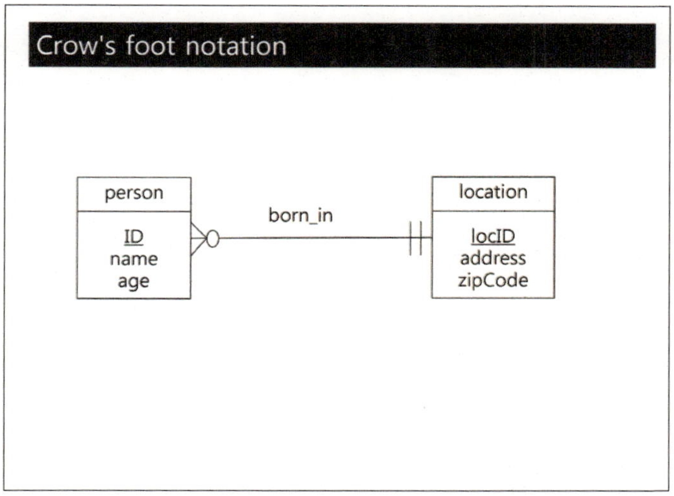

P. Chen 표기법

ER 데이터 모델을 제안하였던 P. Chen의 원래 표기법이다. 약한 개체는 이중 사각형으로 표현을 한다. 일반화는 역삼각형 모형으로 표시되며, 상기 그림과 같이 부분 참여는 단일 실선으로 전체 참여는 이중 실선으로 표현한다.

다른 데이터베이스 교과서에서 종종 사용되고 있다.

까마귀 발 표기

까마귀 발 표기(IE(information engineering) 표기법 또는 Martin 표기법)는 다음과 같다.

- 관계 타입은 직선으로 표시하며, 관계 타입의 이름(즉, 관계 타입의 의미로 주로 동사형)는 직선 옆에 표기한다.
- cardinality (multiplicity라고도 함) 및 participation 조건을 표시할 수 있다.
- 직선의 바깥쪽 끝 부분에 cardinality를 표시하고 그 안쪽으로 participation을 표시한다.
- cardinality 표시에서 까마귀 발 모양은 many, 수직 바는 one을 표시한다.
- participation 표시에서 작은 원은 zero(optional 즉, partial participation)을 표시하고, 수직 바는 one (mandatory 즉, total participation)을 표시하는데, 그 위치가 Chen's 표기와 비교하여 반대편이다.

person 개체 타입과 location 개체 타입 간의 출생지 관계를 까마귀 발 표기로 표현한 것이다. 모든 person 개체는 반드시 하나 location 개체와 관련이 있고, 한 location에는 다수명의 person 개체가 관련이 될 수 있으나 모든 location이 반드시 관련되지는 않는다.

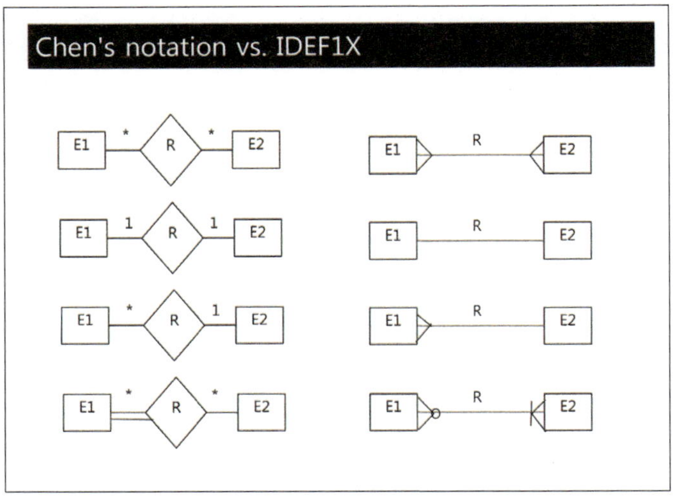

표기법 비교

왼쪽은 P. Chen 표기법이고 오른쪽은 동일한 관계 개체를 의미하는 IDEF1X 표기법이다. 미국 NIST(National Institute of Standards and Technology)에서 IDEF1X(Integration DEFinition for information modeling, 1993) 표기법은 정의하였는데, 까마귀발 표기법은 IDEF1X 표기법의 일부이다.

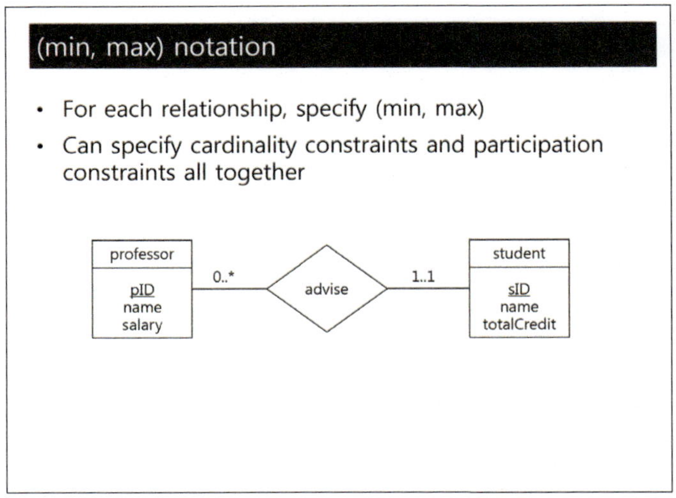

(최소, 최대) 표기법

관계성의 제약은 표현하는 다른 방식으로 (min, max) 표기법이다. 이 방식은 각 개체 타입 기준으로 관계 개체에 관여하는 횟수의 최소/최대값을 표시한다.

상기 그림에서 professor 개체의 최소 참여 회수가 0이며 이는 partial participation을 의미하며, student 개체의 최소 참여 회수가 1이며 이는 total participation을 의미한다.

이 방식은 해당 개체 타입을 기준으로 (min, max)를 표기하므로, cardinality 제한 표시가 직관적인 표기와 다르게 표현되기도 한다.

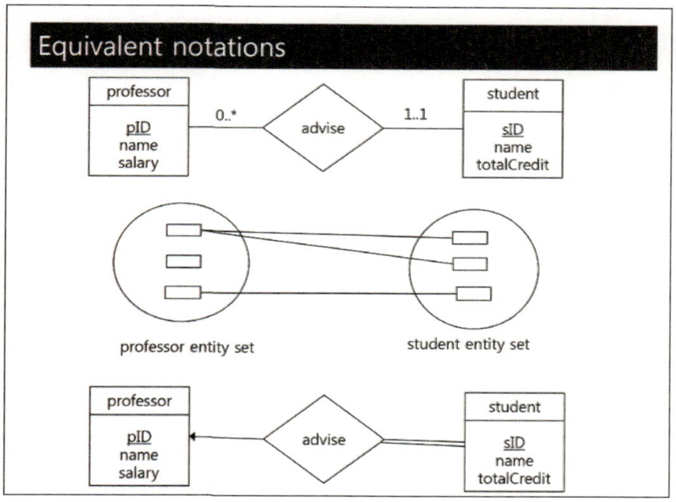

동일한 표기

상기 예제에서 professor 개체 집합에 속하는 개체는 advise 관계성 집합에 참여하지 않은 개체도 있고 여러 번 참여하는 개체도 있으므로, 최소 0, 최대 *(many)회 참여한다. student 개체 집합에 속하는 개체는 모두가 1회 advise 관계성 집합에 참여를 하므로 최소 1, 최대 1로 표기가 된다.

상기의 첫 번째 그림과 세 번째 그림은 동일한 의미를 가지는 다른 표기법이다. 그림 간의 cardinality 표기 위치를 주목하자.

UML (1/2)

- UML: Unified Modeling Language
- UML has many components to graphically model different aspects of an entire software system
- UML Class Diagrams correspond to E-R Diagram, but several differences
  - Binary relationship sets are represented by a straight line
  - The relationship set name may be written adjacent to the line
  - The role played by an entity set may be specified on the line
  - The relationship set name may be written in a box along with attributes of the relationship set

UML (1/2)

UML는 OMG(Object Management Group)에 의하여 제정된 표준으로 소프트웨어 구성 요소를 명세하는 언어이다. UML는 구성 요소 중에 class diagram은 ER 모델과 유사하다.

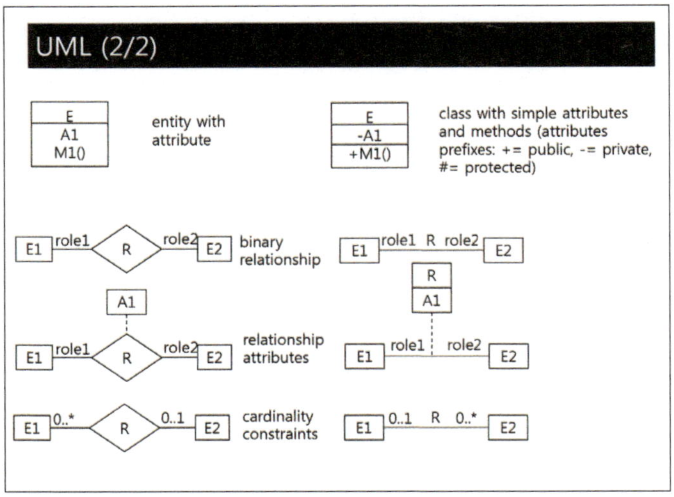

UML (2/2)

상기 그림은 ER 모델의 표기법과 UML Class 다이어그램 기호 간의 차이점을 보인다. 상기 그림의 왼쪽은 ER model diagram을, 오른쪽은 동일한 UML diagram을 보인다.

UML 객체는 메소드를 가질 수 있으며, 메소드와 속성은 private, public, protected 접근 방식을 제공한다. private 속성은 해당 객체의 메소드에서만 접근이 가능하고, protected 속성은 해당 객체와 서브객체에서만 접근이 가능하다. UML 속성은 복합 속성이나 다수 값 속성을 지원하지 않는다.

또한 관계성 집합 제약에 대하여 min/max 표기법을 사용하나, 위치가 반대에 위치하고 있음을 주의하자.

제10장 연습문제

10.1

Design an ER diagram for keeping track of the exploits of your favorite sports team. You should store the matches played, the scores in each match, the players in each match, and individual player statistics for each match. Summary statistics should be modeled as derived attributes. Make appropriate assumptions as necessary.

10.2

A weak entity set can always be made into a strong entity set by adding to its attributes the primary-key attributes of its identifying entity set. Outline what sort of redundancy will result if we do so.

10.3

Consider the "advises" relationship shown below. Suppose the ER diagram has been transformed into tables:

professor(pID, name, salary)

student(sID, name, age, pID)

What extra constraints are required on the relation "student" to ensure that the one-to-one cardinality constraint is enforced?

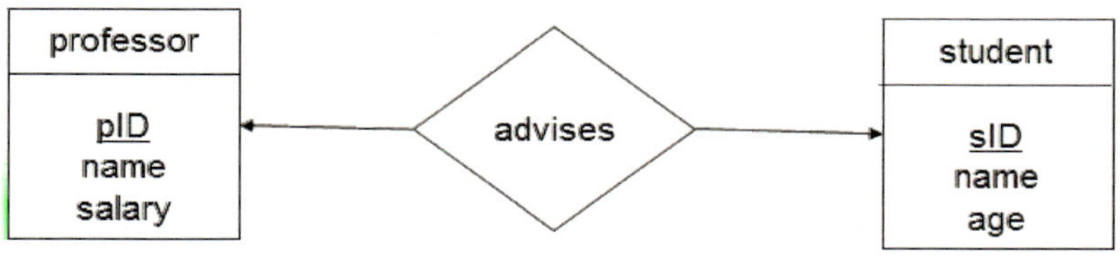

10.4

Consider an ER diagram shown below. Suppose we have two tables from the ER diagram as below:

professor(pID, name, rank, salary, dNumber)

department(dNumber, dName, office, budget)

The attribute "dNumber" of "professor" is the foreign key referencing the "department" table. In SQL, attributes in a foreign key constraint can be null. Explain how a constraint on total participation of "professor" in "belongs" can be enforced in SQL.

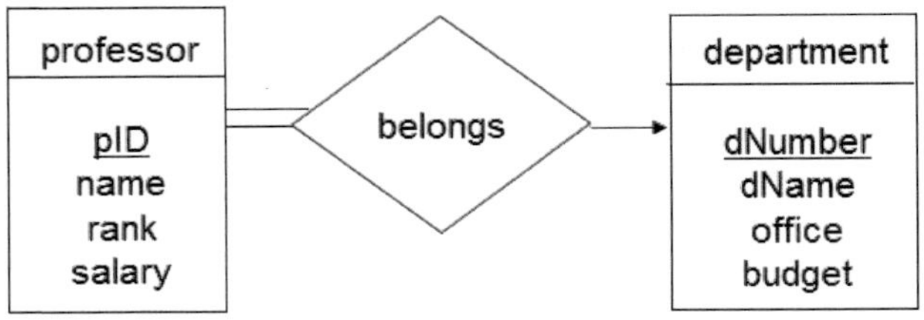

10.5

Consider the ER diagram below, which models an online bookstore.

(a) List the relation schema that can be derived from Figure 3. Also specify primary key attributes each table.

(b) Suppose the bookstore adds Blu-ray discs and downloadable video to its collection. We keep track of ISBN, title, number of disks, production year, price for Blu-ray discs. The downloadable video has properties including ISBN, title, price, video size in Mbytes, running time.

Extend the ER diagram using generalization to model the case where a shopping basket may contain any combination of book, Blu-ray discs or downloadable video.

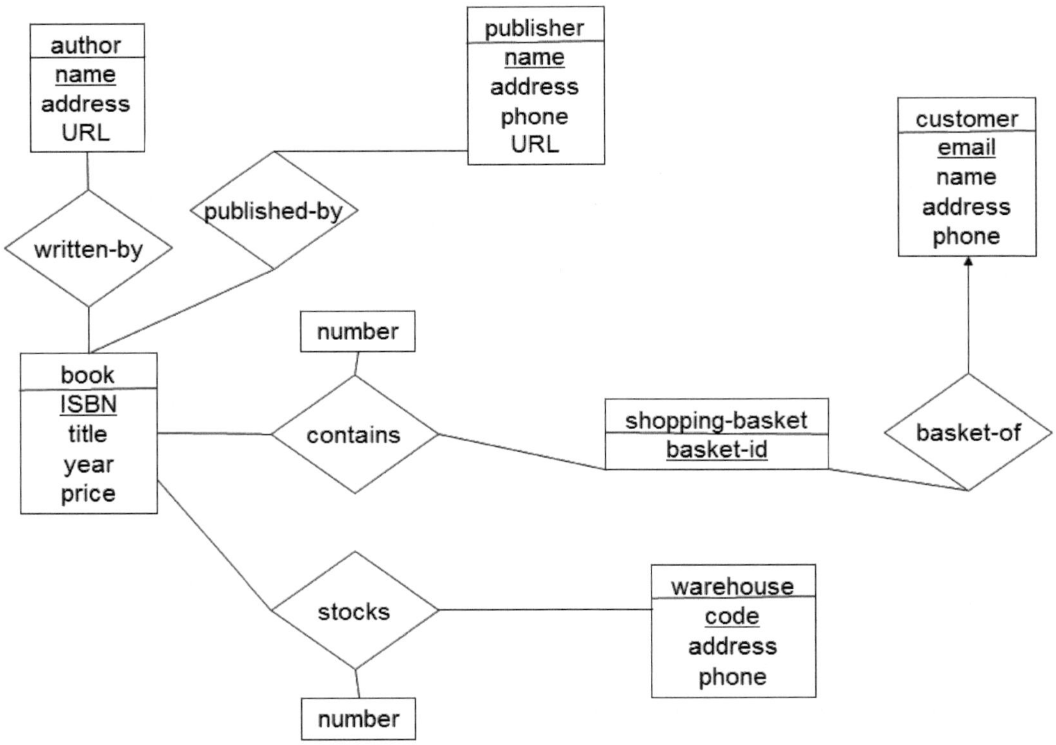

10.6

An ER diagram can be viewed as a graph. What do the following mean in terms of the structure of an enterprise schema?

(a) The graph is disconnected.

(b) The graph has a cycle.

10.7

Construct an ER diagram for a car insurance company whose customers own one or more cars each. Each car has associated with it zero to any number of recorded accidents. Each insurance policy covers one or more cars, and has one or more premium payments associated with it. Each payment is for a particular period of time, and has an associated due date, and the date when the payment was received. Make appropriate assumptions as necessary.

10.8

다음 ER diagram를 고려하자. 아래 ER diagram를 테이블로 변환할 때, 총 2개 테이블로 변환하고자 하여, student entity type과 advise relationship type을 하나의 테이블로 변환한다. 변환된 테이블을 생성하는 SQL create 문장을 아래 조건이 만족하도록 작성하시오.

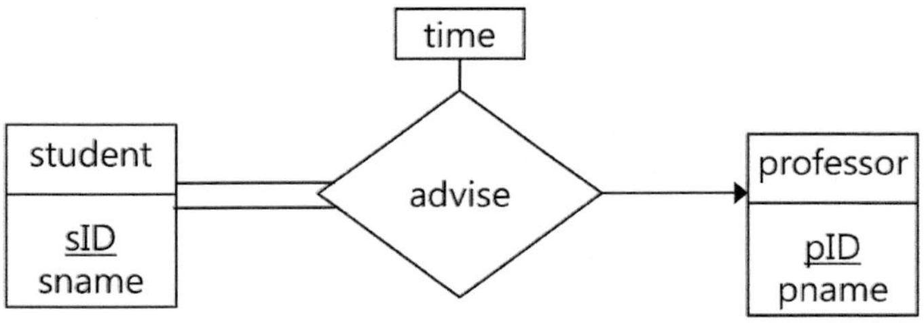

- total participation constraint가 SQL create 문장에 반영되어야 한다.
- 생성된 테이블의 주키가 명시되어야 한다.
- 각 속성의 데이터 타입은 모두 varchar(20)로 가정하자.
- 테이블 이름은 mystudent로 한다.

10.9

아래 ER diagram를 테이블로 변환하고 각 테이블의 주키(primary key)를 명시하시오.

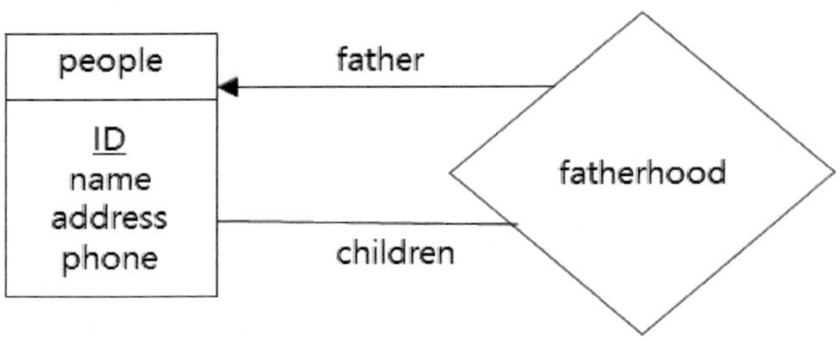

10.10

다음 ER diagram를 고려하자. 배(ship)가 같은 공장에서 제조되었으면 자매 관계가 있는 배라고 한다. 아래 ER diagram를 테이블로 변환하고 각 테이블의 주키(primary key)를 명시하시오.

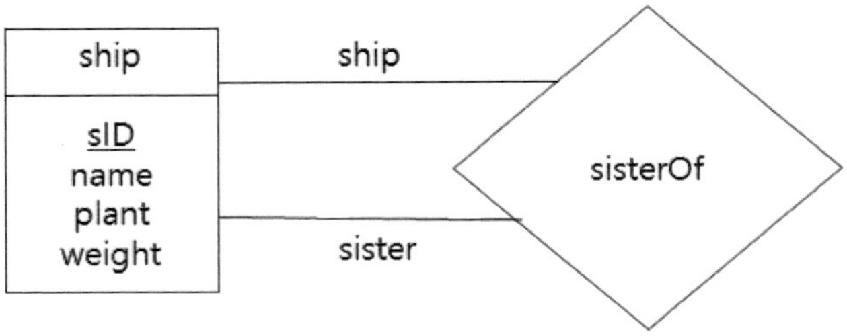

10.11

Draw an entity-relationship diagram for the requirements below. The answer should include the cardinality constraint and the participation constraint whenever applicable.

- The bank stores each customers' name and address. Bank customers are identified by their customer-id values. The bank keeps track of spouse information among customers. Customers may have several accounts.
- The bank offers two types of accounts --- savings and checking account. Account can be held by only one customer, and a customer can have more than one account. No account exists without customers' information. Each account is assigned a unique account number. The bank maintains a record of each account's balance and the most recent date on which the account was accessed. In addition, each savings account has an interest rate and overdrafts are recorded for each checking account.

You should use generalization/specialization to model the account. You should use recursive relationship to model the spouse relationship.

10.12

Convert the ER diagram into relational schema with the minimum number of tables (do not make a table for "LB" relationship), and also specify candidate key in each relation.

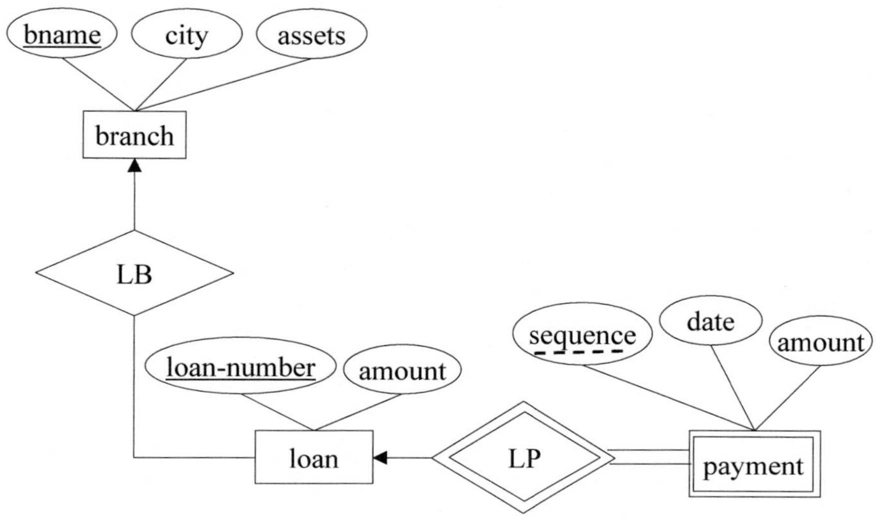

제 11 장

데이터베이스 설계 이론

Subtopics

- Good Schema and Bad Schema
- Functional Dependency Theory
- Normal Forms
- Decomposition and Design
- Multivalued Dependencies

구성 요소

본 장은 데이터베이스 설계에 관하여 논의한다. 7장에서 살펴 본 ER 데이터 모델 적용 후에, 그 다음 단계에 적용되는 데이터베이스 설계 이론이며, 실제 응용에서도 광범위하게 적용되고 있다. 세부 목차는 상기 슬라이드와 같으며, 관계형 데이터베이스 설계에 필요한 이론이다.

11.1 좋은 스키마와 나쁜 스키마

Bad Schema Example 1

- mybadtable1(cID, title, deptName, credit, chairman, building, budget)
  - Mybadtable1 is made by combining two relations "course" and "department"
  - primary key : cID
- Why mybadtable1 is bad?
- Bad schema has three anomalies
  - Update anomaly
  - Delete anomaly
  - Insert anomaly

나쁜 스키마 예제 1

관계형 스키마는 테이블 이름, 속성 이름 및 무결성 제약으로 구성이 되는데, 좋은 성질을 가지지 못한 나쁜 스키마는 데이터베이스 시스템 성능에 악영향을 미치게 된다. 주어진 스키마가 어떤 이유로 나쁜 스키마인지 이해하는 것은 데이터베이스 설계 시에 아주 중요하다.

나쁜 스키마 mybadtable1은 course 테이블과 department 테이블을 합성하여 생성하였으며, 이 경우 테이블의 인스턴스는 두 개 테이블 간의 자연 조인 연산을 하여 구한다. mybadtable1 테이블의 주 키는 cID가 된다.

나쁜 테이블은 세 가지 이상(anomaly)을 가지고 있으며, 이는 갱신 이상, 삭제 이상, 입력 이상이다.

An instance of mybadtable1

cID	title	deptName	credit	chairman	building	budget
202	Java	CS	2	Lee	IT building	67000
203	Data Structure	CS	3	Lee	IT building	67000
301	Databases	CS	3	Lee	IT building	67000
241	Logic Circuit	EE	2	Han	HN Eng	82500
341	LAN	EE	3	Han	HN Eng	82500
342	Electronics	EE	3	Han	HN Eng	82500
222	Computer Art	Media	3	Paik	IT building	55500
223	Game Theory	Media	3	Paik	IT building	55500

테이블 인스턴스

상기 테이블 mybadtable1 인스턴스에서 세 가지 이상을 고려하자.

갱신 이상은 chairman, building, budget 속성 값이 deptName 값에 의존적이므로 학과명이 반복될 때 해당 속성 값이 반복적으로 나오는 것을 볼 수 있으며 그 속성 값에 갱신이 발생하면 반복적으로 나오는 모든 값을 동시에 갱신하여야 하는 현상이다.

삭제 이상은 과목 삭제로 인하여 과목 터플이 삭제되는 경우, 예를 들어 CS 학과가 개설하는 마지막 과목이 삭제가 되면, 해당 과목정보가 삭제되는 것 외에도 학과 정보가 함께 삭제가 되는 현상이다. 학과에서 제공하는 마지막 과목이 삭제가 되더라도 학과 정보는 데이터베이스에 존재하여야 하는데 학과 정보가 함께 데이터베이스에서 영원히 삭제되는 것이 문제이다. 마지막 과목이 아닌 경우 예를 들면 CS 학과의 경우 Databases 과목 및 Java 과목이 삭제되는 경우에는 삭제 이상이 발생하지 않으며, Databases와 Java 과목 삭제 후에 남아있는 마지막 과목(Data Structure 과목)을 삭제할 때 삭제 이상이 발생한다.

입력 이상은 새로운 학과가 창설되어 학과에 대한 정보를 데이터베이스에 입력하고자 하여도 그 학과가 개설하는 과목이 없으면 (주 키가 cID이므로) 학과 정보를 입력할 수 없는 현상이다.

> **Bad Schema Example 2**
>
> - mybadtable2(<u>cID</u>, title, deptName, credit, <u>roomID</u>, building, capacity)
>   - Mybadtable2 is made by combining two unrelated relations "course" and "room"
>   - primary key : (cID, roomID)
> - Update anomaly: "roomID" repeats for each "cID", so do "building" and "capacity"
> - Delete anomaly: deletion of the last "cID" would delete the room data
> - Insert anomaly: cannot insert room data without course data

ER 나쁜 스키마 예제 2

다른 나쁜 스키마 예제로서 mybadtable2는 course 테이블과 room 테이블을 합성하여 생성하였다. course 정보와 room 정보는 전혀 관련이 없는 데이터이므로 두 테이블을 합성하면 두 테이블의 카티시안곱이 합성 테이블의 인스턴스가 된다.

이 경우에 나타나는 세 가지 이상을 살펴보자. 한 cID에 대하여 roomID가 반복적으로 나타나며 (building과 capacity 값도 반복적으로 나타남), 그 결과 갱신 시에 반복되는 모든 값을 동시에 갱신해 주어야 한다. 즉, 갱신이상 현상이다. 삭제 이상은 마지막 cID가 삭제되면 서로 관련이 없는 room 데이터도 함께 삭제가 되는 현상이다. 입력 이상은 서로 관련이 없는 cID와 roomID 값이 동시에 있어야 입력이 가능한 현상이다.

Design Goal

- Decide whether a particular relation R is in good form
- In the case that a relation R is not in good form, decompose it into a set of relations {R1, R2, ..., Rn} such that
  - Each relation is in good form
  - The decomposition is lossless
- Our theory is based on functional dependencies and multivalued dependencies

설계 목표

본 장의 목적은 다음과 같이 요약할 수 있다.

- 주어진 관계 스키마가 좋은 스키마인지 결정한다.
- 만약 주어진 관계 스키마가 좋지 않은 스키마이면, 주어진 스키마를 다수의 다른 관계 스키마로 분해하며, 그 경우 분해된 각 관계 스키마는 좋은 형태이고 또한 분해 과정은 무손실 조인 분해이어야 한다.
- 본 절에서는 함수 종속성과 다치 종속성을 이용하여 정규화 이론을 설명한다.

Functional Dependencies

- Constraints on the set of legal relations
- Require that the value for a certain set of attributes determines uniquely the value for another set of attributes
- A functional dependency is a generalization of the notion of a key

함수 종속성

함수 종속성은 유효한 관계 인스턴스에 대한 제약으로, 함수 종속성은 키 개념의 일반화라고도 볼 수 있다.

개략적으로 설명하면, 함수 종속성은 일부 속성의 값이 다른 속성의 값을 유일하게 결정하는 것을 의미한다.

Functional Dependency Definition

- Let R be a relation schema, $\alpha \subseteq R$ and $\beta \subseteq R$
- The functional dependency $\alpha \rightarrow \beta$ holds on R if and only if for any legal relations whenever any two tuples t1 and t2 of r agree on the attributes α, they also agree on the attributes β
  - $t1[\alpha] = t2[\alpha] \Rightarrow t1[\beta] = t2[\beta]$
- Example: We have $A \rightarrow B$, $B \not\rightarrow A$

A	B
1	4
1	4
2	4
3	5

함수 종속성 정의

α, β는 속성의 일부분을 나타낸다. 유효한 관계 인스턴스에서 α 속성 값이 동일한 임의의 터플 두 개에서 β 속성 값이 항상 동일하면, 우리는 α는 β를 함수적으로 결정(또는 β는 α에 함수적으로 의존) 한다고 한다.

예제에서 A는 B를 함수적으로 결정하지만 (또는 B는 A에 함수적으로 의존), B는 A를 함수적으로 결정하지 않는다.

A 속성 값이 같은 터플은 첫 번째와 두 번째 터플이고, 첫 번째와 두 번째 터플의 B 속성 값이 동일하며, 그 외에는 동일한 속성 값을 가지는 터플이 없으므로, A는 B를 함수적으로 결정한다. 같은 의미로도 우리는 B는 A에 함수적으로 의존한다고 한다.

두 번째와 세 번째 터플을 보면 B 속성 값이 같으나 A 속성 값이 상이하므로 B는 A를 함수적으로 결정하지 않는다.

FDs and Keys

- α is a superkey for schema R if and only if $\alpha \rightarrow R$
- α is a candidate key for R if and only if
  - $\alpha \rightarrow R$ and
  - for no $\beta \subset \alpha$, $\beta \rightarrow R$
- A candidate key functionally determines all attributes (and actually each attribute)
- Example: Professor(pID, name, deptName, salary) we have
  - pID → name deptName salary
  - pID → name
  - pID → deptName
  - pID → salary
  - pID → name deptName
  - ... and so on

함수 종속성과 키

슈퍼 키는 관계 속성의 일부분으로서 전체 속성을 함수적으로 결정하는 속성을 의미한다. 후보 키는 슈퍼 키의 성질을 만족하면서 동시에 슈퍼 키의 성질을 만족하는 속성의 서브셋이 없으면 이를 후보 키라고 한다. 후보 키는 슈퍼 키 중에서 필요한 속성만을 가지는 것이라고 할 수 있다. 후보 키는 모든 속성을 함수적으로 결정하며, 이는 각 속성을 함수적으로 결정하는 것이기도 하다.

예를 들어, "professor" 관계에서 pID가 후보 키이면, pID 속성은 모든 속성을 결정한다. pID 속성이 모든 속성을 함수적으로 결정하면 이는 pID 속성이 각 속성을 함수적으로 결정하는 것이기도 하다.

Use of Functional Dependencies

- We use functional dependencies to
  - Test relations to see if they are legal under a given set of functional dependencies
    - If a relation r is legal under a set F of functional dependencies, we say that r satisfies F
  - Specify constraints on the set of legal relations
    - F holds on R if all legal relations on R satisfy the set F of functional dependencies
- A specific instance of a relation schema may satisfy a functional dependency even if the functional dependency does not hold on all legal instances
  - For example, a specific instance of "professor" may, by chance, satisfy name → pID

함수 종속성의 사용

함수 종속성은 두 가지 방식으로 사용할 수 있다. 첫째, 주어진 관계 인스턴스의 유효성을 검사하는데 사용할 수 있다. 특정 테이블 인스턴스가 주어진 함수 종속성을 만족하여 유효한지 여부를 판단할 수 있다.

둘째, 적법한 테이블의 제약 조건을 명시하는 데 함수 종속성을 사용할 수 있다. 테이블을 설계하고 속성 간의 함수 종속성을 명시하면, 그 테이블 인스턴스는 함수 종속성을 항상 만족하여야 한다.

11.2 함수 종속성 이론

Functional Dependency Theory

- The formal theory that tells us which functional dependencies are logically implied by a given set of functional dependencies
- Trivial functional dependency
- Closure of a set of functional dependencies
- Closure of an attribute set
- Canonical cover
  - Extraneous attributes

함수 종속성 이론

본 절에서는 함수 종속성에 대한 이론을 살펴본다. 일반적으로 데이터베이스 설계자에 의하여 함수 종속성이 결정되는데, 함수 종속성간에 중복성이 존재할 수 있고, 데이터베이스 설계 과정에 나쁜 영향을 미치는 함수 종속성이 존재하기도 한다. 여기서는 함수 종속성을 사용함에 있어 도움이 되는 몇 가지 이론을 소개한다.

Trivial Functional Dependencies

- A functional dependency is trivial if it is satisfied by all instances of a relation
- In general, $\alpha \rightarrow \beta$ is trivial if $\beta \subseteq \alpha$
  - Example
    - ID name $\rightarrow$ ID
    - name $\rightarrow$ name

무의미(trivial) 함수 종속성

함수 종속성이 테이블의 모든 인스턴스에 대하여 만족이 되는 경우가 있으며, 이러한 함수 종속성은 무의미(trivial)하다고 한다.

α와 β는 속성의 집합을 의미하다. 일반적으로 α가 β를 포함하는 슈퍼집합일 때 α가 β를 함수적으로 결정하는 것은 어떤 테이블 인스턴스에 대하여도 항상 만족을 하며, 그러므로 이러한 함수 종속성은 무의미하다.

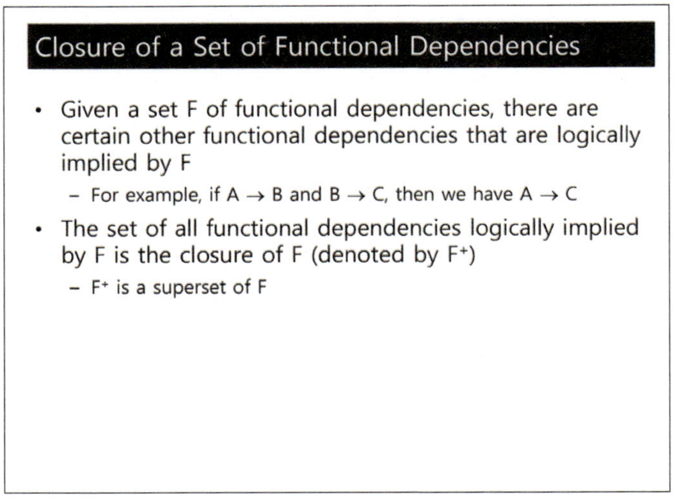

함수 종속성 폐포(closure)

함수 종속성은 다른 함수 종속성으로부터 유추할 수 있다. 예를 들면, 주어진 함수 종속성

A → B

B → C

로부터 새로운 함수 종속성 A → C를 유추할 수 있다.

주어진 함수 종속성 집합으로부터 유추할 수 있는 모든 함수 종속성을 가진 집합을 함수 종속성 폐포(closure)라고 한다. 함수 종속성 폐포는 당연히 주어진 함수 종속성을 포함한다.

일반적으로 함수 종속성 폐포는 구하기가 쉽지 않기 때문에 우리는 앞으로 함수 종속성 폐포를 직접 구하여 사용하지 않는다.

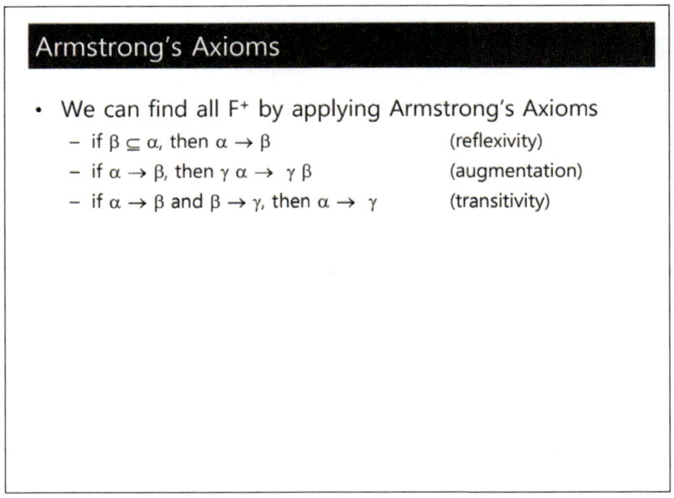

암스트롱 공리

암스트롱 공리는 새로운 함수 종속성을 유추할 수 있는 추론 규칙(inference rule)이며, 세 가지 추론 규칙으로 구성되어 있다.

첫 번째 규칙은 무의미한 함수 종속성을 생성하게 되며 재귀성(reflexivity) 규칙이라고도 한다. 두 번째 규칙은 주어진 함수 종속성에 동일한 속성을 양쪽에 추가하여도 됨을 의미하며 부가성(augmentation) 규칙이라고 한다. 세 번째 규칙은 추론의 이행성을 설명하는 것으로서 이행성(transivity) 규칙이라고 한다.

Example

- R = (A, B, C, G, H, I)
  F = {A → B   A → C
  CG → H   CG → I   B → H}
- some FDs that can be derived from given F
  - A → H
  - AG → I
  - CG → HI
    - by augmenting CG → I to infer CG → CGI, and augmenting of CG → H to infer CGI → HI, and then transitivity
  - A → BC

암스트롱 공리 예제

함수 상기와 같은 테이블과 함수 종속성이 주어졌을 때 새로운 함수 종속성을 추론하는 예제이다.

"A → B"와 "B → H"에 대하여 이행성 규칙을 적용하면 새로운 함수 종속성 "A → H"를 구할 수 있다.

"A → C"에서 양쪽 편에 "G"를 부가하면 "AG→ CG"를 구하며, "AG→ CG"와 주어진 "CG→ I"를 이행적으로 적용하면, "AG→ I"를 구한다.

나머지 새로운 함수 종속성도 유사한 방식으로 추론할 수 있다.

Armstrong's Axioms are sound and complete

- These rules are
  - sound (generate only functional dependencies that actually hold) and
  - complete (generate all functional dependencies that hold)
- Completeness says that we can always derive any valid functional dependencies by applying the three axioms
  - Given a set of FDs, we are guaranteed that we can find all valid FDs (amazing, isn't it???)

암스트롱 공리는 건전하고 완전하다.

함수추론 규칙은 항상 두 가지 사항(건전성 및 완전성)을 고려한다.

추론 규칙에서 건전함이란 새롭게 생성되는 규칙이 유효하다는 의미로서, 암스트롱 공리를 이용하여 생성되는 모든 함수 종속성은 유효하므로 암스트롱 공리는 건전하다. 실은 건전한 추론식이므로 책에서 소개하는 것이며, 만약 건전하지 않은 추론 규칙이면 책에서 소개할 가치도 없다.

암스트롱 공리가 완전하다는 의미는 모든 유효한 함수 종속성을 암스트롱 공리를 이용하여 생성할 수 있다는 의미이다. 주어진 함수 종속성 집합으로부터 생성할 수 있는 모든 유효한 함수 종속성을 암스트롱 공리만 사용하면 모두 생성할 수 있다는 의미이다.

암스트롱 공리의 건전성을 증명하기는 비교적 수월하나, 암스트롱 공리의 완전성을 증명하기는 매우 복잡하나 이미 증명이 되어 있다.

Additional Inference Rules

- Additional rules
  - If α → β and α → γ, then α → β γ (union)
  - If α → β γ, then α → β and α → γ (decomposition)
  - If α → β and γ β → δ, then α γ → δ (pseudotransitivity)
- The above rules should be inferred from Armstrong's axioms (Why???)

추가 추론 규칙

암스트롱 공리 외에도 새로운 함수 종속성을 생성하는 추가 규칙 세 가지가 있다. 합성 규칙은 왼쪽 속성이 동일하면 오른쪽 속성의 합집합을 결정하는 함수 종속성을 생성함을 의미한다. 분해법칙은 왼쪽 속성이 오른쪽 속성의 일부분도 각각 결정함을 의미한다.

암스트롱 공리는 완전함으로 추가되는 추론 규칙도 암스트롱 공리를 적용하여 유추할 수 있다.

Procedure for Computing F^+

- To compute the closure of a set of functional dependencies F
  - $F^+ = F$
    Repeat
      For each functional dependency f in F^+
        Apply reflexivity and augmentation rules on f
        Add the resulting functional dependencies to F^+
      For each pair of functional dependencies f1 and f2 in F^+
        If f1 and f2 can be combined using transitivity
        then add the resulting functional dependency to F^+
    until F^+ does not change any further;
- The above procedure is a hypothetical way to compute F^+. we shall see an alternative procedure for this task later

함수 종속성 폐포(closure)를 구하는 방법

상기 슬라이드는 주어진 함수 종속성 폐포를 구하는 방법을 보인다. 기본적으로 암스트롱 공리를 반복적으로 적용하는 것이며, 이를 더 이상 새로운 함수 종속성이 안 나올 때까지 적용하는 것이다. 상기 방법은 항상 주어진 함수 종속성의 폐포를 구할 수 있는데, 그 이유는 암스트롱 공리가 완전하기 때문이다.

이러한 방식은 함수 종속성 폐포를 구하는 이론적인 방법이며 실질적으로는 상기 방식으로 함수 종속성 폐포를 구하지 않는다.

Closure of Attribute Sets

- Given a set of attributes α, the closure of α under F (denoted by α^+) denotes the set of attributes that are functionally determined by α under F
- Algorithm to compute α^+:

```
closure := α;
while (changes to closure) do
    for each β → γ in F do
    begin
        if β ⊆ closure then closure := closure ∪ γ
    end
/* After while loop, variable closure has α+ */
```

속성 폐포

주어진 속성이 함수적으로 결정할 수 모든 속성을 속성 폐포(closure of attributes)라고 한다. 즉 주어진 속성에 주어진 함수 종속성을 적용하여 함수적으로 결정할 수 있는 모든 속성을 의미한다.

속성 폐포와 함수 종속성 폐포는 용어에 비슷한 부분이 있으나 완전히 다른 개념이다.

속성 폐포를 구하는 알고리즘은 상기에 나와 있다. 함수 종속성의 왼쪽 속성이 현재까지 구한 속성 폐포에 포함되어 있으면 오른쪽 속성을 속성 폐포에 포함하는 방식이며, 이를 더 이상 새로운 속성이 나오지 않을 때까지 반복하는 아이디어이다.

Example of Attribute Set Closure

- R = (A, B, C, G, H, I)
  - F = {$A \rightarrow B$, $A \rightarrow C$, $CG \rightarrow H$, $CG \rightarrow I$, $B \rightarrow H$}
- $(AG)^+$
  - closure = AG
  - closure = ABCG ($A \rightarrow C$ and $A \rightarrow B$)
  - closure = ABCGH ($CG \rightarrow H$ and $CG \subseteq AGBC$)
  - closure = ABCGHI ($CG \rightarrow I$ and $CG \subseteq AGBCH$)
- Is AG a candidate key?
  - Is AG a super key? Yes, since $AG \rightarrow ABCGHI$ (all attributes)
  - Is any subset of AG a super key? No
    - Since $A \rightarrow ABCH$ (which is not all attributes) and $G \rightarrow G$
  - So AG is a candidate key

속성 폐포 예제

주어진 테이블 R은 여섯 개의 속성을 가지고 있으며, 속성 AG의 폐포를 구하는 예제이다. AG의 폐포는 AG가 결정하는 모든 속성을 구하는 것이며, 그 결과는 ABCGHI 즉 모든 속성이다.

두 번째 예제는 속성 AG가 후보 키인가를 검증하는 것인데, 첫째 속성 AG가 모든 속성을 결정하므로 슈퍼 키 조건을 만족한다. 둘째는 AG의 부분집합이 슈퍼 키 조건을 만족하는가를 살펴보아야 하는 것인데, 부분 집합 A 또는 G 모두가 슈퍼 키 조건을 만족하지 않으므로, AG는 후보 키이다.

Uses of Attribute Closure

- Testing for a super key
  - To test if α is a super key, we compute α^+, and check if α^+ contains all attributes of R
- Testing functional dependencies
  - To check if a functional dependency $\alpha \rightarrow \beta$ holds (or in F^+), just check if $\beta \subseteq \alpha^+$
    - Compute α^+ by using attribute closure, and then check if it contains β
  - A simple and cheap test
- Computing closure of F
  - For each $\alpha \subseteq R$, we find the closure α^+, and for each $\beta \subseteq \alpha^+$, we output a functional dependency $\alpha \rightarrow \beta$

속성 폐포 사용

속성 폐포를 사용하는 방법에는 몇 가지가 있다. 첫째, 주어진 속성이 슈퍼 키인지 검증할 때 사용할 수 있으며, 주어진 속성의 폐포를 구하여 주어진 테이블의 전체 속성을 가지게 되면 그 속성은 슈퍼 키이다.

둘째, 주어진 함수 종속성이 유효한지 검증할 수 있다. 주어진 함수 종속성 "$\alpha \rightarrow \beta$"에 대하여 속성 α의 폐포에 β가 속하게 되면 "$\alpha \rightarrow \beta$"는 유효한 함수 종속성이다. 속성의 폐포를 이용하는 이러한 방식은 주어진 함수 종속성의 폐포를 구하여 "$\alpha \rightarrow \beta$"가 속하는 지를 보는 방식보다 훨씬 간단하고 쉬운 방식이다.

세 번째 사용법은 두 번째 방식을 활용하여 함수 종속성의 폐포를 구할 수 있다.

속성의 폐포를 구하는 방식은 간단하고 쉬운 절차이므로, 실질적으로 첫 번째와 두 번째 방식은 널리 사용되고 있다.

Canonical Cover

- Sets of functional dependencies may have redundant dependencies that can be inferred from the others
  - A → C is redundant in {A → B, B → C, A → C}
- Parts of a functional dependency may be redundant
  - {A → B, B → C, A → CD} can be simplified to {A → B, B → C, A → D}
  - {A → B, B → C, AC → D} can be simplified to {A → B, B → C, A → D}
- We want to have a set F of functional dependencies with equivalent F^+, having no redundant dependencies or redundant parts of dependencies
- A canonical cover for F is a set of dependencies F_c such that
  - $F^+ = F_c^+$ (F is equivalent with in F_c)
  - No functional dependency in F_c contains an extraneous attribute
  - Each left side of functional dependency in F_c is unique

정규 커버 (또는 최소 커버)

사용자로부터 주어지는 함수 종속성 집합에는 중복되는 함수 종속성이 존재하기도 하고, 개별 함수 종속성에도 불필요한 속성을 가지기도 한다.

{A → B, B → C, A → CD } 예제
- A → CD 에서 A → C 및 A → D가 유추되는데 A → C는 중복적으로 유추가 가능하여 필요 없음

{A → B, B → C, AC → D } 예제
- A → B 및 B → C에서 A → C가 유추되고,
- A → C에서 A → AC이므로 A → D가 유추됨
- AC → D에서 속성 C가 필요 없음

주어진 함수 종속성과 동일한 표현력을 가지면서(즉, 함수 종속성 폐포가 동일함), 가장 최소한의 속성 및 가장 적은 수의 함수 종속성을 가지는 집합을 정규 커버라고 한다. 정확한 정의는 상기 슬라이드에 나와 있다.

(불필요한 함수 종속성이 존재하거나 불필요한 속성이 함수 종속성에 존재하는) 사용자에게 주어진 함수 종속성 집합보다는 동등한 정규 커버를 사용하여 데이터베이스 설계를 하는 것을 권장한다.

How to Get Canonical Cover

- To compute a canonical cover for F
  - Repeat
    Use the union rule to replace any dependencies in F
    $\alpha_1 \rightarrow \beta_1$ and $\alpha_1 \rightarrow \beta_2$ with $\alpha_1 \rightarrow \beta_1 \beta_2$
    Find a functional dependency $\alpha \rightarrow \beta$ with an extraneous attribute either in α or in β
    If an extraneous attribute is found, delete it from $\alpha \rightarrow \beta$
    until F does not change

정규 커버 구하는 법

상기 알고리즘은 정규 커버를 구하는 기본적인 아이디어를 보인다. 기본 아이디어는 주어진 함수 종속성에 변화가 없을 때까지 합성 법칙을 적용하고 동시에 주어진 함수 종속성에 불필요한 속성을 제거하는 방식이다. 정규 커버를 구하는 알고리즘은 복잡하며 자세한 방법은 생략하기로 한다.

Canonical Cover Example

- R = (A, B, C)
  F = {A → BC, B → C
  A → B, AB → C}
- Combine A → BC and A → B into A → BC
  - Then we have {A → BC, B → C, AB → C}
- A is extraneous in AB → C
  - Check if the result of deleting A from AB → C is implied by the other dependencies
    - Yes, in fact B → C is already there!
  - Then we have {A → BC, B → C}
- C is extraneous in A → BC
  - Check if A → C is logically implied by A → B and the other dependencies
    - Yes, using transitivity on A → B and B → C
- The canonical cover is {A → B, B → C}

정규 커버 계산 예제

정규 커버 계산 예제이다. 상기와 같이 정규 커버를 구할 수 있으나, 실제 알고리즘을 적용하면 상기보다는 복잡한 과정을 수행하여야 한다.

11.3 정규형

Normal Forms

- First Normal Form (1NF)
- Second Normal Form (2NF)
- Third Normal Form (3NF)
- Boyce/Codd Normal Form (BCNF)
- Fourth Normal Form (4NF)
- Fifth Normal Form (5NF)

정규화형

관계 정규화에는 총 6개의 정규화형이 있으며, 제1정규형, 제2정규형, 제3정규형, BCNF, 제4정규형, 제5정규형이다.

제1정규형, 제2정규형, 제3정규형 및 BCNF는 함수 종속성을 이용하여 정의되고 있으며, 제4정규형은 다치 종속성을 이용하여 정의하고 있다.

실질적으로 많이 사용되는 정규형은 제3정규형 및 BCNF이며, 그 이상의 정규형은 실효성이 거의 없어 사용하지 않는다.

First Normal Form (1NF)

- Domain is atomic if its elements are considered to be indivisible
  - Examples of non-atomic domains: sets, lists, bags, composite attributes, etc.
- A relational schema R is in first normal form if the domains of all attributes of R are atomic
  - Is a part of the formal definition of a relation

제1정규형

관계형 데이터모델은 속성 값으로 원자 값만을 허용하며 원자 값이 아닌 값으로는 집합, 리스트(list), 백(bag), 복합 속성(compound attribute) 등이 있다.

도메인의 모든 값이 원자 값이면 관계형 스키마는 제1정규형에 속한다. 제1정규형은 관계 정의의 일부분이기도 하다.

Various Functional Dependencies

- Prime and nonprime attribute
  - An attribute of a relation schema R is called a prime attribute of R if it is a member of any candidate key of R
  - An attribute is nonprime if it is not a prime attribute, i.e. not a member of any candidate key of R
- Full functional dependency
  - β is said to be fully dependent on α if $\alpha \rightarrow \beta$ and $\gamma \nrightarrow \beta$ for any $\gamma \subset \alpha$
- Partial functional dependency
  - β is said to be partially dependent on α if some attribute can be removed from α and the dependency still holds
- Transitive functional dependency

다양한 함수 종속성

임의의 후보 키에 속하는 속성은 주요 속성(prime attribute)이라고 하며, 그렇지 않은 속성은 비주요 속성(nonprime attribute)이라고 한다. 주어진 테이블에 다수 개의 후보 키가 존재하는 경우 최소한 하나 후보 키에 속해도 주요 속성이 된다.

α, β, γ는 속성의 집합을 표시한다. 함수 종속성 "$\alpha \rightarrow \beta$"에서 α의 부분집합 γ에 대하여 "$\gamma \rightarrow \beta$"이 성립하지 않으면 "$\alpha \rightarrow \beta$"는 완전 함수 종속성이다. β는 α 전체(α의 참부분 집합(proper subset)이 아닌)에 대하여 의존적인 함수 종속성을 완전 함수 종속성이라고 한다.

완전 함수 종속성이 아닌 경우 즉, "$\alpha \rightarrow \beta$"에서 α의 부분 집합 γ만 가지고도 β를 결정할 수 함수 종속성을 부분 함수 종속성이라고 한다. 이 경우는 "$\alpha \rightarrow \beta$" 외에도 "$\gamma \rightarrow \beta$" (γ는 α의 참부분 집합)가 성립되는 경우이다.

이행 함수 종속성은 암스트롱 공리의 이행 규칙을 이용하여 생성되는 함수 종속성을 의미하며, "$\alpha \rightarrow \beta$" "$\beta \rightarrow \gamma$"가 존재하는 경우 α는 γ를 이행적으로 결정한다고 (또는 γ는 α에 이행적으로 의존적이라고) 한다.

Second Normal Form (2NF)

- A relation schema R is in 2NF if it is in 1NF and every nonprime attribute A in R is fully functionally dependent on every candidate key of R

- R(<u>SSN</u>, <u>pNumber</u>, hours, eName, pName, pLocation)
  SSN pNumber → hours
  SSN → eName
  pNumber → pName pLocation

  decomposed into

  R1(<u>SSN</u>, <u>pNumber</u>, hours)
  R2(<u>SSN</u>, eName)
  R3(<u>pNumber</u>, pName, pLocation)

제2정규형

제2정규형은 제1정규형 중에서 모든 비주요 속성이 모든 후보 키에 완전 의존적이어야 한다. 주어진 테이블에 후보 키가 다수 개이면 모든 비주요 속성은 각 후보 키에 완전 의존적이야 한다.

예제에서 주어진 테이블 R의 후보 키는 (SSN, pNumber)가 되며, 비주요 속성인 eName이 후보 키에 부분적으로 의존하므로 (eName은 SSN에는 완전 의존함) 테이블 R은 제2정규형이 아니다.

분해가 된 세 개의 테이블(R1, R2, R3)은 모든 비주요 속성이 후보 키에 완전 의존함을 알 수 있으며, 그러므로 모두가 제2정규형에 속한다.

Example for 1NF and 2NF

- FIRST(S#, P#, Status, City, Qty)
  S# P# → Status City Qty
  S# → City Status
  City → Status
- Anomalies
  - Insertion: cannot record City for a supplier until he supplies something
  - Update: City for a supplier appears many times
  - Deletion: deletion of last tuple for S# lose its City
- FIRST is not in 2NF, so decompose into
  SECOND(S#, Status, City)
  SP(S#, P#, Qty)
  S# → City Status
  City → Status
  S# P# → Qty

제1정규형, 제2정규형 예제

FIRST 테이블은 후보 키가 (S#, P#)가 되며, 비주요 속성인 City가 후보 키에 부분적으로 의존하므로 제2정규형이 아니다. FIRST 테이블에는 세 가지 이상 현상이 발생하며, 입력 이상은 공급자는 부품 번호가 없으면 공급자의 도시 등을 입력할 수 없다. 즉, 부품과 공급자 도시와는 아무런 관련이 없는 데이터인데 잘못된 테이블 스키마로 인하여 입력하지 못하는 현상이 발생한다.

갱신 이상은 City 속성은 공급자 번호에만 의존적이어서 공급자 번호가 반복되면 동일한 City 속성 값이 반복적으로 테이블이 나타난다. 삭제 이상은 공급자가 마지막 부품 공급을 중단하면 부품 공급과는 관련이 없는 공급자의 City 정보가 함께 삭제된다.

주어진 테이블 FIRST를 SECOND와 SP 테이블로 분해하면, SECOND과 SP 테이블 모두에서 비주요 속성이 후보 키에 완전 의존되므로 제2정규형이다.

Third Normal Form (3NF)

- A relation schema is in 3NF if it is in 2NF and no nonprime attribute of R is transitively dependent on any candidate key
- A relation schema R is in 3NF if whenever a nontrivial functional dependency $\alpha \rightarrow \beta$ holds in R, then we have
  - α is a superkey of R or
  - β is a prime attribute of R
- myEmpDept(SSN, Ename, Bdate, Addr, D#, Dname, Dmgr)
  SSN → Ename Bdate Addr D#
  D# → Dname Dmgr

  Since Dname and Dmgr are transitively dependent on SSN (not in 3NF)

  ED1(SSN, Ename, Bdate, Addr, D#)
  ED2(D#, Dname, Dmgr)

제3정규형

제2정규형 중에서 비주요 속성이 모든 후보 키에 이행적으로 의존적이 아니면 제3정규형이다. 의미적으로 동일하나 또다른 제3정규형 정의는 모든 의미 있는 함수 종속성 "$\alpha \rightarrow \beta$"에서 α가 슈퍼 키이거나 또는 β가 주요 속성이어야 한다. 두 개 정의가 동일함은 증명되어 있다.

주어진 테이블 myEmpDept에서 비주요 속성 Dname이 D#을 거쳐 후보 키 SSN에 의존적이므로(즉, 이행적으로 의존), myEmpDept 테이블은 제3정규형은 아니다. 다만 비주요 속성이 후보 키에 완전 의존함을 알 수 있으며, 그래서 제2정규형은 된다.

주어진 테이블을 두 개의 테이블(ED1 및 ED2) 로 분해하면, 두 개의 테이블 모두가 제3정규형이 된다.

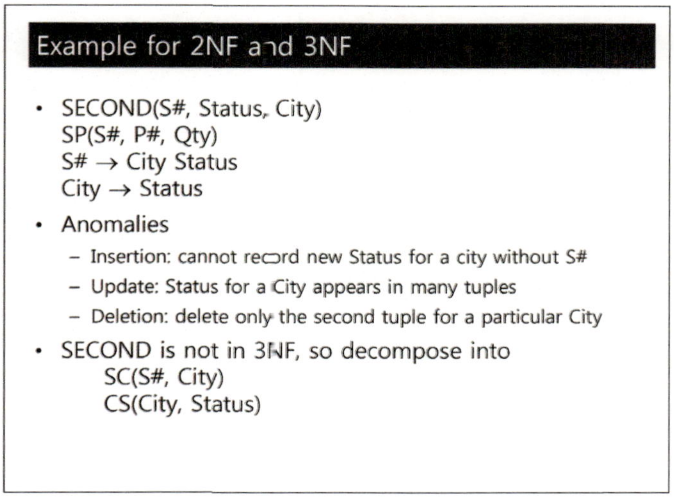

제2정규형 및 제3정규형 예제

SECOND 테이블은 후브 키가 S#가 되며, 비주요 속성인 Status는 후보 키에 이행적으로 의존적이므로 제3정규형이 아니다.

SECOND 테이블에는 잘못된 스키마로 인하여 이상 현상이 나타나며, 입력 이상은 S# 없이는 City에 대한 Status 정보를 입력할 수 없는 현상이다. 여기서 S#는 Status를 City 속성을 통하여 transitively 결정(determine)함을 주목하자. 갱신 이상은 City가 반복될 때마다 Status 값이 반복적으로 나오게 되어, City에 대한 Status 값의 변경이 있으며 다수 개의 값을 동시에 갱신하여야 하는 현상이다. 삭제 이상은 마지막 공급자를 삭제하면 공급자와 관련이 없고 City에 관련이 있는 Status 값도 함께 삭제되는 현상이다.

SECOND 테이블을 상기와 같이 SC 및 CS 테이블로 분해를 하면, 두 테이블 모두 제3정규형이 된다.

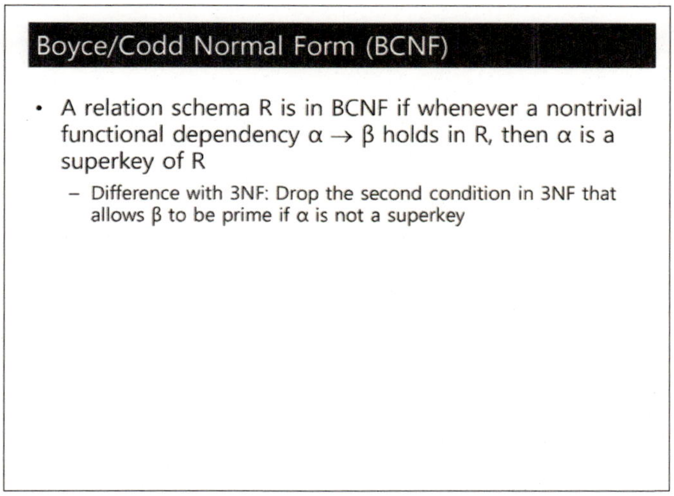

BCNF

관계형 스키마가 모든 의미 있는 함수 종속성 "$\alpha \rightarrow \beta$"에서 α가 슈퍼 키이면 BCNF 정규형이 된다.

제3정규형 정의에서 나온 두 번째 조건(즉, α가 슈퍼 키가 아닌 경우 β가 주요 속성인 조건)을 삭제한 것이 BCNF 정규형 정의이다.

3NF and BCNF Example

- MovieStudio(title, year, length, filmType, studioName, studioAddr)
  title year → length filmType studioName
  studioName → studioAddr
- Candidate key: (title, year)
  Hence, MovieStudio is not 3NF
- Decompose into
  MovieStudio1(title, year, length, filmType, studioName)
  MovieStudio2(studioName, studioAddr)

  Then we get a schema in BCNF

제3정규형과 BCNF 예제

MovieStudio 테이블의 함수 종속성

```
studioName → studioAddr
```

에서 studioName이 슈퍼 키도 아니고 studioAddr이 주요 속성도 아니므로 MovieStudio는 제3정규형은 아니고, 모든 비주요 속성(studioAddr 포함하여)이 후보 키(title, year)에 완전 의존적이므로 제2정규형이다.

주어진 테이블을 상기와 같이 두 개의 테이블 MovieStudio1, MovieStudio2로 분해를 하면, 두 개 테이블 모두가 BCNF이다.

All Binary Relations are in BCNF

- Consider R(A,B) and all possible functional dependencies
- There are totally 4 cases
  - no nontrivial FD at all:
    - (A, B) is a candidate key, so in BCNF
  - A → B holds, B → A does not hold
    - A is a candidate key, so in BCNF
  - B → A holds, A → B does not hold: similarly
  - A → B holds, B → A holds
    - A and B are candidate keys, so in BCNF

속성이 두 개인 테이블은 모두가 BCNF이다.

속성을 두 개만 가지는 테이블은 모두가 BCNF 이다. 속성을 두 개만 가지므로 더 이상 분해도 불가능하지만, 분해 과정에서 속성을 두 개만 가지는 테이블이 나오면 더 이상 정규화 과정을 진행 할 필요가 없다.

증명을 해 보자. 총 4가지 경우가 가능하다. 첫째, 관련 함수 종속성이 없는 경우는 (A, B)가 후보 키가 되며, 의미 있는 함수 종속성이 없으므로 BCNF이다. 둘째, "A → B"는 성립하나 "B → A"가 성립하지 않으면 후보 키는 A가 되며 함수 종속성의 왼쪽이 슈퍼 키이므로 BCNF이다. 세 번째 경우는 두 번째 경우와 유사하게 증명할 수 있다. 넷째, "A → B"와 "B → A"가 성립하는 경우는 후보 키가 A와 B가 되며 함수 종속성의 왼쪽이 모두 슈퍼 키이므로 BCNF 이다.

Relationship among normal forms

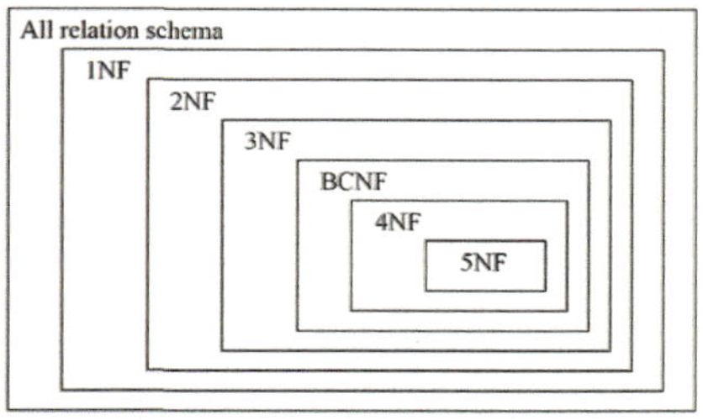

- In practice, it is best to have relation schemas in BCNF or in 3NF

정규형 관계도

상기 그림은 정규형 간의 관계를 보여준다. 가능한 관계형 스키마 중에서 일부가 제1정규형이고, 제1정규형 중에 일부가 제2정규형이며, 제2정규형 중의 일부가 제3정규형이며, 제3정규형 중의 일부가 BCNF 정규형이 된다.

정규형은 보이는 바와 같이 서브셋 관계가 있기 때문에, 통상 우리가 스키마에 대한 정규형을 결정할 때 적용되는 정규형 중에 가장 높은 단계의 정규형을 의미한다. 예를 들어, 주어진 스키마가 제3정규형이라고 말하면, 주어진 스키마는 제3정규형 외에도 당연히 제1정규형, 제2정규형이 되고, BCNF 정규형은 아닌 스키마이다.

실세계에서는 제3정규형과 BCNF 정규형을 사용하는 것을 권장한다.

Practice 1

- R(A, B, C, D, E, F)
- A → CD
  B → EF
- Candidate key: AB
- Prime attribute: A, B
  Non-prime attribute: C, D, E, F
- 1NF

연습 1

스키마와 관련 함수 종속성이 주어지고 주어진 스키마에 대한 정규형을 결정하는 문제이다. 이러한 문제를 접근하는 방법은 첫째 모든 후보 키를 구하고, 둘째 주요 속성과 비주요 속성을 구하며, 셋째 주어진 스키마에 대한 정규형을 판별하는 것이다.

상기 스키마는 나쁜 스키마의 전형적인 사례이다. 속성 A, C, D와 속성 B, E, F는 전혀 관련이 없다. 예를 들면 R(학번, 이름, 주소, 국가, 수도, 인구) 테이블에서 학생에 대한 데이터와 국가에 대한 데이터가 관련이 없는 경우이다. 해당 학생이 어떤 국가에 속한다는 등 관련이 없는 경우이어야 한다. 이러한 경우에는 아래와 같은 함수 종속성이 존재한다.

  학번 → 이름 주소
  국가 → 수도 인구

관련이 없는 데이터를 동일 테이블에 저장함으로써 여러 가지 이상이 발생하는 것이다.

Practice 2

- R(A, B, C, D, E)
- AB → CDE
  C → D
- Candidate key: AB
- Prime attribute: A, B
  Non-prime attribute: C, D, E
- 2NF

연습 2

상기 스키마에는 비주요 속성간에 함수 종속성(C → D)이 존재하는데, 이러한 함수 종속성은 여러 가지 이상(anomaly)을 발생시킨다. 속성 D는 속성 C에만 의존적이므로 속성 D 값이 반복되면 속성 C 값도 반복이 되고 (즉, 갱신 이상), 속성 AB 값이 없으면 속성 C에만 의존적인 속성 D 값을 테이블에 입력할 수 없으며 (즉, 입력 이상), 속성 C에 대한 마지막 터플이 삭제되면 속성 D 값도 함께 삭제되는 삭제 이상이 발생한다.

스키마 설계 시에 비주요 속성 간의 함수 종속성은 피하여야 하는 사항이다.

Practice 3

- R(A, B, C, D, E)
- A → BC
  C → DE
- Candidate key: A
- Prime attribute: A
  Non-prime attribute: B,C,D,E
- 2NF

연습 3

연습 2와 유사한 스키마이다.

연습 4

상기 스키마에 존재하는 D → B 함수 종속성을 고려하자. 속성 D는 후보 키는 아니지만 속성 B가 주요 속성이므로 선행 예제와는 다른 경우이다. 후보 키가 아닌 속성이 (보통의 경우 일부분의) 주요 속성을 함수적으로 결정하는 함수 종속성을 허용하는 것이 제3정규형이며, BCNF는 이를 허용하지 않는다.

연습 5

연습 4와 차이점은 D → B 함수 종속성으로 인하여 후보 키가 속성 A 또는 속성 D가 된다는 것이다. 속성 A 뿐만 아니라 속성 D도 후보 키가 되어, 모든 함수 종속성에서 왼쪽 부분이 후보 키가 되는 BCNF 조건을 만족한다.

Practice 6

- R(A, B, C, D, E)
- A → BCDE

- Candidate key: A
- Prime attribute: A
  Non-prime attribute: B, C, D, E

- BCNF

연습 6

상기 스키마는 후보 키 A가 모든 속성을 결정하며 비주요 속성간에 함수 종속성이 없는 스키마이다. 연관되는 데이터가 테이블 하나에 모여있는 좋은 스키마 사례이다.

Practice 7

- R(A, B, C, D, E)
- A → B
  B → C
  C → D
  D → A
  D → E

- Candidate key: A, B, C, or D
- Prime attribute: A, B, C, D
  Non-prime attribute: E

- BCNF

연습 7

상기와 같은 스키마 및 함수 종속성을 가지는 실제 예제이다.

```
myInfo(주민등록번호, 여권번호, 운전면허번호, 군번, 이름)
```

주민등록번호, 여권번호, 운전면허번호, 군번 등은 사람마다 값이 다르므로, 상기와 같은 함수 종속성이 존재한다.

11.4 분해 및 설계

Goals of Normalization (Revised)

- Let R be a relation scheme with a set F of functional dependencies
- Decide whether a relation scheme R is in good form
- In the case that a relation scheme R is not in good form, decompose it into a set of relation scheme $\{R_1, R_2, ..., R_n\}$ such that
  - Each relation scheme is in good form
  - The decomposition is a lossless-join decomposition
  - Preferably the decomposition is dependency preserving

정규화 목표

R는 주어진 관계형 스키마이고, F는 주어진 함수 종속성의 집합이라고 하자. 함수 종속성을 이용하는 정규화의 목표는 첫째 주어진 R이 좋은 스키마인지 결정한다.

둘째 주어진 스키마가 좋은 스키마가 아니면 분해 연산을 통하여 다수 개의 작은 관계형 스키마로 변형한다. 생성된 작은 스키마는 각각이 좋은 스키마이어야 하고, 분해 과정은 무손실 조인 분해(lossless join decomposition)이어야 하고, 또한 함수 종속성을 보존하는 분해이면 더 좋다.

Example of a Lossy Decomposition

employee

ID	name	street	city	salary
100	Kim	Main	Seoul	7000
200	Kim	North	Pusan	6000

project ↓ project

ID	name
100	Kim
200	Kim

name	street	city	salary
Kim	Main	Seoul	7000
Kim	North	Pusan	6000

natural join

ID	name	street	city	salary
100	Kim	Main	Seoul	7000
100	Kim	North	Pusan	6000
200	Kim	Main	Seoul	7000
200	Kim	North	Pusan	6000

손실 분해 예제

무손실 조인(lossless join) 분해의 반대 분해가 손실 조인 분해(lossy join decomposition, 또는 간단히 lossy decomposition)이며, 상기 슬라이드는 손실 분해의 예제를 보인다.

employee 테이블을 두 개의 테이블로 분해하는 경우, 상기와 같은 방식으로 분해를 하면 분해가 된 테이블의 터플은 원 테이블에서 투영 연산을 통하여 구한다. 즉, 원 테이블에서 ID와 name 속성에 대하여 투영 연산을 하면 분해된 첫 번째 테이블에 대한 터플을 구할 수 있다. 같은 방식으로 분해된 두 번째 테이블 터플을 구할 수 있다.

분해가 된 두 개의 테이블을 가지고, 원래 테이블을 생성하기 위하여 자연 조인을 실행하면, 마지막 테이블이 생성되게 되는데, 마지막 테이블은 원 테이블에 없는 새로운 터플(spurious tuples 이라고 함)을 가지고 있음을 알 수 있다. 마지막 테이블의 두 번째와 세 번째 터플은 원래 테이블에는 없는 터플이었으며, 분해 및 조인 연산 과정에서 부가적으로 생성된 터플이다.

우리는 분해 과정에서 spurious 터플이 생기게 되는 손실 조인 분해를 안 하려고 한다. 즉 모든 분해는 spurious 터플이 안 생기는 무손실 조인 분해이어야 한다.

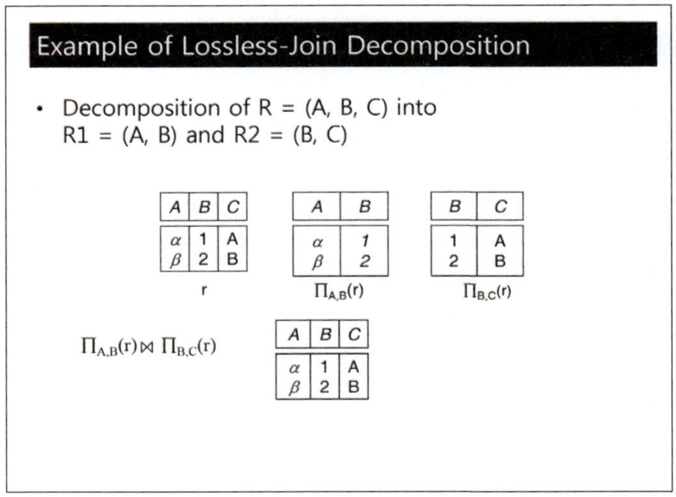

무손실 조인 분해 예제

상기 슬라이드는 무손실 조인 분해 예제이다. 주어진 테이블을 두 개의 테이블로 분해 한 후, 투영 연산을 통하여 해당 터플을 구한다. 그 후 분해된 두 개의 테이블에 대하여 자연 조인 연산을 하면, 원래 테이블과 동일한 테이블을 생성함을 알 수 있다. 즉, 무손실 조인 분해이다.

참고적으로 무손실 조인 분해를 만족하기 위해서는 분해된 테이블의 공통 속성이(여기서는 속성 "B") 분해된 테이블 중 적어도 하나에서(여기서는 R2 테이블에서, 실은 R1 테이블도 됨) 주 키이어야 한다. (다음 그림 참조)

Lossless-join Decomposition

- If R is decomposed into R_1 and R_2, we want to have
  $r = \Pi_{R1}(r) \bowtie \Pi_{R2}(r)$
  for all possible relations r on schema R
- A decomposition of R into R_1 and R_2 is lossless-join if at least one of the dependencies is in F^+
  - $R_1 \cap R_2 \rightarrow R_1$
  - $R_1 \cap R_2 \rightarrow R_2$
- The above functional dependencies are a sufficient condition for lossless join decomposition
  - The dependencies are a necessary condition only if all constraints are functional dependencies

무손실 조인 분해

테이블이 두 개의 테이블로 분해가 되는 경우의 무손실 조인 분해 정의가 기술되어 있다.

하나의 테이블이 두 개로 테이블로 분해되는 경우, 무손실 조인 분해가 되기 위해서는 분해된 테이블의 공통 속성이 분해된 테이블 두 개 중의 하나에서 해당 속성 모두를 결정하여야(즉, 슈퍼 키) 한다.

이러한 조건은 분해가 무손실 조인 분해가 되기 위한 충분조건이 되며, 만약 모든 제약이 함수 종속성이면(즉, 후에 나오는 다치 종속성이 없으면) 필요조건이 되기도 한다.

마지막으로, 이러한 무손실 조인 분해 조건은 하나의 테이블이 두 개의 테이블로 분해가 되는 경우에만 해당이 되며, 세 개 이상의 테이블로 분해가 되는 경우에는 좀 더 복잡한 조건이 있으나 본 책에서는 생략하기로 한다. 한 개의 테이블을 두 개의 테이블로 분해하는 것이 가장 일반적이다.

Dependency Preservation

- A decomposition is dependency preserving if
  $(F_1 \cup F_2 \cup \ldots \cup F_n)^+ = F^+$
  - where F_i represents the set of dependencies F^+ that include only attributes in R_i
- If not, then checking updates for violation of functional dependencies may require computing joins, which is expensive

함수 종속성 보존

테이블 R이 R_1, ..., R_n으로 분해가 되는 경우, 주어진 함수 종속성 F의 폐포 중에서 R_i에 속하는 속성만을 가진 함수 종속성을 F_i라고 하자.

분해가 함수 종속성을 보전하려면, 각 F_i의 합집합의 폐포가 원래 주어진 함수 종속성의 폐포와 동일하여야 한다. 분해가 된 작은 테이블에 관련이 있는 함수 종속성만을 가지고 폐포를 생성하여도 원래 주어진 함수 종속성의 폐포와 동일하다면, 분해 과정에서 없어지는 함수 종속성이 없으므로 해당 분해는 함수 종속성을 보존한다고 한다.

함수 종속성을 보전되지 않는 분해이면, 주어진 함수 종속성을 확인하기 위하여 분해된 테이블 간의 자연 조인 연산을 하여야 하며, 자연 조인 연산은 시간과 자원을 소모하는 비싼 연산이다.

Testing for Dependency Preservation

- To check if a dependency $\alpha \rightarrow \beta$ is preserved in a decomposition of R into $R_1, R_2, \ldots, R_n$ we apply the following test (with attribute closure done with respect to F)
  - result = α
    while (changes to result) do
    for each R_i in the decomposition
    $t = (result \cap R_i)^+ \cap R_i$
    $result = result \cup t$
  - If result contains all attributes in β, then the functional dependency $\alpha \rightarrow \beta$ is preserved
- We apply the test on all dependencies in F to check if a decomposition is dependency preserving
- This procedure takes polynomial time, instead of the exponential time required to compute F^+ and $(F_1 \cup F_2 \cup \ldots \cup F_n)^+$

함수 종속성 보존 시험

테이블 분해 시에 함수 종속성의 보존 여부를 확인하는 알고리즘이 상기에 나와 있다. 함수 종속성 "$\alpha \rightarrow \beta$"의 보존성 여부를 판단하기 위해서는 분해된 테이블 R_i 각각에 대하여 for-loop을 수행하여야 한다. for-loop의 내용을 보면, R_i와 현재까지 구한 속성과의 교집합에 대하여 속성 폐포를 구하고, 구한 속성 폐포를 R_i와 다시 한 번 더 교집합을 구하여 (즉, 속성 폐포 중에서 R_i에 나오는 속성만을 구하여) 변수 t에 저장함을 볼 수 있다. 즉, 하나의 단일 테이블에 속하는 속성에 한정하여 속성 폐포를 구하고 있다. 이러한 알고리즘을 모든 함수 종속성 각각에 적용하여야 하며, 모든 함수 종속성이 보존되어야 한다. 이 방식은 속성의 폐포를 활용하는 알고리즘으로서 다항시간(polynomial time)이 소요된다. 만약 함수 종속성의 폐포를 활용한다면 지수시간(exponential time)이 소요될 것이다.

Decomposition Example

- R = (A, B, C)
  F = {A → B, B → C}
  - Can be decomposed in two different ways
- R_1 = (<u>A</u>, B), R_2 = (<u>B</u>, C)
  - Lossless-join decomposition: $R_1 \cap R_2 = \{B\}$ and $B \rightarrow BC$
  - Dependency preserving
- R_1 = (<u>A</u>, B), R_2 = (<u>A</u>, C)
  - Lossless-join decomposition
  - Not dependency preserving
    (cannot check $B \rightarrow C$ without computing $R_1 \bowtie R_2$)

분해 예제

첫 번째 분해는 무손실 조인 분해이며, 그 이유는 공통 속성(여기서는 B)이 R_2 테이블에서 속성 모두를 결정하기 때문이다.

두 번째 분해는 무손실 조인 분해이며, 그 이유는 공통 속성(여기서는 A)이 R_1 테이블에서 속성 모두를 결정하기 때문이다.

또한 첫 번째 분해에서는 주어진 함수 종속성을 분해가 된 테이블에서 쉽게 확인할 수 있다. "A → B" 함수 종속성은 R_1 테이블에서 적용할 수 있으며, "B → C" 함수 종속성은 R_2 테이블에서 확인할 수 있다.

그러나 두 번째 분해에서는 주어진 "B → C" 함수 종속성을 확인하기 위해서는 R_1 테이블과 R_2 테이블을 자연 조인 연산을 하여야 하는데, 이러한 과정은 시간과 비용이 들어간다. 이러한 이유로 두 번째 분해는 함수 종속성이 보존되지 않는 분해이다.

Testing for BCNF

- Simplified test: To check if a relation schema R is in BCNF, it suffices to check only the dependencies in the given set F, rather than checking all dependencies in F^+
  - If none of the dependencies in F causes a violation of BCNF, then none of the dependencies in F^+ will cause a violation of BCNF either
- The simplified test does not work for R_i where R is decomposed into R_1, ..., R_n
  - R = (A, B, C, D, E) with F = {A → B, BC → D}
  - Decompose R into R_1 =(A, B) and R_2 =(A, C, D, E)
  - Neither of the dependencies in F contain only attributes from (A, C, D, E)
  - But AC → D is in F^+ (hence, R_2 is not in BCNF)

BCNF 시험

테이블 스키마가 BCNF 정규형인지를 확인하기 위해서는 각 함수 종속성에 대하여 슈퍼 키 여부를 확인하여야 한다. 함수 종속성이 주어지면, 이론적으로는 주어진 함수 종속성의 최소 커버를 구한 후에 최소 커버에 속하는 각 함수 종속성에 대하여 슈퍼 키 여부를 확인하면 된다. 그러나 함수 종속성의 최소 커버를 구하는 것은 복잡한 계산을 요하는 어려운 작업이어서 일반적으로 최소 커버를 구하여 BCNF 확인 여부를 결정하지 않는다.

BCNF를 시험하기 위해서는 주어진 함수 종속성만을 가지고 슈퍼 키 여부를 결정하여도 된다. 이는 주어진 함수 종속성이 슈퍼 키 여부를 위반하지 않는다면 주어진 함수 종속성의 폐포에 속하는 함수 종속성도 슈퍼 키 여부를 위반하지 않기 때문이다. 그러나 분해가 된 작은 테이블에 대한 BCNF 시험은 주어진 함수 종속성만을 검사하면 안 된다.

예를 들어, 테이블 R(A, B, C, D, E)이 R_1(A, B)와 R_2(A, C, D, E)로 분해되었을 때, R_2(A, C, D, E)에만 속하는 주어진 함수 종속성이 없어 R_2가 BCNF라고 판정하면 안 된다. 주어진 함수 종속성에는 나타나지 않았지만 폐포에는 속하는 "AC → D"로 인하여 R_2는 BCNF가 아니다.

Testing Decomposition for BCNF

- To check if a relation R_i in a decomposition of R is in BCNF
  - Either test R_i for BCNF with respect to the restriction of F to R_i (that is, all FDs in F^+ that contain only attributes from R_i)
  - Or use the original set of dependencies F that hold on R, but with the following test
    - For every set of attributes $\alpha \subseteq R_i$, check that α^+ either includes no attribute of R_i-α or includes all attributes of R_i
    - If the condition is violated by some $\alpha \rightarrow \beta$ in F, the dependency $\alpha \rightarrow (\alpha^+ - \alpha) \cap R_i$ can be shown to hold on R_i and R_i violates BCNF
    - We use above dependency to decompose R_i further

분해 시의 BCNF 시험

분해 시에 분해가 된 작은 테이블 R_i에 대한 BCNF 시험 여부는 다음의 두 가지 방법 중의 하나를 사용한다. 첫째 방식은 R_i에 속하는 속성만으로 구성된 모든 함수 종속성을 구하여 슈퍼 키 여부를 확인하는 방법으로, 이는 함수 종속성의 폐포를 구하여야 하므로 실용적인 방식은 아니다.

둘째 방법은 속성의 폐포를 활용하는 방법으로 간편하게 사용할 수 있다. R_i에 속하는 속성의 모든 서브셋 속성 α에 대하여 속성의 폐포를 구한다. 구한 속성 폐포가 R_i의 모든 속성을 가지고 있으면 α는 는 슈퍼 키인 경우이므로 BCNF 조건을 만족하며, 구한 속성 폐포에 α를 제외한 속성이 없으면 "$\alpha \rightarrow \alpha$"인 경우가 되어 무의미한 함수 종속성이므로 BCNF 조건을 만족한다. 만약 상기 경우가 아니고 임의의 속성 β(단 β는 R_i 모든 속성이 아님)를 함수적으로 결정한다면 "$\alpha \rightarrow \beta$"가 성립되어 BCNF 조건을 만족하지 않는다.

Example of BCNF Decomposition

- R = (A, B, C)
  F = {A → B
  B → C}
- Candidate key = {A}
- R is not in BCNF (B → C but B is not superkey)
- Decomposition
  - R_1 = (B, C)
  - R_2 = (A, B)

BCNF 분해 예제

주어진 테이블 R과 함수 종속성을 이용하며 후보 키를 구하면 속성 A가 후보 키가 된다. 테이블 R은 BCNF가 아니며, 함수 종속성 "B → C"에서 B가 슈퍼 키가 아니기 때문이다.

테이블 R을 R_1(B, C)과 R_2(A, B)로 분해를 하면, R_1과 R_2가 모두 BCNF에 속하게 된다. 또한 공통속성 B가 R_1 테이블에서 후보 키이므로 무손실 조인 분해가 되고, 함수 종속성 "A → B"는 R_2 테이블에서만 검증이 되고, 함수 종속성 "B → C"는 R_1 테이블에서만 검증이 되므로 함수 종속성이 보존되는 분해이기도 하다.

BCNF and Dependency Preservation (1/2)

- Constraints, including functional dependencies, are costly to check in practice unless they pertain to only one relation
- If it is sufficient to test only those dependencies on each individual relation of a decomposition in order to ensure that all functional dependencies hold, then that decomposition is dependency preserving
- Because it is not always possible to achieve both BCNF and dependency preservation, we consider a weaker normal form, known as third normal form

BCNF와 함수 종속성 보존 (1/2)

하나의 테이블에 적용되는 함수 종속성은 확인하기가 비교적 수월하나, 두 개 이상의 테이블에 적용되는 함수 종속성은 확인하기에 비용이 비싸다. 두 개 이상의 테이블에 걸쳐있는 함수 종속성은 확인을 위하여 자연 조인 연산을 수행하여야 하며, 조인 연산은 관계 대수 연산 중에서 비싼 연산이다.

주어진 모든 함수 종속성을 확인하기 위하여, 분해된 각각의 테이블에만 속하는 함수 종속성을 확인하여도 충분한 경우를 만족하는 성질을 우리는 함수 종속성이 보존된다고 한다.

BCNF 정규형을 구하기 위하여 테이블을 분해하는 경우 함수 종속성을 보존하지 못하는 경우가 있으며, 이 경우 사용자는 함수 종속성을 보존하면서 그 대신 BCNF보다 하위 정규형인 제3정규형을 사용할 수도 있다.

> **BCNF and Dependency Preservation (2/2)**
>
> - It is not always possible to get a BCNF decomposition that is dependency preserving
> - R = (J, K, L)
>   F = {JK → L
>   L → K }
>   - Candidate keys: JK and JL
>   - R is not in BCNF
>   - Any decomposition of R fails to preserve JK → L

BCNF와 함수 종속성 보존 (2/2)

상기에 나오는 예제는 다수의 교과서에서 인용하고 있는 유명한 예제이다. 주어진 테이블과 함수 종속성이 상기와 같으면 우리는 두 개의 후보 키를 구할 수 있다. "L → K" 함수 종속성에서 L이 슈퍼 키가 아니므로 주어진 테이블은 BCNF가 아니다.

주어진 테이블을 "L → K"를 이용하여 분해하면, 무손실 조인 분해를 위하여 공통 속성이 분해된 하나의 테이블에서는 슈퍼 키가 되게 하여야 하므로

R_1(L, K) 및 R_2(L, J)

가 된다. R_1과 R_2는 모두가 BCNF이나 함수 종속성 "JK → L"을 확인하기 위해서는 분해된 두 테이블을 조인하여야 하므로, 함수 종속성은 보존되지 않는 분해이다.

> **Third Normal Form: Motivation**
>
> - There are some situations where
>   - BCNF is not dependency preserving and
>   - Efficient checking for FD violation on updates is important
> - Use a weaker normal form called 3NF
>   - Allows some redundancy
>   - Functional dependencies can be checked on individual relations without computing a join
>   - There is always a lossless-join, dependency-preserving decomposition into 3NF

제3정규형 동기

BCNF 정규형은 함수 종속성을 보존하는 분해를 지원하지 않으며, 만약 함수 종속성에 대한 효과적인 검증이 중요한 응용에서는 BCNF형 대신에 조건이 완화된 제3정규형을 사용한다.

제3정규형은 테이블 내에 값 중복성에 의한 이상(anomalies)이 존재하나, 함수 종속성이 항상 보존되는 분해가 가능하므로 제3정규형으로 분해를 하면 모든 함수 종속성은 하나의 테이블 내에서 검증이 가능하다.

즉, 제3정규형을 목표로 하는 분해는 항상 무손실 조인 분해와 함수 종속성을 보존하는 분해이다.

There are some redundancy in 3NF!

- R = (J, K, L)
  F = {JK → L, L → K }
  - Two candidate keys: JK, JL
  - R is in 3NF
  - JK → L : JK is a superkey
  - L → K : K is a prime attribute

J	K	L
j_1	k_1	l_1
j_2	k_1	l_1
j_3	k_1	l_1
null	k_2	l_2

- Some redundancy
  - Repetition of information (e.g., the relationship l_1, k_1)
  - Need to use null values (e.g., to represent the relationship l_2, k_2 where there is no corresponding value for J)

제3정규형에는 중복이 존재한다.

테이블 R과 주어진 함수 종속성 2개를 고려하자. 두 개의 후보 키를 구할 수 있으며, 함수 종속성 "L → K"에서 L이 후보 키가 아니지만 K가 주요 속성(prime attribute)이므로 제3정규형에는 속한다.

주어진 테이블 인스턴스 일부를 고려하자. 우선 인스턴스가 함수 종속성을 만족하는 지 확인하자. 인스턴스에는 "L → K" 함수 종속성에 의한 중복성이 있으며, 이로 인하여 세 가지 이상이 발생할 수 있다.

Testing for 3NF

- Need to check only FDs in F
  - Need not check all FDs in F^+
- Use attribute closure to check for each dependency $\alpha \to \beta$ if α is a superkey
- If α is not a superkey, we have to verify if each attribute in β is contained in a candidate key of R
  - This test is rather more expensive, since it involve finding candidate keys
  - Testing for 3NF has been shown to be NP-hard
- Interestingly, decomposition into third normal form can be done in polynomial time

제3정규형 시험

제3정규형에 대한 시험 시에도 주어진 함수 종속성만을 가지고 검증을 하면 된다. 주어진 함수 종속성의 폐포를 구하여 폐포에 속하는 모든 함수 종속성에 대하여 제3정규형 시험을 할 필요는 없다.

함수 종속성의 왼쪽이 슈퍼 키가 아니면 오른쪽 속성이 주요 속성인지를 확인하여야 한다. 이를 위하여 주어진 테이블의 후보 키를 구하는 과정이 필요하며, 후보 키를 구하기 위해 전체 속성의 서브셋에 대하여 속성의 폐포를 구하여야 하는데, 이 과정은 다소 비싼 연산이다. 제3정규형을 시험하는 과정은 NP-하드(NP-hard) 연산이나, 제3정규형으로 분해하는 과정은 다항시간(polynomial time)에 수행할 수 있다.

Comparison of BCNF and 3NF

- It is always possible to decompose a relation into a set of relations that are in 3NF such that
  - The decomposition is lossless
  - The dependencies are preserved
- It is always possible to decompose a relation into a set of relations that are in BCNF such that
  - The decomposition is lossless
  - It may not be possible to preserve dependencies

BCNF와 제3정규형 비교

BCNF와 제3정규형의 비교하는 슬라이드이다. 가능하면 BCNF형을 사용하는 것을 권장하며, 다만 함수 종속성 보존이 중요한 응용에서는 제3정규형을 사용하여도 된다.

실제 데이터베이스 응용에서는 제3정규형 또는 BCNF이 가장 널리 사용되는 정규형이다.

Database Design (1/3)

- Goal for a relational database design is
  - BCNF
  - Lossless join
  - Dependency preservation
- If we cannot achieve this, we accept one of
  - Lack of dependency preservation
  - Redundancy due to use of 3NF
- Interestingly SQL does not provide a direct way of specifying functional dependencies other than declaring primary/candidate keys
  - Can specify FDs using assertions, which are not currently supported by any commercial database systems

데이터베이스 설계 (1/3)

관계형 데이터베이스 시스템 설계 목표는 BCNF형 사용, 무손실 조인 분해, 함수 종속성 보존으로 요약 할 수 있다. 만약 우리가 이를 모두 달성할 수 없으면 함수 종속성 보존을 포기하거나 또는 제3정규형을 사용하여야 한다.

SQL 표준에는 함수 종속성을 직접적으로 명시하는 방법이 없다. SQL 표준에는 함수 종속성을 명시하는 문장도 없고, 함수 종속성을 임의의 테이블에 확인하는 기능 또한 없다. 이론적으로 말하면 사용자는 assertion 기능을 이용하여 함수 종속성을 표현할 수 있으나, 상용 데이터베이스 시스템에서는 assertion 기능을 아직까지는 지원하지 않고 있다. assertion 기능은 SQL 표준에 명시되어 있는 기능이기는 하나, 성능상의 이유로 상용 데이터베이스 시스템이 지원하지 않아 본 책에서는 깊이 다루지 않았다. 우리가 함수 종속성을 보존하는 분해를 하여도 SQL을 사용하여 단일 테이블에 존재하는 함수 종속성을 검증하는 방법은 없다.

Database Design (2/3)

- We have assumed schema R is given
  - R could be generated when converting E-R diagram to a set of tables
  - R could be a single relation containing all attributes that are of interest (called universal relation)
  - Normalization breaks R into smaller relations
  - R could be the result of some ad hoc design of relations, which we then test/convert to normal form

데이터베이스 설계 (2/3)

지금까지 보아온 각종 테이블은 다음과 같은 상황으로 주어질 수 있다. 첫째는 테이블이 ER 다이어그램의 변환 과정에서 생성되었다고 볼 수도 있고, 둘째는 모든 속성을 포함하는 아주 거대한 테이블(일명 우주 테이블)일 수도 있으며, 셋째는 정규화 과정에서 생성되는 테이블일 수 도 있으며, 넷째는 테이블을 정의하는 임의의 설계 과정에서 생성되는 테이블일 수도 있다.

어떤 경우의 상황에서 주어진 테이블인지는 중요하지 않으며, 다만 주어진 테이블을 정규화 과정을 통하여 좀 더 좋은 성질을 가지는 테이블로 분해하는 과정을 수행하는 것이다.

Database Design (3/3)

- When an E-R diagram is carefully designed identifying all entities correctly, the tables generated from the E-R diagram should not need further normalization
- However, in a real (imperfect) design, there can be functional dependencies from non-key attributes of an entity to other attributes of the entity
  - Example: an employee entity with attributes departmentName and building and "departmentName→ building"
  - Good design would have made department an entity
- Functional dependencies from non-key attributes of a relationship set possible but rare
  - Most relationships are binary

데이터베이스 설계 (3/3)

ER 데이터모델로 데이터베이스를 설계하는 경우 개체를 정확히 결정하게 되면 ER 다이어그램에서 생성되는 테이블은 더 이상 정규화 과정이 필요 없게 된다.

불완전한 실제 설계 과정에서는 개체 키가 아닌 속성에서 다른 속성을 결정하는 함수 종속성이 존재할 수 있다. 이 경우에는 문제의 함수 종속성에 있는 속성만을 가지고 새로운 테이블을 생성하여야 한다.

관계성 집합으로부터 생성된 테이블에서도 키가 아닌 속성이 다른 속성을 결정하는 함수 종속성이 존재할 수 있으나 드물게 나타난다. 그 이유는 대부분의 관계성 집합으로부터 생성되는 테이블은 두 개의 속성만을 가지기 때문이다.

Denormalization for Performance

- May want to use non-normalized schema for performance
- For example, displaying "course title" along with "sID", and "takes" requires join with "course"
- Alternative 1: Use denormalized relation containing attributes of "course" as well as "takes" with all above attributes
  - Faster lookup
  - Extra space and extra execution time for updates
  - Extra coding work for programmer and possibility of error in extra code
- Alternative 2: use a materialized view defined as
  course ⋈ takes
  - Benefits and drawbacks same as above, except no extra coding work for programmer and avoids possible errors

성능을 위한 역정규화

지금까지 살펴 본 정규화 과정은 주어진 테이블이 좋은 성질을 가지도록 작은 테이블로 분해하는 과정이다. 주어진 테이블을 작은 테이블로 분해를 계속하면 관련 있는 정보를 함께 검색하기 위하여 두 개 이상의 테이블을 조인하여야 하는 경우가 발생한다. 조인은 비싼 연산으로 시간이 많이 소요되므로, 데이터베이스 성능을 위하여 정규화된 테이블을 다시 합치는 소위 역정규화 과정을 하기도 한다.

역정규화가 요구되는 상황은 데이터베이스 성능이 데이터 중복에 의한 이상 현상보다 더 중요할 경우이다. 데이터베이스 응용에 따라 데이터베이스 설계자는 역정규화를 적용하기도 하며, 이에 대한 구체적인 이론은 존재하지 않는다. 데이터베이스 응용 환경과 설계자의 경험에 의거하여 역정규화를 적용할 수도 있다.

정규화된 테이블을 다시 합치는 역정규화가 적합하지 않을 때에는 실체화된 뷰(materialized view)를 활용할 수 있다. 실체화된 뷰는 일반 뷰와 다르게 뷰 테이블이 소속 터플을 항상 구체적으로 가지고 있어 질의를 수행하기 위하여 추가적인 조인 연산이 필요 없다.

11.5 다치 종속성

Multivalued Dependencies Example (1/2)

- Suppose we record names of children, and phone numbers for professors
  - profChild(ID, childName)
  - profPhone(ID, phoneNumber)
- If we were to combine these schemas to get
  - professor(ID, childName, phoneNumber)
  - Example data:
    (999, David, 123-4678)
    (999, David, 234-5678)
    (999, William, 123-4567)
    (999, William, 234-5678)
- This relation is in BCNF
  - There are no non-trivial functional dependencies!
- Insertion anomalies: if we add a phone 999-9999 to 999, we need to add two tuples
  (999, David, 999-9999)
  (999, William, 999-9999)

다치 종속성 예제 (1/2)

professor가 두 명의 자녀를 가지고 있고, 두 개의 전화번호를 가지고 있다고 가정하자. professor(ID, childName, phoneNumber) 테이블에 이러한 정보를 입력하면 총 4개의 터플이 입력되어야 한다. 여기서, 전화번호와 자녀 간에는 서로 상관관계가 없으며, 그러므로 4개 터플이 생성되어야 한다.

professor(ID, childName, phoneNumber) 테이블에는 의미 있는 함수 종속성이 없으므로 professor 테이블은 BCNF이다.

그러나 이상(anomaly) 현상은 발생하며, 예를 들어 새로운 전화번호 한 개를 입력하려면 두 개 터플이 입력되어야 하는 입력 이상이 발생한다.

Multivalued Dependencies Example (2/2)

ID	childName	phoneNumber
999	David	123-4567
999	William	123-4567
999	David	234-5678
999	William	234-5678
888	Lee	111-1111
888	Park	111-1111

- professor(ID, childName, phoneNumber)
  999 {David, William} {123-4567, 234-5678}
  888 {Lee, Park} {111-1111}
  - Must repeat every combination due to 1NF definition
- Two independent one-many relationships are mixed in the same relation
- ID→→ childName, ID→→ phoneNumber

다치 종속성 예제 (2/2)

professor 테이블에 상기와 같은 정보를 입력하려면 제1정규형 제약으로 인하여 그림과 같이 총 6개의 터플이 입력되어야 한다.

한 개의 테이블에 두 개의 1:N 관계가 존재하는 경우이며, 두 개의 1:N 관계 간에는 연관 관계가 전혀 없다.

상기 테이블에는 두 개의 다치 종속성이 존재한다.

Multivalued Dependencies (MVDs) (1/2)

- Let R be a relation schema and let $\alpha \subseteq R$ and $\beta \subseteq R$
- The multivalued dependency $\alpha \twoheadrightarrow \beta$ holds on R if in any legal relation r(R), for all pairs for tuples t_1 and t_2 in r such that $t_1[\alpha] = t_2[\alpha]$, there exist tuples t_3 and t_4 in r such that

$$t_1[\alpha] = t_2[\alpha] = t_3[\alpha] = t_4[\alpha]$$
$$t_3[\beta] = t_1[\beta]$$
$$t_3[R - \beta] = t_2[R - \beta]$$
$$t_4[\beta] = t_2[\beta]$$
$$t_4[R - \beta] = t_1[R - \beta]$$

	α	β	$R - \alpha - \beta$
t_1	$a_1 \cdots a_i$	$a_{i+1} \cdots a_j$	$a_{j+1} \cdots a_n$
t_2	$a_1 \cdots a_i$	$b_{i+1} \cdots b_j$	$b_{j+1} \cdots b_n$
t_3	$a_1 \cdots a_i$	$a_{i+1} \cdots a_j$	$b_{j+1} \cdots b_n$
t_4	$a_1 \cdots a_i$	$b_{i+1} \cdots b_j$	$a_{j+1} \cdots a_n$

다치 종속성 (1/2)

상기는 다치 종속성의 정의이다. 속성의 부분집합 α 및 β에 대하여 "$\alpha \twoheadrightarrow \beta$"이 성립하려면 α와 β 부분이 동일한 두 개의 터플 t_1, t_2에 대하여 상기에 명시된 5가지 조건을 만족하여야 한다. 5가지 조건을 그림으로 살펴보면 상기 그림과 같은 형태가 되어야 한다. 그림에 나와 있는 바와 같이, β와 "$R-\alpha-\beta$"의 역할이 동일함(즉, 서로 교환하여도 같은 결과)을 주목하자.

Multivalued Dependencies (MVDs) (2/2)

- Let R be a relation schema with a set of attributes that are partitioned into 3 nonempty subsets, Y, Z, W
- We say that $Y \twoheadrightarrow Z$ (Y multidetermines Z) if and only if for all possible relations r (R)

  $< y_1, z_1, w_1 > \in r$ and $< y_1, z_2, w_2 > \in r$

  then

  $< y_1, z_1, w_2 > \in r$ and $< y_1, z_2, w_1 > \in r$
- Each Y-value in R is associated with a set of Z-values in a way that does not depend on a set of W-values
- Note that since the behavior of Z and W are identical it follows that

  $Y \twoheadrightarrow Z$ if $Y \twoheadrightarrow W$

다치 종속성 (2/2)

상기는 다치 종속성에 대한 다른 정의이나 의미하는 바는 이전 슬라이드와 동일하다.

각각의 Y-값이 Z-값 집합에 관련이 있는데, 그 관련은 W-값과는 무관한 관계이다. 여기서 무관한 관계라 함은 Z-값과 W-값 사이에 가능한 모든 조합이 테이블 인스턴스에 나온다는 의미이다. 그렇게 됨으로 Z와 W의 역할은 동일하며 그 결과 "$Y \twoheadrightarrow W$"이면 "$Y \twoheadrightarrow Z$"가 성립한다.

정의에서 보는 바와 같이, 다치 종속성은 Y값 하나에 대하여 다수개의 W 값이 관련이 되는 현상이다. 만약 Y값 하나에 대하여 항상 하나의 W값이 관련이 되면 함수 종속성이 된다. 다수의 값은 하나 값을 포함하므로, 함수 종속성이 만족하면 다치 종속성은 당연히 만족한다. 즉, "$\alpha \rightarrow \beta$"이면 "$\alpha \twoheadrightarrow \beta$"가 성립된다.

Use of Multivalued Dependencies

- We use multivalued dependencies in two ways
  - To test relations to determine whether they are legal under a given set of functional and multivalued dependencies
  - To specify constraints on the set of legal relations. We shall thus concern ourselves only with relations that satisfy a given set of functional and multivalued dependencies

다치 종속성 사용

다치 종속성에 대한 사용은 함수 종속성 사용과 유사한다. 주어진 함수 종속성과 다치 종속성이 주어진 테이블 인스턴스에 만족하는지를 확인하여 테이블 인스턴스의 유효성 여부를 결정하는데 사용할 수도 있고, 유효한 테이블이 가져야 하는 데이터베이스 제약으로서 테이블 스키마에 대하여 다치 종속성을 명시할 수도 있다.

Multivalued Dependency Theory

- MVD and FD-MVD rules
  - Complementation
    - If $X \twoheadrightarrow Y$, then $X \twoheadrightarrow T - X - Y$ where T's are all attributes of R not among the X's and Y's
  - Augmentation
    - If $X \twoheadrightarrow Y$ and $V \subseteq W$, $XW \twoheadrightarrow YV$
  - Transitivity
    - If $X \twoheadrightarrow Y$ and $Y \twoheadrightarrow Z$, then $X \twoheadrightarrow Z - Y$
- If $X \rightarrow Y$, then $X \twoheadrightarrow Y$ (i.e. an FD is a special case of an MVD)
- The closure D^+ of D is the set of all functional and multivalued dependencies logically implied by D
  - We can compute D^+ from D, using the formal definitions of functional dependencies and multivalued dependencies

다치 종속성 이론

상기 슬라이드는 다치 종속성에 대한 추론 이론을 보인다. 다치 종속성에 대한 추론 이론으로는 보완(complementation) 규칙, 부가(augmentation) 규칙, 이행(transitivity) 규칙이 있다. 보안 규칙은 다치 종속성에만 적용되는 규칙이며, 부가 및 이행 규칙은 함수 종속성 규칙과 다소 차이가 있음을 알 수 있다.

함수 종속성은 다치 종속성의 특별한 형태이므로, 두 속성 간에 함수 종속성이 성립하면 다치 종속성이 자연적으로 성립한다.

함수 종속성과 다치 종속성이 혼재하는 경우에 이를 위한 폐포를 정의할 수 있다. 함수 종속성만을 위한 폐포와 개념적으로 동일하며, 다만 제약사항에 다치 종속성이 포함된 것이다. 함수 종속성을 위한 폐포와 마찬가지로, 이론적으로는 폐포를 구할 수 있으나, 실질적으로는 폐포를 명시적으로 구하지는 않는다.

Fourth Normal Form (4NF)

- An MVD $A_1A_2 \ldots A_n \twoheadrightarrow B_1B_2 \ldots B_m$ for a relation R is trivial if
  - A's ⊃ B's or
  - A's ∪ B's are all attributes of R
- A relation R is in 4NF if whenever
  $A_1A_2 \ldots A_n \twoheadrightarrow B_1B_2 \ldots B_m$
  is a nontrivial MVD, $\{A_1, A_2, \ldots, A_n\}$ is a superkey
- If a relation is in 4NF, it is in BCNF

제4정규형

다치 종속성 "$\alpha \twoheadrightarrow \beta$"가 무의미한 경우는 α가 β를 포함하거나 또는 α와 β의 합집합이 해당 테이블의 모든 속성인 경우이다.

관계형 스키마가 제4정규형이 되려면, 의미 있는 다치 종속성 "$\alpha \twoheadrightarrow \beta$"가 성립하면 α가 슈퍼 키이어야 한다. 주어진 스키마에 의미 있는 다치 종속성이 없으면 당연히 제4정규형이다.

4NF Example

- Star(name, street, city, title, year)
  name ↠ street city
- Star relation is not in 4NF,
  hence decompose into
  Star1(name, street, city)
  Star2(name, title, year)
- Note that both new relations are in 4NF

제4정규형 예제

Star 테이블의 후보 키를 먼저 구하여야 한다. Star 테이블에 함수 종속성이 존재하지 않으므로(즉, 속성 간에 함수 종속성이 전혀 없으므로) 이 경우의 후보 키는 모든 속성의 합(concatenation)이다. 그런데 다치 종속성의 왼쪽 name 속성이 슈퍼 키가 아니므로 주어진 테이블은 제4정규형이 아니다.

주어진 테이블을 Star1과 Star2 테이블로 분해하면, Star1 테이블에는

```
name ↠ street name
```

이 적용되고, Star2 테이블에는

```
name ↠ title year
```

가 적용되는데(주어진 다치 종속성의 보완 규칙으로 추론됨), 두 개의 다치 종속성이 분해된 각 테이블에서는 의미 없는 다치 종속성이 되므로, 분해된 테이블 모두는 제4정규형이다.

MVD Decomposition Example

- R =(A, B, C, G, H, I)
  F ={A →→ B, B →→ HI, CG →→ H}
- R is not in 4NF since A →→ B and A is not a superkey for R
- Decomposition
  - R1 = (A, B) (R1 is in 4NF)
  - R2 = (A, C, G, H, I)
- R2 is not in 4NF, decompose into R3 and R4
  - R3 = (C, G, H) (R3 is in 4NF)
  - R4 = (A, C, G, I)
- R4 is not in 4NF, decompose into R5 and R6
  - A →→ B and B →→ HI , then we have
    A →→ HI (MVD transitivity) and A →→ I (MVD restriction to R4)
  - R5 = (A, I) (R5 is in 4NF)
  - R6 = (A, C, G) (R6 is in 4NF)

제4정규형 분해 예제

다치 종속성을 활용하는 테이블 분해 예제이다. 함수 종속성과 마찬가지로 분해되는 테이블의 공통 속성은 분해된 한 테이블에 후보 키가 되게 하여, 무손실 조인 분해를 하여야 한다.

테이블의 속성이 2개만 되면, 앞에서 살펴본 바와 같이 BCNF형이므로 더 이상 분해과정을 고려할 필요가 없다. 또한 분해가 된 작은 테이블에 대하여 적용되는 함수 종속성 및 다치 종속성을 구해야 하는데, 자세한 방법은 언급하지 않기로 한다.

Further Normal Forms

- Join dependencies generalize multivalued dependencies
  - Lead to project-join normal form (PJNF) (also called fifth normal form)
- A class of even more general constraints leads to a normal form called domain-key normal form
- Problem with these generalized constraints
  - Very hard to reason with
  - No set of sound and complete set of inference rules exists
  - Hence rarely used

기타 정규형

제4정규형 외에도 제5정규형, 도메인-키 정규형 등이 이론적으로 제안되었으나, 실제 응용에서는 전혀 사용되지 않는다.

제11장 연습문제

11.1

List all non-trivial functional dependencies satisfied by the relation below.

A	B	C
a1	b1	c1
a1	b1	c2
a2	b1	c1
a2	b1	c3

11.2

List all candidate keys for relational schema R=(A,B,C,D,E) with the functional dependencies:

$A \rightarrow BC$

$CD \rightarrow E$

$B \rightarrow D$

$E \rightarrow A$

11.3

In class, we have talked about additional inference rules besides the Armstrong's Axioms. Prove the soundness of additional rules.

(a) If $\alpha \rightarrow \beta$ and $\alpha \rightarrow \gamma$, then $\alpha \rightarrow \beta\gamma$ (union rule)

(b) If $\alpha \rightarrow \beta\gamma$, then $\alpha \rightarrow \beta$ and $\alpha \rightarrow \gamma$ (decomposition rule)

(c) If $\alpha \rightarrow \beta$ and $\beta\gamma \rightarrow \delta$, then $\alpha\gamma \rightarrow \delta$ (pseudotransitivity rule)

11.4

Prove or disprove the followings.

(1) If $\alpha \rightarrow \beta$ then $\beta \rightarrow \alpha$

(2) If $\alpha \rightarrow \beta\gamma$, then $\beta \rightarrow \gamma$

(3) if $\alpha\beta \rightarrow \gamma$, then $\alpha \rightarrow \gamma$ and $\beta \rightarrow \gamma$

(4) If $\alpha \rightarrow \beta$ and $\beta\gamma \rightarrow \delta$, then $\alpha\gamma \rightarrow \delta$

11.5

아래를 맞다고 증명하거나 (prove) 또는 틀리다고 증명하시오 (disprove).

α, β, γ는 테이블 R의 속성을 의미하며 다음을 만족한다.

- $\alpha \cup \beta \cup \gamma = R$
- $\alpha \cap \beta = \phi$, $\beta \cap \gamma = \phi$, $\gamma \cap \alpha = \phi$

If $\alpha \twoheadrightarrow \beta$ (multivalued dependency), then $\alpha \rightarrow \beta$

11.6

Consider the below ER diagrams that have a one-to-one relationship and a one-to-many relationship.

(a) Explain how functional dependencies can be used to indicate the 1:1 constraints of the relationship.

(b) Explain how functional dependencies can be used to indicate the 1:N constraints of the relationship.

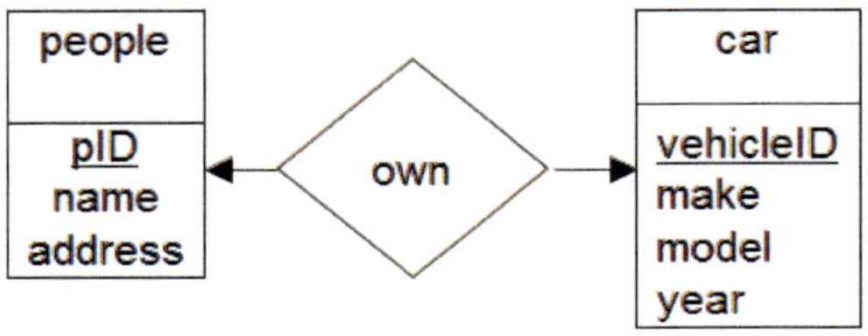

(a) 1:1 relationship

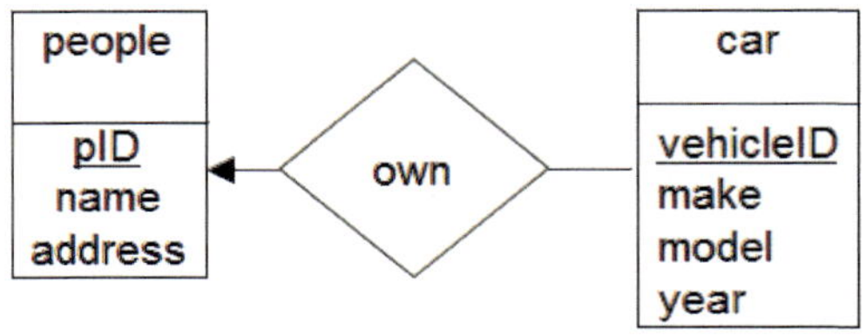

(b) 1:N relationship

11.7

Suppose that a functional dependency B $\rightarrow$ C holds for relational schema R=(A, B, C). Write an SQL query that returns B values that do not satisfy the functional dependency. Assume that table R does not have null values at all.

11.8

We have the following SQL create statement:

```
Create table myTable (
    city        varchar(20),
    plateNo     varchar(20),
    owner       varchar(20) not null,
    price       varchar(20)
    primary key (city, plateNo) );
```

함수종속성 "plateNo $\rightarrow$ owner"가 성립한다고 하자. 함수 종속성을 위반하는 plateNo 값을 반환하는 SQL 문장을 작성하시오.

11.9

아래 employee 테이블에서 함수종속성 “name → gender” 성립 여부를 판단하고자 한다.

```
Create table employee (id char(20) primary key,
        name            char(20) not null,
        gender          char(10) not null,
        salary          decimal(8,0),
        check (gender in ('male', 'female'));
```

주어진 함수종속성을 위배하는 employee name을 가지는 id를 반환하는 SQL 문장을 작성하시오. (with 문장을 사용하면 좋음)

11.10

Suppose that we have a relation R(A, B, C, D, E) and functional dependencies:

$A \rightarrow BC$

$CD \rightarrow E$

$B \rightarrow D$

$E \rightarrow A$

Relation R is decomposed into:

R1(A, B, C)

R2(A, D, E)

(a) Show that this decomposition is a lossless decomposition.

(b) Show that this decomposition is not a dependency-preserving decomposition.

11.11

아래의 각 문제에 대해 (1) 모든 후보키를 나열하고 (2) R이 1NF, 2NF, 3NF, BCNF 중 최대 어떤 정규형에 속하는지 판별하시오.

(1) R = (A, B, C, D),

Functional dependencies F = {C → AD, AB → C}

(2) R = (A, B, C, D)

Functional dependencies F = {AB → C, D → C}

(3) R = (A, B, C, D, E, F)

Functional dependencies F = {A → BC, B → DE, D → A}

(4) R = (A, B, C, D, E, F)

Functional dependencies F = {A → BC, BC → E, CD → F}

(5) R = (A, B, C, D, E)

Functional dependencies F = {AB → CD, D → E}

(6) R = (A, B, C, D, E, F)

Functional dependencies F = {A → BCD, D → EF}

(7) R = (A, B, C, D, E)

Functional dependencies F = {AB → CDE, E → A}

(8) R = (A, B, C, D, E)

Functional dependencies F = {AB → C, C → DE, E → AB}

(9) R = (A, B, C, D, E)

Functional dependencies F = {A → B, B → C, C → D, D → A, D → E}

(10) R = (A, B, C, D, E)

Functional dependencies F = {AB → CDE, D → AB}

(11) R = (A, B, C, D, E)

Functional dependencies F = {AB → CDE, CD → AB}

11.12

Consider the following set F of functional dependencies on the relation schema R=(A,B,C,D,E,F).

A → BC

B → DE

D → A

Assume that F is a canonical cover.

(a) List all candidate keys.

(b) To what normal form does the table R belong?

(c) Decompose R into in 3NF.

주요 참고문헌

[1] A. Silberschatz, H. Korth, S. Sudarshan, Database System Concepts (6th Edition), McGraw Hill, 2011. (7th edition available, 2019)

[2] H. Garcia-Molina, J.D. Ullman, and J. Widom, Database Systems: The Complete Book (2nd Edition), Pearson, 2008.

[3] R. Elmasri and S.B. Navathe, Fundamentals of Database Systems (7th Edition), Pearson, 2017.

[4] C.J. Date and H. Darwen, A Guide to SQL Standard (4th edition), Addison-Wesley, 1996.

[5] J. Melton and A.R. Simon, Understanding the New SQL: A Complete Guide, Morgan Kaufmann, 1993.

[6] J. Gray and A. Reuter, Transaction Processing: Concepts and Techniques, Morgan Kaufmann, 1994.

[7] W. Kim, Introduction to Object-oriented Databases, The MIT Press, 1990.

[8] D. Maier, The Theory of Relational Databases, Computer Science Press, 1983.

[9] M. Krakovsky, Understanding the Oracle Server, Prentice Hall, 1996.

[10] 오다 케이지, 그림으로 공부하는 오라클 구조, 제이펍, 2017.

[11] W.H. Inmon, Building the Data Warehouse (4th edition), John Wiley & Sons, 2005.

[12] J. Han, M. Kamber and J. Pei, Data Mining: Concepts and Techniques, Morgan Kaufmann, 2011.

[13] J. Melton, Understanding SQL's Stored Procedure: SQL/PSM, Morgan Kaufmann, 1998.

[14] M. Stonebraker, Object-relational DBMSs: The Next Great Wave, Morgan Kaufmann, 1996.

[15] D. Shasha and P. Bonnet, Database Tuning: Principles, Experiments, and Troubleshooting Techniques, Morgan Kaufmann, 2003.

[16] S. Abiteboul, P. Buneman, and S. Suciu, Data on the Web: From Relations to Semistructured Data and XML, Morgan Kaufmann, 2000.

영문/한글 용어 변환표

abort	철회	
anomaly	이상	
insert anomaly		입력 이상
delete anomaly		삭제 이상
update anomaly		갱신 이상
Armstrong`s Axioms	암스트롱 공리	
augmentation		부가성
reflexivity		재귀성
transitivity		이행성
assertion	주장	
association rule	연관규칙	
attribute	속성	
compound attribute		복합 속성
composite attribute		복합 속성
dimension attribute		차원 속성
measure attribute		측정 속성
multivalued attribute		다수 값 속성
nonprime attribute		비주요 속성
prime attribute		주요 속성
single-valued attribute		단일 값 속성
simple attribute		단순 속성
bit map	비트맵	
bucket overflow	버킷 과적	
cardinality	카디날리티	
cascading rollbacks	연쇄 복귀	
checkpoint	검사점	
fuzzy checkpoint		퍼지 검사점
closure	폐포	
commit	완료	
concurrency control	동시성 제어	
conjunction	논리곱	
disjunction		논리합

confidence	확신	
cover	커버	
canonical cover		정규 커버
minimal cover		최소 커버
cross tabulation	교차 분석	
deadlock	교착상태	
decomposition	분해	
lossy decomposition		손실 분해
lossless decomposition		무손실 분해
entity	개체	
weak entity		약한 개체
entity-relationship	개체-관계성	
ER diagram		ER 다이어그램
execution plan	실행계획	
hash	해쉬	
dynamic hash		동적 해쉬
static hash		정적 해쉬
history	역사	
index	색인	
dense index		밀집색인
sparse index		희소색인(비밀집색인)
integrity constraint	무결성 제약	
join	조인	
block nested-loop join		블록 중첩 루프 조인
equijoin		동등 조인
inner join		내부 조인
merge join		병합 조인
natural join		자연 조인
outer join		외부 조인
theta join		세타 조인
failure	장애	
functional dependency	함수 종속성	
full functional dependency		완전 함수 종속성
partial functional dependency		부분 함수 종속성
trivial functional dependency		무의미 함수 종속성

key	키	
candidate key		후보 키
foreign key		외래 키
primary key		주 키
superkey		슈퍼 키
lock	록	
log	로그	
materialization	구체화	
modification	변경	
insert		입력
delete		삭제
update		갱신
multivalued dependency	다치 종속성	
multiple granularity locking	다중 단위 크기 록킹	
namespace	이름 공간	
null	널	
object	객체	
object-oriented		객체 지향
object-relational		객체 관계형
quantifier	정량자	
existential quantifier		존재 정량자
universal quantifier		전체 정량자
participation	참여	
partial participation		부분 참여
total participation		전체 참여
phantom phenomenon	팬텀 현상	
pipelining	파이프라이닝	
precedence graph	선행 그래프	
procedure	프로시저	
recovery	회복	
recursive query	순환질의	
recursive view	순환뷰	
non-recursive view		비순환뷰
regular expression	정규식	
deterministic regular expression		결정적인 정규식

relation	관계	
relational algebra	관계대수	
Cartesian product		카티시안곱
project		투영
rename		재명명
select		선택
set difference		차집합
union		합집합
relational calculus	관계 해석	
domain relational calculus		도메인 관계 해석
tuple relational calculus		터플 관계 해석
relationship	관계성	
relationship set		관계성 집합
relationship type		관계성 타입
binary relationship		이진 관계성
non-binary relationship		다진 관계성
roll	롤	
rollback	복귀	
row	로우	
serializable	직렬가능	
conflict serializable		출동 직렬가능
view serializable		뷰 직렬가능
schedule	스케줄	
cascadeless schedule		연속적인 철회가 필요 없는 스케줄
recoverable schedule		회복가능 스케줄
serializable schedule		직렬가능 스케줄
strict schedule		제한적인 스케줄
shadowing	그림자	
stable storage	안정 저장 (매체)	
starvation	기아상태	
subquery	서브질의	
correlated subquery		상관 서브질의
nested subquery		중첩 서브질의
support	지원	
topological sort	위상정렬	

transaction isolation 트랜잭션 분리
  transaction isolation level 트랜잭션 분리도
trigger 트리거
tuple 터플
two-phase locking protocol 2단계 록킹 규약
  strict two-phase locking 엄격 2단계 록킹
  rigorous two-phase locking 엄중 2단계 록킹
view 뷰
  materialized view 실체화된 뷰
  updateable view 변경가능 뷰
wait-for graph 대기 그래프

찾아보기

저자약력

이상호

숭실대학교 IT대학 소프트웨어학부 교수 (1992~현재)

숭실대학교 및 숭실사이버대학교 지식정보처장 (전)

한국대학정보화협의회 회장 (전)

한국사립대학교도서관협의회 회장 (전)

한국전자통신연구원 선임연구원 (전)

Northwestern University 전산학 석사 및 박사

서울대학교 전자계산기공학과 학사

주요관심분야 : 데이터베이스, 웹 기술

데이터베이스 I : 이론 및 실제

발 행 일 | 2020년 2월 28일
저 자 | 이 상 호
발 행 인 | 최 봉 조
발 행 처 | 진샘미디어
주 소 | 서울시 은평구 연서로 5길 28 부호아파트 102동 상가 5호
전 화 | 02)353-4421 / FAX 02)353-4431
홈페이지 | www.jinsaem.co.kr

신고번호 | 제311-2005-000025호
ISBN | 979-11-88791-34-7 93560

정가 22,000원